史无记载

考古发现的中国史

李琳之 著

中国出版集团有限公司
研究出版社

图书在版编目（CIP）数据

史无记载：考古发现的中国史 / 李琳之著 . --
北京：研究出版社，2023.12
ISBN 978-7-5199-1598-8

Ⅰ . ①史… Ⅱ . ①李… Ⅲ . ①中国历史–研究 Ⅳ .
① K207

中国国家版本馆 CIP 数据核字（2023）第 244578 号

出 品 人：赵卜慧
出版统筹：丁　波
责任编辑：林　娜

史无记载：考古发现的中国史

SHIWU JIZAI: KAOGU FAXIAN DE ZHONGGUOSHI

李琳之　著

研究出版社 出版发行

（100006　北京市东城区灯市口大街 100 号华腾商务楼）
北京隆昌伟业印刷有限公司　新华书店经销
2024 年 1 月第 1 版　2024 年 1 月第 1 次印刷
开本：710 毫米 ×1000 毫米　1/16　印张：25.5
字数：293 千字
ISBN 978-7-5199-1598-8　定价：89.00 元
电话（010）64217619　64217612（发行部）

目 录

史无记载：考古发现的中国史

前言

　　自从 20 世纪 20 年代考古学在中国诞生以来，中国考古学走过了 100 多年的历程，取得了举世瞩目的成绩。迄今为止，考古人员已经在南起南海、北到黑龙江，东起东海、西至青藏高原这一广袤的范围以内，发现了数以万计的古代文化遗址，可谓遍地开花，硕果累累。其中有相当一部分都是史无记载的惊世大发现，如中国迄今发现最早的城池——6000 年前的湖南澧县城头山遗址、最早迈进文明初国时代的城市——4500 年前的浙江杭州良渚遗址、史前中国最大的城址——4300 年前面积达 400 万平方米的石峁遗址，等等。

　　考古人员用高科技等手段，从动态的角度观察、分析，发现了距今 5300 年和距今 4300 年时，中国大地南北文化格局发生的两次剧变。5300 年前是北方沉沦，南方崛起，东方强势。至 4300 年前，北方蓦然崛起，南方归于沉寂，而东方势力也在强盛 1000 年之后，突然走向衰落。

　　距今 4600 年时，黄河中下游还发生了一次"改道入海"的惨烈事件，波及今津、鲁、冀、豫、徽、苏等多个省市，水患延续了二三百年之久，不但给沿途数百公里范围以内的居民造成灭顶之灾，还直接摧毁了彼时势力最为强大的东方大汶口文化政权。

还有一部分考古发现则是直接将民间传说改写成了信史，如几千年以来关于尧舜绵延不断的传说，经考古证明，确有充足的史实根据，举世闻名的山西襄汾陶寺遗址就被证明是尧舜之都。中国社会科学院于 2015 年 6 月 18 日下午在北京国务院新闻中心举行了"山西·陶寺遗址发掘成果新闻发布会"，向全世界公布了这一重要成果，尧舜传说由此成为信史。

与此相类的还有张献忠"江口沉银"传说和清光绪皇帝被害传说等。四川彭山江口数百年一直传说是明末起义军领袖张献忠的水下"沉银"之地，国家文物考古部门对张献忠"江口沉银"地点进行勘测定位后，从 2016 年至 2022 年先后进行了四次打捞，总计打捞出金、银、钱币等文物共计 7 万余件，皆为张献忠起义军在此战败后沉船所致，纷纷扰扰的张献忠"江口沉银"传说也因此正式走进信史。

清光绪皇帝载湉 38 岁就走完了他生命的历程，民间传说和一些野史笔记，如徐珂的《清稗类钞》、德龄的《瀛台泣血记》、费行简的《慈禧传信录》和王照的《德宗遗事》等，都认为光绪帝是被人害死的。2003 年，中央电视台清史纪录片摄制组携手北京市公安局法医检验鉴定中心等，共同组成了一个"清光绪帝死因"专题研究课题组，对光绪帝两小缕头发进行了鉴定，结果表明，光绪帝体内摄入的砒霜总量已经大大超过了致死量，换言之，光绪帝系砒霜中毒而亡。传说再一次成为信史。

除此以外，还有陕西扶风法门寺关于佛指舍利和地宫宝藏的传说、成都都江堰关于李冰石人的传说、唐代神镜"江心镜"的传说、明宣宗是"蟋蟀天子"的传说等，都被考古证明实有其事。

在考古发现中，另有一类是直接推翻正史的记载，还原了历史的本真面目。如我们熟悉的"昏君"周厉王，司马迁在《史记》里说他"即位三十年，好利……暴虐侈傲……其谤鲜矣，诸侯不朝……国人莫敢言，道路以目。"但随着青铜器铭文的不断出土，人们才发现，周厉王不但不是个"昏君"，反而是个具有雄才大略的一代枭雄，这在其在位前期表现得尤为突出。周厉王即位后，先后多次平定来自东南方夷人和西北方猃狁的叛乱，其中一次对南方诸侯和部分东方夷国的征伐，安定了南方的局势，让 26 个小国的国君都拜服在了他的脚下。我们耳熟能详的"国人暴动"也不是过去历史课本里所说的平民暴动、奴隶起义，而是西周王廷内部因为周厉王激进改革引起的一次政变。政变的主要策划者和组织者是在周厉王时期失宠、曾经掌管军政大权的司马"伯龢父"——就是文献记载的共伯和。"周召共和"也不是什么周公和召公共同执政，而是共伯和执政之谓。"厉王"传说是他死后他儿子周宣王给他的谥号，但西周晚期的青铜器铭文中，根本就没有"厉王"这个字眼，对"厉王"称呼用的都是"剌王"。"剌"就是"烈"，为光明、显赫之意，同《逸周书·谥法解》所云"杀戮无辜曰厉"意思刚好相反，所以"剌王"就等于"烈王"。这是一个很高的赞誉。

再如我们以前在中小学课本里学过的周幽王"烽火戏诸侯"、项羽火烧阿房宫、陈胜吴广起义中"失期当斩"、蔡伦是造纸术的发明人等，新的考古发现表明，这些都是存在争议的问题。

这些考古发现，有的曾经轰动一时，为世人所瞩目；有的虽然也做了相关报道，但关注的人不多；有的仅局限于考古界，"养在深闺人未识"，以至于大多数人都不知道考古学已经推翻了他们固有的一些历史认知，还在一本正经地宣传这些伪历史知识，让人啼笑皆非。

与此相关的是，迄今为止还没有一部系统介绍这些改写了中国史发现的图书在市场上出现，这应该也是已经被考古推翻的那些伪历史知识在社会上继续谬种流传的一个主要原因。

我的研究方向主要是上古史，近年来，我用这 100 多年来中国考古学所取得的成就，结合文献，对距今 9000 年至西周末年这 6000 年的中国历史做了一个系统的梳理，先后出版了《前中国时代》《元中国时代》《晚夏殷商八百年》和《何以华夏》四本书。这一研究写作过程，使我对考古学改写中国史这个问题有了一个比较全面的认识，因此，我就想利用手头现成的材料，再补充一些中古和近古的资料，写一本《考古改写中国史》，以填补图书市场上这方面的空缺。

但由于以前只是专注于先秦的考古研究，对秦汉及其以后的考古学成果涉猎不多，这就造成了我认识上的误区，以为秦汉及其以后都有确凿的文献记载，考古改写历史的内容不会太多。但仔细查阅相关资料才发现，并不是那么回事，其中对既有中国史造成冲击的考古成果比比皆是。这样一来，我就不得不改变原来的写作计划，大幅度地增加工作量，将原来的一本扩展成三本，分别以《返璞归真：考古纠错的中国史》《史无记载：考古发现的中国史》和《传说有据：考古证实的中国史》三个专题的形式推出。

当然，这三个专题类别也不是那么绝对的泾渭分明，其中有些内容就能归置于不同的类别之中，但为了保证三本书不出现重复现象，就只能归类于其中一本。如清光绪帝之死，官方和正史认定光绪帝是死于疾病，所以既可以将它归类到《返璞归真：考古纠错的中国史》

之中，也可以归置到《传说有据：考古证实的中国史》当中。最后，我将它归类于后者，是因为后者关于明清时期的同类内容较少，是从三本书篇幅比例平衡角度考量的。

就夏代以前的上古史而言，几乎每个考古大发现都可以说是史无记载，都对中国史有补充、丰富和完善的作用，但考虑到读者的兴趣、可读性和三本书的整体容量，我将这段时期的内容做了大幅度的压缩，而且主要不是写某个具体遗址，而是将内容着重放到揭示某个特定时期的社会场景上。这样做的目的是给读者一幅整体的情景画面，而不是像写一个个具体遗址那样，留下的都是碎片式的残缺影像。但由此就会淘汰不少重要的考古发现，对此我采取的补救策略是，用一篇全景辐射式的文章，对这 100 多年来全国各地所发现的重要考古成果做一个宏观综述，这就是放在《返璞归真：考古纠错的中国史》篇首的《中华文明起源并非"一元中心"》一文。这篇文章原是 2017 年 3 月，我在山西财经大学马克思主义学院所作《中华早期文明源流线路图》专题讲座的讲稿，这次发表又增补了一些新的内容。

就现有的考古资料来看，改写了中国史的相关遗址和文物，商周及其以前和秦汉时期较多，三国至清代时期较少，这也符合历史发展的规律，毕竟时代越近，书写越方便，历史记录也越全。

我将这三本书定位为严谨而不失活泼的普及性读物，严谨是说，书中的每个观点、每个说法都言之有出，出之有据，为此我在书后附了一些必要的注释和古籍参考目录；活泼是说，让文字跳跃起来，提升文章的流畅感和趣味性，让读者获得知识的同时也能享受到阅读的快感。希望能达到这个目的。

古人说，尽信书不如无书，因为我们看到的东西往往是别人想让我们看到的，所以读而后思，思而后疑，疑而后信，方为读书之道。读史尤其如此。

其实，历史不仅是胜利者书写的，当时代的帷幕落下那一刻，所有的人都可能成为历史的书写者。

愿这套书带给读者的不仅仅是新的历史认知，更希望带给读者的是新的思考。

李琳之

2023 年 6 月 13 日于京

前中国时代 1700 年社会大场景

公元前 4000 年至前 2300 年，是意识形态意义上的中国诞生以前的"胚胎中国"孕育时期，或者说是文化意义上的中国形成时期，我称之为前中国时代。[1]

从文献记载看，这一时段正处在司马迁所说的黄帝、颛顼、帝喾和帝挚时期。最先是炎帝和黄帝结成联盟，同蚩尤进行了一场改变后世格局的涿鹿之战，炎黄联盟取得胜利，并因此东进征服了少昊领导的东夷族群。之后不久，炎黄之间又爆发了一场战争，炎帝败退南方。黄帝一统中原，成为华夏民族的人文初祖。黄帝经过若干代的发展，以其强大的影响力奠定了中原文化在周围各地区中的核心地位。蚩尤部族失败后退出中原地区，在南方长江中下游流域经过较长时间的韬光养晦，形成了苗蛮集团。之后，在黄帝族群没落之际，华夏和东夷联盟集团盟主之位被来自东夷部族的颛顼所取代。原留在中原和海岱地区的蚩尤九黎遗民趁机起而造反，这其中尤以共工和九黎"乱德"影响最大。颛顼遂发动了声势浩大的"绝地天通"运动，平定了共工、九夷之乱，并改革宗教，将神下降到人的附属地位，人本主义第一次在东亚地区发出熠熠光芒。失败后的九黎残部再次南逃，其中有一部分融入了长江中游流域的苗蛮集团。而经过数百年养精蓄锐强大起来的苗蛮集团也利用彼时中原混乱的形势，北上将其势力渗透至中原腹地，华夏、东夷和苗蛮三大集团在中原地区遂成鼎足之势。三大集团中，又以华夏和东夷为同盟阵线。虽然华夏和东夷彼此也有摩擦、冲突，但南北两大集团的对峙和互相攻伐，才是这一时期的主题。这种局面一直持续到夏初大禹南下灭掉苗蛮集团最后的堡垒——三苗国后，才发生了根本的改观。

从考古学上观察，早在公元前 4800 年至前 4000 年的仰韶早期，中原大地上就先后活跃着半坡、后岗一期和西阴（也称庙底沟文化）三支考古学文化。半坡文化滥觞于渭河上游，随后传播至整个渭河流域和黄河中游地区。到前 4500 年，后岗一期文化在半坡文化领地——河套至张家口地区和太行山西侧的汾河流域初露端倪，后在半坡文化高压下，被迫退往豫北、冀南地区。

▲ 宝鸡北首岭出土的半坡文化墓葬

史无记载：考古发现的中国史

后岗一期文化变得强大以后就向东开拓，迫使海岱地区的北辛文化一变而为大汶口文化；又向北，促使西辽河流域的红山文化变身为后岗一期红山文化；向南，更使得豫中地区变成了它的一个地方类型——大河村一期文化；而在西边，后岗一期文化在多个地区同半坡文化展开角逐，并在内蒙古中南部、晋中和冀西北地区力压对方而占据优势。

公元前4200年前后，受半坡文化东进影响而形成的以山西芮城东庄遗址为代表的东庄类型开始崛起。大约200年后，东庄类型吸取周边外来文化先进因素，晋身为更加强大的西阴文化，开始强力向外拓展。西阴文化在很短的时间内就完成了驱逐后岗一期文化和半坡文化势力的壮举，在中原地区一尊独大。之后700年，西阴文化势力南征北战，东讨西伐，使得整个黄河中上游及其周边地区的文化面貌都打上了西阴文化的强烈色彩，达到空前一致的局面。[2]

后岗一期文化势力和半坡文化残部从中原退出，经豫西南逃亡至长江中游地区。前者在汉水东部、江汉平原北端形成了边畈文化第四期，在随后的1700年中，又演变成油子岭—屈家岭—石家河文化系统。[3]半坡文化在汉水以东即今随州地区创造了具有浓烈神农文化色彩的雕龙碑文化。在公元前3100年前后，雕龙碑文化在进入第三期时，受屈家岭文化影响也变身为屈家岭文化的一个类型。[4]

后岗一期文化残余势力中，还有一支是以郑州大河村一期类型为核心，向东南经豫东、皖北地区，逃亡至里下河平原、宁镇地区、皖江和环太湖流域，并在这一带定居生息繁衍，留下了龙虬庄、北阴阳营、黄鳝嘴、薛城、庙前及后续的崧泽、凌家滩等具有明显共同特征的几支考古学文化。

由于上述几支考古学文化和红山文化、大汶口文化都有后岗一期文化这个共同背景，西阴文化时期，中国大地上实际形成了西阴文化系统与红山—大汶口—崧泽—凌家滩—油子岭文化系统相互对峙的局面。换言之，北面辽河流域、东面海岱地区、南面长江

▲ 河南濮阳西水坡遗址出土的后岗一期文化夹砂红陶鼎

中下游地区，三面"联手"形成了一个巨大的对中原呈月牙形的半包围圈——一个相互交流频繁、来往密切的文化带。这一文化带的形成，使得彼此之间技术、观念的远距离传播成为可能，从而为"文化中国"的形成创造了充分和必要的条件。[5]

公元前3300年是史前中国一个重要的转折点。此前一统中原、兴盛达700年之久的西阴文化在大汶口文化势力的强势进击下，走向覆亡。来自长江中游地区的屈家岭文化势力乘机北上，中原地区遂沦为大汶口和屈家岭两股文化势力的"半殖民地"和"准半殖民地"。大司空文化、秦王寨文化、西王村文化等中原土著纷纷崛地而起，彼此杀伐征掠，争斗不已。这种状况一直持续到公元前2800年，随着覆盖范围更为广大的庙底沟二期文化新兴土著势力的崛起才有所改观。

西阴文化覆亡的同时，曾经繁盛一时的凌家滩文化和活动于宁绍平原一带的河姆渡文化也突然宣告灭亡。但日后几乎占据中国半个历史舞台的屈家岭文化和直接继承了凌家滩、崧泽文化精髓的良渚文化却在同一时段分别崛起于长江中游和下游地区。

▲　西阴文化彩陶钵、碗

　　此后的 800 年间，大汶口—龙山文化、屈家岭—石家河文化和良渚文化成为东亚大陆历史舞台上的主角，三者在进行多种形式的文化交流时，也提高了各自的经济文化实力，尤其是良渚文化还拥有了包含宫殿区、内城、外郭城在内的总面积达到 290 万平方米的良渚古城、祭坛以及围绕祭坛修建的不同等级墓地和外围城防水利系统等。良渚文化社会事实上已经步入早期文明时代，具备了一个国家的初级形态。

　　但良渚文化的先进发达并不能掩盖大汶口—龙山文化在政治、经济、文化和军事方面的超强实力，大汶口—龙山文化不仅长期影响，甚至是半控制着中原地区，而且还将自身固有的文化传统直接输入良渚文化和屈家岭—石家河文化的腹地。

　　公元前 2300 年，山东龙山文化在经过早期 300 年的发展后，开足马力开始向外强势扩张，由此导致其西南、西、西北方向的湖北、河南、陕西、山西和河北等地文化面貌发生剧变，各地“龙山文化”如雨后春笋般纷纷“拔节而出”。

　　就在这个节骨眼上，良渚古国遭到了千年不遇的特大水灾，活动于豫西和皖北地区的龙山文化王油坊类型趁机南下，给了良渚人致命一击，良渚古国轰然倒下，前后延续达 1000 年之久的良渚文化由此沉寂下去。

也是在公元前 2300 年前后，经过鲁西、豫北和河北平原而转战至晋南崇山一带的一支山东龙山文化势力，在驱逐了当地的庙底沟二期文化土著后，建起了具有都邑性质的陶寺早期小城——最早中国宣告诞生，史前中国由此跨入元中国时代。[6]

▲　陶寺早期宫城南东门复原图

纵观这浩浩荡荡的 1700 年历史，正是由于活动于中原地区的半坡文化、后岗一期文化和西阴文化互相碰撞、绞杀和分流，才导致西阴文化时期从辽河流域到黄河流域，再到长江流域文明格局的形成，并由此奠定了中原地区在各支文化彼此认同中的核心地位。尽管在公元前 3300 年后，随着西阴文化的覆亡，中原地区成为群雄逐鹿的目标，而且还在后来沦为大汶口文化和屈家岭文化两股势力的"半殖民地"和"准半殖民地"，但这实际上是从反面凸显了中原地区在彼时逐鹿诸雄心目中的重要地位。

从表面看，这个时期的华夏大地似乎处在一个没有中心的漫天星斗似的文化格局中，但仔细观察，我们会发现，彼时各支文化的分布其实就如同严文明先生说的那样[7]，好似一个巨大的重瓣花朵，中原文化区是花心，周围的山东、燕辽、甘青、长江中下游等地区是第一层花瓣，再外围的文化区是第二、第三层花瓣。中原文化区作为花心不但起着联系各文化区的核心作用，还起着向周边文化辐射的作用。尽管这种辐射作用在西阴文化凋敝后减弱了很多，甚至一度不复存在，但其潜在的联系各文化区的核心作用并没有减弱，反而随着群雄逐鹿愈发显示出了其核心价值所在。

公元前 4000 年至前 2300 年，华夏大地这一重瓣式花朵般存在的文化格局，正是"胚胎中国"，也就是文化意义上的中国赖以成形的基础。文化中国就是指中国各主要史前文化区在共同发展的基础上，通过密切交流而形成的对中国历史发展产生了深刻影响的文化共同体，而这一文化共同体的核心精神就是大家共同认可并奉为圭臬的龙文化、历法文化、敬天祭祖文化和玉文化等。

濮阳西水坡后岗一期文化 45 号大墓发现的蚌塑龙虎鹿等图案，是迄今所见最早具备完整中国文化意义的龙形物，该图案的摆放及整个大墓形制的设计规划也是目前考古所能见到的中国最早历法和星宿思想的实物体现。随着后岗一期文化主动或被动地在中原地区向外广泛传播，龙这一灵动而神秘的身影在之后的 1700 年的时间里，先后出现在西辽河流域、长江中下游流域和黄河中下游流域等诸多新石器时代遗址中。而由濮阳西水坡后岗一期文化 45 号大墓"始创"的历法和星宿文化思想也在上述诸支考古学文化遗址中有很具象的物化表现形式，如安徽含山凌家滩遗址所出玉龟和八角形图案玉版、浙江余杭瑶山和汇观山遗址所出祭坛、河南巩义双槐树遗址所出"北斗九星"天文遗迹，以及河南郑州大河村遗址所出有关天象的主题彩陶片，等等。

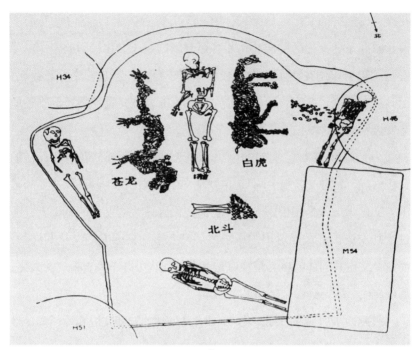

西水坡遗址第一组蚌塑龙虎图案示意图 [8]

至于敬天祭祖文化，在这一时期各区域文化系统中更是成为各自坚守的传统信条。西辽河流域的东山嘴、牛河梁，中原地区的双槐树，淮河流域的凌家滩，环太湖流域的瑶山、汇观山等遗址中，都发现有内涵一致、形制类同，且均是由贵族大墓环绕的代表"天圆地方"理念的礼制建筑——祭坛。

与此相关的是，视玉为神物而加以崇拜的玉文化，也成为前中国时代各区域文化中一个共同的特色，这其中尤以红山、凌家滩和良渚三支玉文化最为发达和著名。玉文化是史前中国进入文明进程中区别于世界其他文明古国最为鲜明的特征。

核心文化理念的趋同，意味着"十月怀胎"政治意义上的中国已经到了分娩的临界点，而当美索不达米亚平原和尼罗河流域的青铜文明之光透过印度河流域和青藏高原的重重雾霭，开始照射在中原大地上的时候，那一声象征新生命的啼哭就会划破长空，长久地回荡在古老的神州大地上。

前 3300 年：中原沉沦，边缘崛起

公元前 4000 年至前 3300 年是中原文化最为强盛的时期，考古学称为仰韶时代中期，代表文化是西阴文化。[9]

西阴文化以强势姿态登上历史舞台，完成了女权社会向男权社会的转变，促进了聚落结构的层级化、复杂化，使得整个社会快速步入文明前夜。

西阴时期存在着相对发达的农业、渔猎业、家畜驯养业和各种手工业，在同一时期东亚大陆上处于领先地位。这使西阴人有了可以大规模向外拓展的底气。

西阴文化器物图案的典型特征之一是两种花卉图案：玫瑰花和菊花。其中，菊花、玫瑰花的完整图案是花、蕾、叶俱全的"一枝花"。这"一枝花"彩陶，就像刚从天际冉冉升起的旭日，将它的光芒从豫西、晋南和关中东部这一西阴文化核心区，辐射到周围区域，整个黄河中上游及其周边地区的文化面貌都因此染上了西阴文化那道绚烂的色彩，形成了空前一致的局面。这一范围西至甘青、川西北，东至豫东，北过河套，南达江汉。

史无记载：考古发现的中国史

不仅如此，西阴文化还通过这些地区将其影响波及更遥远的地方：向北，抵达内蒙古东南部和辽宁西部；向东，到达渤海和黄海之滨的山东以及江苏北部；向南，深入至长江中游南部区域。

▲ 河南三门峡庙底沟遗址所出"一枝花"彩陶钵

西阴文化向东，不仅仅影响了与其同时存在的海岱地区大汶口文化居民的日常生活，更重要的是影响了大汶口文化居民的精神生活——在大汶口文化一些墓葬中，可以发现其内部结构及装饰工艺同西阴文化保持了惊人的一致性。

西阴文化向南，对长江下游两岸的马家浜—崧泽文化和长江中游流域的大溪—屈家岭文化，也造成了不同程度的影响——这两支文化系统中都呈现出了多少不一的西阴文化因素。

但是到公元前3300年左右时，西阴文化一统"天下"的格局被彻底打破，"蛮夷"崛起，西阴文化绝灭，中原沦陷。

首先是中原各地差不多同时进入到了萧条冷落、群雄割据的仰韶晚期。豫西、晋南和关中东部等核心地区的面貌由西阴文化一变而为仰韶晚期西王村类型。西阴文化时期的政治文化中心——豫西灵宝铸鼎塬聚落群，几乎"一夜之间"面目全非[10]：

一是聚落遗址的数量急剧减少。西阴文化兴盛时有大小聚落18处，此时断崖式下跌到了8处。

二是聚落群分布范围缩小。原来分布于沙河中下游的遗址基本消失，沙河和阳平河下游流域的遗址也基本不见，只在中上游留下寥寥几处。

三是西坡作为西阴文化的中心聚落，很多建筑此时已经被废弃，往日的喧嚣繁华趋于沉寂萧条。

总体而言，这一时期聚落遗址的数量、面积的急剧缩减，显示的是该地区社会人口和组织规模处于一个大幅度下降的过程中。铸鼎塬聚落群在这一时期发生的变化不是一个孤立的现象，放眼原来西阴文化所覆盖的整个区域，几乎到处都是同样的情况。

晋南的垣曲盆地，遗址数量由原来的 24 处下降到了 13 处，中心聚落面积由 30 万平方米下降到了 14 万平方米，聚落等级也由原来的三级结构变成了二级结构。

在渭河流域，原来呈现出西阴文化面貌的泉护一期此时一举变为泉护二期。

在豫中，原来西阴文化因素占主导地位的王湾一期文化被新崛起的秦王寨文化所取代。

▲ 秦王寨文化先人生活聚落复原微缩景观

史无记载：考古发现的中国史

不仅如此，除了核心区外，西阴文化原先的控制区和受其影响的边缘区，文化面貌也都发生了翻天覆地的变化而进入仰韶晚期：

晋中地区的文化面貌此时摇身一变成为仰韶晚期义井类型；

内蒙古中南部变为仰韶晚期海生不浪类型；

豫北冀南地区变成仰韶晚期大司空类型，后来改称大司空文化；

豫西南变成了仰韶晚期下王岗类型；

陇东地区变成了仰韶晚期大地湾类型……

可以说，彼时的中原及周边地区是群雄并起、战火纷飞，像极了3000年之后彼此攻城略地、混战不休的战国时代。而兴盛达200年、地处淮河流域的凌家滩文化，以及绵延600年之久、地处环太湖流域的崧泽文化，在公元前3300年时突然同时宣告覆亡。

更令人感到不可思议的是，繁衍生息达1700年之久、地处长江下游宁绍平原的河姆渡文化，也在同一时间跟跄着走向它的坟墓。

同样还是这一时间，日后名声大噪的良渚文化、屈家岭文化和马家窑文化分别崛起于长江下游、长江中游和西北的甘青大地。

放眼彼时中国大地，好像就是地处西辽河流域的红山文化没有受到太大的影响。红山文化是公元前4400年生活在豫北冀南地区的后岗一期文化居民向北扩张，同以西拉木伦河、老哈河流域为中心的当地土著居民融合后而形成的一支考古学文化。公元前3500年左右，红山文化达到兴盛顶峰，此时虽然风光不再，但他们仍然能迈着轻松的步伐悠然前行。

显然，公元前3300年左右发生在中国大地上这一连串的惊天巨变事件，是一个有内在因果联系的连锁反应，彼时的中国大地一定发生了什么大事。

没有洪灾袭击的迹象，没有天气转为恶劣的痕迹，剩下的唯一可能就是战争了。

考古资料将战争的推手指向了海岱地区的大汶口文化集团。

其实，早在公元前3500年左右，大汶口文化在进入中期阶段后，就开始了急剧扩张的步伐。他们先是往北拓展至辽东半岛，然后又向南直逼江淮地区。但大汶口文化扩张的主要目的地不是南边或北边，而是西边辽阔的中原地区。

等到公元前3300年西阴文化衰落之时，蓄势已久的大汶口文化集团开始发力。他们沿颍河溯水而上，长驱直入，不但进至原西阴文化分布的豫南、豫北地区，而且横扫秦王寨文化腹地豫中一带，再往西还深入到了原西阴文化腹地——豫西和晋南地区。大汶口人在这些地方，尤其是在颍河、伊河、洛河诸流域都留下具有大汶口文化鲜明特色的遗址、遗物和墓葬。[11]

▲ 大汶口文化的大本营——泰安大汶口遗址公园

史无记载：考古发现的中国史

特别值得一提的是，郑州西山古城人群构成比例中，大汶口人占有相当大的比例。郑州西山古城遗址曾发掘出土了 144 例成年个体的遗骸标本。与古代人群对比，郑州西山组人群与来自山东曲阜的西夏侯组和来自黄河中游的仰韶合并组在颅骨形态上最为接近。西山遗址人骨标本中，相对完整、可观察到有明显颅骨人工改形的个体共 35 例。而颅骨人工改形现象是大汶口文化独有的典型习俗。这意味着，在郑州西山古城主体人群构成中，来自海岱地区的大汶口人占了 24% 还多。[12]

大汶口文化集团在大规模西进的同时，也向南方实施了竭尽所能的扩张。在安徽含山凌家滩遗址周边几乎到处都可见到大汶口文化势力明晃晃的刺刀：安徽潜山薛家岗、亳州富庄，江苏徐州花厅、南京北阴阳营、常州寺墩，上海福泉山、马桥、广富林，浙江余杭庙前等遗址，都出土了大量的大汶口中期典型遗存。

没有直接证据表明，大汶口文化集团是凌家滩文化、崧泽文化和河姆渡文化覆亡的凶手，但从彼时大局分析，大汶口文化集团的南下扩张对这三支文化的覆亡是起了推手作用的。可能正因为如此，南逃的凌家滩人才联手败亡的崧泽文化、河姆渡文化遗民形成了一支新的文化势力——良渚文化集团。良渚文化的适时崛起，遏制住了大汶口人南下扩张的步伐，随后的 1000 年的时间里，二者剑拔弩张、刀光剑影，打得难分难解。

大汶口文化集团不止是向西向南扩张，它还通过中原地区向长江中游流域进逼。受其压迫，在江汉平原及其周围地区绵延达 700 年之久的大溪文化，也在距今 5300 年前后，摇身变为了更加强大的屈家岭文化。其势力范围以江汉平原为中心，西至三峡，东到武汉，北达豫南，南抵湘西北常德一带。

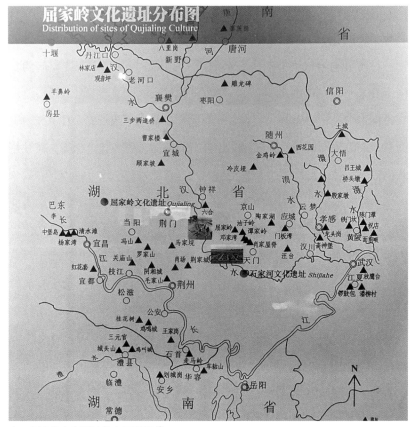

▲ 屈家岭文化遗址分布示意图 [13]

　　屈家岭文化势力崛起后，迅速反击，向东北征服了豫西南地区。又以此为据点向北方和西北方拓展。向北方的一支，出南襄隘道穿越伏牛山和外方山，经上蔡十里铺、驻马店党楼、临汝北刘庄、汝州中山寨、禹县谷水河，挺进豫中平原的郑州大河村，再折而向西，经豫西洛阳王湾和灵宝盆地，向北穿越黄河，抵达晋南夏县东下冯遗址和垣曲古城东关遗址；另一支向西北沿丹江溯水而上，经陕南，翻越秦岭，出现在了渭河谷地。[14]

史无记载：考古发现的中国史

中原地区瞬间沦为大汶口和屈家岭两大文化集团的"半殖民地"和"准半殖民地"。面对着这两大集团的强势入侵，中原土著迅速分化，一部分顽强抵抗，死战到底，如盘踞在辉县一带的大司空文化政权；一部分认输服命，甚至还充当了大汶口集团在中原统治"代理人"角色，如郑州西山古城政权。

▲ 马家窑文化葫芦网格纹双耳彩陶罐

另外还有一部分为避祸战乱，干脆逃之夭夭。这部分西阴遗民，在东有大汶口殖民者西下攻伐，南有屈家岭苗蛮势力北上进击的情况下，就只能沿着渭河上溯，向人烟稀少的西北甘青一带逃亡。

从考古资料看，他们先是逃到了今渭南市华州区泉护村一带，与同属西阴文化的泉护一期文化居民组成迁徙大军，北上到达渭河上游的陇东地区，在此留下了仰韶晚期大地湾类型。稍作盘桓后，他们又继续西进至陇西以及青海民和等地，在此繁衍生息，并同当地土著交融，创造出了繁盛一时的马家窑文化。[15]

前 2600 年：黄河下游改道大灾难

公元前 3000～前 2500 年，在黄河中下游地区活动的人群主要是晚期大汶口文化族群，这个阶段，大汶口人虽然成功遏制住了来自南方良渚势力的攻势，并在一定程度上取得优胜地位，但来自江汉平原的屈家岭文化势力却在大汶口人控制下的中原地区势如破竹，连战告捷。

屈家岭文化势力在距今 5000 年以前就已经从豫西南北上挺进豫中，而在大汶口文化晚期时则又进一步挺进豫西一带，攻陷了洛阳王湾地区，又从此北上进至晋南的临汾盆地。大约在屈家岭晚期，也就是大汶口文化晚期晚段时，另一支屈家岭文化生力军沿丹江溯水而上，出现在了陕南的秦岭山中，并进一步翻越秦岭出现在了渭河谷地。不但如此，屈家岭文化势力还趁机把触角伸向了东方大汶口文化传统腹地汶泗流域一带。[16]

大汶口文化在这个时期由于屈家岭文化势力步步紧逼所表现出来的衰败颓境，或许正是韦昭注《国语·楚语·观射父论绝地天通》所谓"三苗，九黎之后也。高辛氏衰，三苗为乱，行其凶德如九黎之为"的历史背景所在。大汶口晚期文化极有可能就是帝喾族群文化遗存，而屈家岭文化则可能是早期的苗蛮文化遗存。

屋漏偏逢连夜雨。就在晚期大汶口文化"政权"面对三苗势力猖狂的进攻而绞尽脑汁予以反击的时候，一场由黄河改道引发的巨大洪灾成了压垮他们的最后一根稻草。[17]

地质考古研究发现，大约在距今1万～4600年的时候，黄河是取道河北平原流经"黄渤海平原"进入渤海湾的——黄河汇集其他河道在"黄渤海平原"上冲刷下切，留下了清晰的古河道遗迹。但在晚更新世的大理亚间冰期，即距今4.5万～2.5万年时，黄河不是从渤海入海，而是取道淮北平原东部的苏北地区从南黄海入海的。换言之，黄河往返于渤海和南黄海之间至少从晚更新世就已经开始了。

由于在距今1万～4600年这个时期，黄河主要是取道河北平原注入渤海，河北平原广阔的沃野上分布的仰韶和大汶口文化遗址极为稀少，出现了明显的遗址分布空白区。豫北、冀南是距今6800～4800年仰韶时代遗址发现较多的地区，但在与之毗邻的鲁西北聊城地区却因黄河天堑的阻隔呈现出了另一番萧条冷落的场景——迄今，聊城地区仅阳谷、东阿两县发现有4处受仰韶时代文化影响的遗存，在更东的鲁北地区，目前看还是空白。即便是大汶口文化遗址，也因为这一带彼时可能是黄泛区所在也只在茌平县发现了区区3处，与东边的济南、泰安等地密集的大汶口文化遗址形成了鲜明对照，而在其北边的德州地区和隔河而望的安阳、邯郸地区，乃至整个太行山东麓，甚至包括整个河北平原中部都没有一处大汶口文化遗址出现。

相反，在淮河以北，从豫东到皖北、苏北的广大平原地带，仰韶和大汶口文化遗址密密麻麻地连成了一片，基本上看不出有明显的空白区。河南地区的仰韶时代遗址主要分布在京广线以西，有少部分散

▲ 邹城野店遗址出土的大汶口文化灰陶镂空器座

布在豫东平原的周口和商丘一带。再往东的皖北、苏北平原上主要是大汶口文化势力范围，在这些遗址中普遍发现了具有某些仰韶时代文化因素的遗物。鲁中南丘陵平原地带是大汶口文化遗址分布最为密集的地区之一，仅济宁、兖州、邹县、滕县、枣庄五县市迄今就已发现 72 处。

皖北、苏北也不遑多让，苏北平原上目前已发现包括大汶口文化遗址在内的 50 余处新石器时代遗址，而在皖北，仅宿州、阜阳两地发现的大汶口文化遗址就超过了 30 处。

事实上，从距今 5500～5000 年的大汶口文化中期开始，河南境内就不断出现大汶口文化遗存因素，如商水章华台、郸城段寨、平顶山寺岗、郑州大河村、新郑唐户、鄢陵故城、禹县谷水河、偃师古滑城、偃师二里头等，另外，在晋西南垣曲古城东关、夏县东下冯等遗址中也都发现了许多明显具有大汶口文化中晚期特征的遗物，由此以豫东周口地区为中心形成了大汶口文化在西境的又一繁荣地带。从这些遗址的分布情况观察，仰韶文化与大汶口文化进行文化交流，主要是通过淮北平原来实现的。

在距今 4600 年前后时，局势发生了变化，黄河从河北平原改走淮北平原入海，而彼时正值大汶口文化晚期向龙山文化过渡时期，也是大汶口文化晚期先民向淮北平原大规模扩张和渗透时期。黄河下游改道使淮北平原的自然环境遭到了严重的破坏，豫东—郑洛地区与泰沂

史无记载：考古发现的中国史

地区的大汶口文化的联系几乎被拦腰切断，冀、鲁、豫、皖、苏，乃至陕、浙、鄂的文化面貌和性质都因此受到巨大影响。

　　能引起黄河大范围改道，可想而知当时的降雨时间该有多长，降雨量该有多么巨大，而黄河改道四下泛滥该给当时黄河下游居民造成怎样的灾难！从考古材料看，大汶口文化在各地结束的时间不尽相同，鲁东、汶泗流域以及鲁豫皖交界地区可延续到其晚期之末，而地处泰山北侧淄博以西的鲁北和鲁西北的广大地区，却缺乏大汶口文化最晚阶段的遗存。

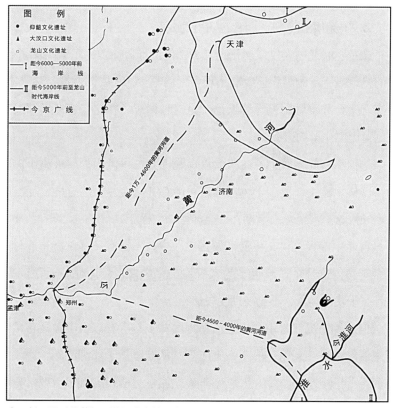

▲　新石器时代黄河下游河道走势示意图

我们先看一下黄河改道时沿黄两侧——鲁西、豫东和皖北——的情况。鲁西地处冲积平原，包括德州、聊城和菏泽三个地区。以现在黄河为界，这里可以分成南北两个区域，北部是德州、聊城，属于黄河以北徒骇河、马颊河流域。该区域的大汶口文化遗存发现较少，只有茌平3处，而且仅是从大汶口文化中期晚段延续到晚期早段，没有晚段的遗存，同时也不见大汶口文化之后的龙山文化遗存。

南部的菏泽地处鲁西南，与豫东、皖北搭界。菏泽地区的大汶口文化遗存主要是晚期的，它和皖北、豫东一样，一直可以延续到晚期之末。

但这两个地方都没有龙山文化早期遗存，最早一般只能到中期，大汶口文化和龙山文化之间存在明显的缺环。

豫东、皖北的大汶口文化遗存大都是堌堆遗址，突兀于地表之上，有的遗址最下层的堆积还要高出现今地面不少，如安邱堌堆、莘冢集、尚庄、栾台和蒙城尉迟寺等遗址都是这种情况。在这些遗址里都没有见到龙山文化早期遗存。

这似乎在暗示我们，这些大汶口晚期先民可能因为居址高于洪水面得以侥幸逃生，但由于黄河改道可能存在一个漫长的过程，泛滥的洪水导致这一带至龙山早期，人类都无法生存。

鲁北中部大汶口文化遗址发掘比较少，主要有广饶付家、五村和桓台李寨，这几个遗址也多为大汶口文化中期遗存，晚期遗存较少，且都属于晚期早段，不见晚期晚段遗存。

但这种情况在鲁中和鲁东沿海地区却不复存在。鲁中地区包括泰山南侧的泰安、莱芜、济宁、枣庄等，基本覆盖了汶泗流域，属于平原、低山丘陵地带。泰山北侧有济南、淄博、滨州南部的广饶和邹平，地处平原，分属小清河上游和淄、弥河流域。汶泗流域以枣庄建新、滕州西公桥、西康留、微山尹洼、邹城野店、泗水天齐庙、曲阜西夏侯、南兴埠、泰安大汶口为代表，文化发展基本覆盖了大汶口文化晚期的全部过程。

本区的龙山文化早期（公元前2600～前2300年）遗存也比较丰富，像泗水尹家城、兖州西吴寺等遗址在年代上可以上溯到龙山文化初期，在时间上和本区的大汶口文化晚期并没有间隔，二者可以连接起来。

鲁东沿海地区包括青岛、潍坊东部、日照等地，大体界于鲁中山地与胶东丘陵之间，略呈东南—西北向的条形凹陷地带，南部属于沂、沭河流域及以东濒海地区，北部属于弥河以东胶东丘陵以西的潍坊、青岛地区。本地区是大汶口文化向龙山文化过渡序列最为完整的地区，大汶口文化晚期遗存和龙山文化早期遗存应有尽有，没有任何忽然中断的现象。

由此可见，距今4600年左右的这次黄河改道对黄泛区的居民造成了毁灭性的灾难，洪灾范围之广甚至波及千里之外的鲁中属于平原地带的汶泗流域——大汶口以及西夏侯、野店等遗址也缺乏晚期最晚段遗存，而在地势相对高突的山地丘陵地带，以及更远的东部沿海和胶东半岛，洪水鞭长莫及——胶东半岛大汶口文化晚期遗存与龙山文化早期遗存也有完整的发现，二者可以紧密地衔接起来，其中以栖霞杨家圈遗址为代表。

这次洪灾直接导致了大汶口文化晚期政权的毁灭，并催生了龙山文化政权的崛起。孙波先生对山东、豫东、皖北和冀南等地的早期龙山文化进行了系统梳理，发现龙山文化在各地诞生的时间也是不相同的[19]，其早晚恰好和大汶口文化晚期衰落的地理时间态势相反，也就是说，龙山文化发生的时间差，从东到西是梯次变晚的。其中，包括日

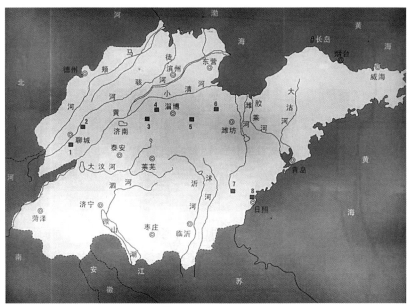

▲ 山东龙山文化城址分布示意图[18]

1.阳谷景阳冈 2.茌平教场铺 3.章丘城子崖 4.邹平丁公 5.临淄桐林 6.寿光边线王 7.五莲丹土 8.日照两城镇

照在内的鲁东南沿海和潍河流域，由大汶口文化晚期过渡到龙山文化早期，发生时间最早，在公元前2600年前后。鲁中泰山南北的小清河、淄河与汶泗流域次之，鲁西以及豫东、皖北、冀南最晚。这个情况从龙山文化城址均分布于日照—聊城一线以东地区也可以明显看出来。

　　导致这种情况出现的原因，主要是黄河改道波及范围广，持续时间长，以至于龙山文化早期主人无法进入那些地势低洼的地方生存，只有等到龙山文化中期，黄河河道稳定下来，他们才能大规模地由鲁东南沿海地区向西和西北迁徙。彼时，已经是公元前2300年，距离黄河改道起始时间足足过了300年。

史无记载：考古发现的中国史

前 2300 年：南方沉沦，北方雄起

　　自距今 9000 年以来，中国新石器时代传统的文化核心区域一直聚集在长江和黄河中下游地区。至少在距今 5500 年时，这两个地区已经产生了分居南北的稻作和旱作两个农业区，此后在距今 5000～4300 年时，这两个区域的聚落面积和数量都还呈现出持续增长的势头。这其中，以史无记载的良渚古国实力最为雄厚。

　　考古发现，良渚古城，包含宫殿区、内城、外郭城在内，总面积达到了 290 万平方米，如果算上周边 600 多处附属遗址和设施，良渚遗址总面积达到了 800 万平方米，这昭示着良渚社会已经步入早期文明时代，具备了一个国家的初级形态。

　　良渚古国是史前中国漫天星空中那颗最灿烂的星，但在距今 4300 年时，良渚古城轰然倒塌，良渚文化开始销声匿迹。此后一直到距今 4000 年的钱山漾—广富林文化时期，长江下游地区的遗址寥寥无几，太湖以东和以南发现的遗址目前也只有钱山漾、葡萄畈、茅草山、三亩里、仙人山、尖山湾、龙南和广富林共 8 处。

　　同时期的长江中游地区也好不到哪儿去。据北京大学考古文博学

院张弛教授的调查统计[20]，作为该地区在考古学文化面貌上表现出来的屈家岭—石家河文化（公元前3300~前2000年），最为发达的地区是江汉平原北部和洞庭湖西部。从屈家岭文化开始，这里逐渐出现了密集的聚落和大型城址，其中江汉平原北部地区大洪山南麓的中心聚落城址和聚落群尤显密集，几乎每隔10~20公里就有一处城址出现。洞庭湖西部的澧阳平原沿大小河流流域，石家河文化早中期（公元前2600~前2200年）遗址有192处，彼此之间的平均距离还不到5公里。

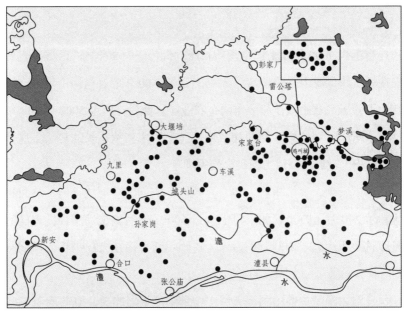

▲ 石家河文化时期澧阳平原聚落分布图[21]

但到了石家河文化晚期（公元前2200~前2000年，也有学者称之为后石家河文化）——相当于龙山文化晚期，上述延续了数百年的大型城址全部废弃，聚落数量也急剧减少。湖北省文物考古研究所一项调查表明[22]，以石家河为中心的1500万平方米范围内，石家河文化早

史无记载：考古发现的中国史

中期，仅石家河遗址群的面积就达到了 800 万平方米。另外，在石家河遗址西北部河边和东南部山脚下还有 21 处面积在数万平方米左右的小遗址，其间距离大都在 1 公里之内。但到了石家河文化晚期时，石家河遗址的面积急剧缩小，仅有 100 万平方米左右，而石家河遗址以外的同时期遗址只有 1 处。

作为新石器时代以来的两大传统文明核心区域之一的山东、河南、山西和陕西等所在的黄河中下游地区，在同一时期的聚落数量和面积非但没有下降，反而呈现出不断增长的态势。[23] 譬如，山东半岛在距今 6300～4500 年的大汶口文化时期，发现有 547 处遗址，到距今 4500～4000 年的龙山文化时期，遗址数量猛增到 1492 处。

河南、山西和陕西在距今 6800～4800 年的仰韶文化时期，共发现 3556 处遗址，其中河南 800 处，山西 716 处，陕西 2040 处，但到龙山文化时期，遗址总数量增到了 4302 处，河南、山西和陕西分别增到了 1000 处、1102 处和 2200 处。考虑到仰韶文化延续的时间是龙山文化的两倍，这一时期实际的人口增长率应该比上述调查数字还要显著。

几乎与此同时，文献上没有片言只语的记载，在仰韶文化前期沉寂无声的半月形地带即燕辽—北方—西北—西南地区却忽然间崛起了。

一项调查结果显示，自贺兰山以东直到冀西北，从仰韶文化晚期开始逐次出现了人口和聚落增长的情况，到距今 4300 年前后达到顶峰。陕北榆林地区在第三次全国文物普查中发现新石器时代遗址 4446 处，其中面积在 1 万平方米以下者 2982 处，1 万～50 万平方米者 1452 处，50 万～100 万平方米者 11 处，100 万平方米以上者有石峁遗址 1 处。这些遗址的时代为仰韶文化晚期、庙底沟二期（公元前 2800～前

2300 年）和龙山文化时期，其中龙山文化时期遗址是仰韶文化遗址的 3.5 倍，且大型遗址都是龙山文化时期的。[24]

在内蒙古中南部浑河下游调查发现，距今 5500～5000 年的庙子沟文化遗址有 168 处，距今 4800～4500 年左右的阿善三期文化遗址有 98 处，距今 4500～4000 年的永兴店文化遗址有 76 处……[25]

在山西中部滹沱河流域调查 2263 平方公里，发现仰韶文化时期遗址有 77 处，龙山文化时期遗址有 300 处……[26]

半月形地带东端的燕辽地区在仰韶文化晚期和龙山文化时期正处在雪山二期文化和小河沿文化末期，彼时聚落和人口的增长并不明显，只是在距今 3800 年以后的夏家店下层文化时期，才开始急剧增多。

半月形地带西部的宁夏、甘肃和青海地区也是从仰韶文化晚期至马家窑文化时期（公元前 3300～前 2050 年）开始逐渐出现密集的聚落，并从距今 4200 年开始形成了齐家文化，年代主体跨越龙山文化晚期和二里头文化时期（公元前 1800～前 1530 年）。

半月形地带南部的成都平原西部从距今 4500 年的宝墩文化开始才有大量人口活动，并逐渐形成了由 8 座城址组成的宝墩文化城址群，其中宝墩城址的面积约达到 276 万平方米，其他城址面积也都在 10 万至 60 万平方米之间。宝墩文化以种植水稻为主的农业经济和成熟的城墙建筑技术，暗示宝墩文化主人很可能来自长江中游屈家岭—石家河文化古国一带。方兴未艾的宝墩文化是最早出现在成都平原上的酋邦社会。

在西南地区与宝墩文化同时存在的还有正在发育成长的三星堆文化，其中位于马牧河—鸭子河畔的三星堆一期文化遗址面积达到 300 多万平方米，但彼时三星堆文化遗址中并没有城址出现，说明其文明程度远远低于宝墩文化。

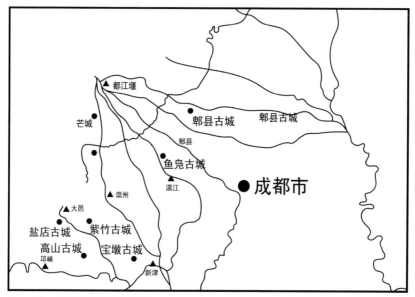

▲ 宝墩文化城址群分布示意图

距今 4300 年，良渚古城突然遭到废弃，其中既有洪水泛滥和天气灾变的因素，也有战争的因素。考古表明，在良渚文化晚期，良渚古国遭到了特大洪水的袭击，同时受到了来自北方东夷集团的侵略，这可能是其灭亡的主要原因。

陶寺早期统治者是大汶口文化的后裔，不能排除其参加这场战争的可能。即便良渚文化的衰落、良渚古国的灭亡与陶寺早期统治者没有直接关系，陶寺人由此受到的刺激也不可避免地会对陶寺古国的崛起起到一定的作用。而石峁城址的崛起和半月形地带的形成，更是从正面直接给陶寺人造成了挤压、碰撞的威胁，这倒逼着陶寺人进一步完善自己的经济基础和上层建筑，从而形成了王权占主导地位的古国——这些都是促成陶寺古国脱颖而出的重要因素。

最早的中国

　　陶寺遗址经考古证实，是最早的中国所在。2017 年 12 月 8 日，由中国社会科学院考古研究所的何驽、高江涛和山西省考古研究所的王晓毅撰写的《陶寺遗址："中国"与"中原"的肇端》一文在上海召开的"世界考古论坛"上获得大奖，意味着这项考古成果获得了国际考古学界的承认。

　　陶寺遗址位于山西省临汾市襄汾县陶寺村，北距尧都区 20 公里，南距襄汾县城 7 公里。20 世纪 50 年代，考古普查时发现。从 1978 年开始发掘至今，大致揭示出了一个完整的大都邑风貌：遗址总面积达 300 万平方米，距今 4300～3800 年。遗址有早、中、晚三座城址。[27]

　　早期城址并不大，面积有 56 万平方米，但遗址面积达到了 160 万平方米。早期城址距今 4300～4100 年。遗址内有宫城、外城，有平民居住区和仓储区，还有祭地的礼制建筑。其核心区由 13 万平方米宫城及南外侧下层近 10 万平方米的贵族居住区小城构成。宫城开有结构复杂的曲尺形角门，里边还发现了疑似"冰窖"的附属建筑物。在宫城内下层贵族居住区的小城内，发现有双开间半地穴式住宅。宫城东西

两侧是普通居民区，东侧另外还发
现有大型仓储区。宫城东南侧是早
期王族墓地，发掘王墓6座，使用
木棺，每座随葬品均在百件以上，
出土有玉石钺以及各种彩绘陶龙
盘、陶礼器、木器，还有厨刀、日
用陶器等。大贵族墓数十座，也使
用木棺，随葬品数十件不等，有石
磬、陶鼓、鼍鼓等礼乐器组合，以

▲ 陶寺早期王族墓地发现的彩绘陶龙盘

及彩绘陶器和日用陶器等。其余近千座小墓大多没有木质葬具和随葬
品。由此可以看出，陶寺遗址早期，贫富分化悬殊，阶级界限明显，
社会结构呈金字塔状一目了然，初步具备了一个"国"所应该有的结
构和性质。

陶寺古国发展到距今4100～4000年的中期时，城址有了较大的变
化。宫城继续使用，但南部下层贵族居住区小城废弃掉了，变成了中
期王族墓地，外部出现了一个面积至少280万平方米的外郭城，还建
立了观象祭祀台，城址也变成了双城址。城内最大的核心建筑面积约
8000平方米，其前后至少还有两座殿堂建筑。前面一座殿堂建筑，面
积大约286平方米。城中功能区设施完备，可以明显看出彼时的建城
理念是以某种宇宙观作为指导思想的。[28] 此外，还在晋南其他地区发现
了一些驿站性质的基址，譬如曲沃周庄遗址，这体现了中央与地方的
行政关系。

陶寺中期王墓是陶寺遗址迄今考古发掘出的最大墓葬，尽管在陶
寺晚期遭到捣毁，仍残留随葬品近百件，包括玉器、彩绘陶器、漆器、

骨器、20片半扇猪骨架等。考古人员解读其中的6柄玉石钺，认为其不仅象征王权和军权，而且与公猪下颌骨共同组合表达了修兵不战的"上政"治国理念。

"国之大事，在祀与戎。"（《左传·成公十三年》）祭祀天地是上古时期国家最重要的大事之一。陶寺祭天的遗址占地面积约1700平方米，位于城址的东南部，最为重要的礼制建筑就是用来观测天象以授农时的观象台遗址。观象台的原理是，从观测点通过夯土柱之间的缝隙观测对面崇山的日出方位，从而确定季节、节气，安排农时。在将观象台模拟复原以后，通过实地观测，考古工作者发现陶寺的观象台能观测到可以指导大豆、黍、粟等农作物播种和收获的20个节气。这成为陶寺王权通过观天测象"授民以时"，用宗教和政治来控制整个社会经济、文化生活的手段。陶寺观象台也是迄今发现的世界上最早的观象台。

▲ 复原后的陶寺观象台

史无记载：考古发现的中国史

手工业作坊区约20万平方米，集中在陶寺中期外郭城的南部，由工官严格管理，并加以严密控制，其主要业务是生产军工类的石器和陶器。大量的调查数据表明，陶寺中期城址的普通居民区面积不少于20万平方米，大部分设置在外郭城的西北面。

到距今4000~3900年的晚期时，陶寺古国出现了极大的动荡，它被彻底摧毁，不再作为都城而存

▲　写有朱书陶文的扁壶残片

在。陶寺晚期宫城内遗址出土了3件写有朱书陶文的扁壶残片，虽然对它具体是什么字，专家解读不同，但这些字符与商周甲骨文和金文有着明显的传承源流关系却是得到了专家们的认可。

陶寺遗址中期核心宫殿建筑夯土地基内还出土了铜盆口沿，晚期地层单位出土了铜铃、齿轮形铜器、铜环、铜蟾蜍。这5件器物，均系红铜铸造的礼仪用器，是为中国青铜铸造礼器文明的雏形。

另外，考古调查发现，陶寺古城南北各存在一个200万平方米左右的超大型地方中心聚落——考古学家认为是两个拱卫遗址群，其同古城一起从整体上构成了5级聚落等级、4级社会组织层级的国家社会组织结构。[29]

至中期时，陶寺古国都城所有的功能要件就已经完备。也就是说，这时候的陶寺古国已经完全具备了上述国家文明所应具备的所有功能和要素，是一个初级的国度。

陶寺古国时代及其以前，在传统的华夏文明滥觞、生长的中原大地上，没有发现有比陶寺遗址更早的具有都邑性质的古城址。

所谓中国，就其原始含义而言，是指用"天下之中"作为指导思想而在以黄河中游流域为中心的中原地区所建立的国家，用宋代裴骃在《史记集解》中的话说就是："帝王所都为中，故曰中国。"

这里包含有两层含义：一是所谓中国必须是诞生在中原大地上的国家；二是中国必须是以"中"为指导思想而建立的国家。前者祭祖以立国，此所谓祖国的本真含义，后者是居中以通天，此所谓"朕即天子"的原始要义。所以"中国"这个概念从诞生之日起就包含了中国传统文化"敬天祭祖"这个核心内容。

2002 年，陶寺城址中期王墓、考古标号为 IIM22 的头端墓室东南角出土了一件漆木杆，残长 171.8 厘米。上部残损长度为 8.2 厘米，复原长度为 180 厘米。漆杆被漆成黑绿相间的色段，加以粉红色带分隔。考古人员推测漆杆为圭表日影测量仪器系统中的圭尺，年代为陶寺文化中期。

由天文学家和考古学家共同组队实地测量，陶寺圭尺所测当地夏至影长 39.9 厘米，约合 1.6 尺。这恰是《周髀算经》"夏至影长尺六寸""立中"判定"地中"的标准。但实际上，根据考古人员的实地测量，陶寺当地的夏至实际影长为 1.69 尺。1.6 尺是南距其百十公里的垣曲盆地夏至影长实测数据。垣曲盆地有东关等遗址，被视为是华夏遗存反映的庙底沟二期文化中心分布地。显然，陶寺统治者把垣曲盆地夏至影长 1.6 尺作为其"独占地中"的标志，是为了继承当地文化，"以绍上帝"，笼络人心。陶寺古城选址定在"地中"，与考古资料所反映的陶寺城址都城性质恰相契合。显然，陶寺圭尺就是古代象征王者独占地中观念的帝表、华表。

　　陶寺古城以"中"为指导思想来进行选址、建设，还体现在其背靠崇山的地理位置上。崇山乃陶寺古国及其联盟集团心目中作为"天下之中"标志的神山。这种神山，在尧舜以前，人们名之曰昆仑，既是支撑天地之间的中央支柱，也是王者赖以上下来往于天地之间的天梯，在尧舜时代则被称为崇山，这正是古代"王者逐中"思想的集中反映。

▲　陶寺崇山

　　《说文》云："崇，嵬高也。"崇山就是极为高大、可以与天看齐的山脉。陶寺观象台由一个居中的观测点和一溜排下来呈弓形的 13 根夯土柱子组成。观测点面向东北至东南，通过 13 根柱子间的 12 道缝隙观测对面崇山一年四季中太阳升起的规律，以确定不同季节的 20 个节气。这个天象观测台和后面绵延起伏的崇山山脉共同组成了陶寺古国至高无上的精神权威，既有"君权神授，唯我独尊"的精神感召力，又有观天测象、指导农时的现实功能，可谓是将上天意志和国家功能完美结合的一个典范。崇山作为连接天地之间的"中央支柱"昆仑的变种，在夏王朝建都二里头遗址后，被附近的外方山即今嵩山所替代，改称为崇山，其意味不言自明。

陶寺遗址出土的城址及文物性质表明，它已经具备了最初中国的形态，尽管它作为一个国家很多功能还不完备，尽管它的实际控制范围仅限于晋南一带，但它是公元前 2300 年以后"万国"时代实力最为雄厚、影响力最大的一个国家。它上接炎黄文明，下启二里头文明，成为 5000 多年中华文明链条上一个不可或缺的关键环节。

陶寺之后，华夏文明的重心才跨越黄河，转移到豫西，诞生了二里头王国。再后来扩展到河内，这就是司马迁所说的以黄河三角洲为核心的"三河"地区——河东、河南和河内。这是一个面积范围依次不断扩大的过程。

前几年，在浙江杭州发现的良渚古城成为全世界关注的焦点，它以其庞大的古城建筑面积、等级分明的墓葬制度和高度发达的稻作农业技术，以及玉石、陶器等高超的雕刻制作技艺而被称为中华文明5000 多年的实证。尽管如此，它既不能被称为"最初中国"，也不能被称为原初"华夏"文明的源头，因为在上古时代它是游离于华夏文明之外的"异域"文明，而且在公元前 2300 年前后，良渚古城被彻底毁弃后，良渚文明也像世界上其他几大文明一样消失了。真正流传下来的中华文明是以陶寺古国文明为代表的华夏黄河文明。

在那个时代，陶寺古国就是满天星斗中最亮的那一颗，是当时中华大地上"汇聚"各种文明的核心，同时她也以其强劲的经济文化实力"辐射"、影响着周边蛮、狄、夷、戎等各支文化。

夏代早期一次空前绝后的大劫难

距今 3900 年前后，华夏民族遭遇了一次空前绝后的大灾难、大崩溃，其影响范围波及整个黄河中下游流域。尽管史书上没有只言片语的记载，但张莉博士在《文献之外的夏代历史——考古学的视角》[30] 一文中通过考古学揭示出来的场景，让我们在近 4000 年后的今天读来都还不寒而栗。

全国第二次文物普查聚落材料研究表明[31]，距今 4300～3900 年的龙山时代，整个黄河中下游地区聚落总数量有 1669 处，而到距今 3800 年后的二里头时代，整个黄河中下游地区聚落总数量骤降至 180 处，全部聚落面积总和也由原来的 218.33 平方公里锐减到 47.05 平方公里。换句话说，二里头时期黄河中下游聚落数量仅是龙山时期聚落数量的 10.78%，下降幅度达 89.22%；其聚落总面积也缩小至龙山时期的 21.55%，下降幅度达 78.45%。

尽管第二次文物普查的聚落材料并非全覆盖式系统调查所得，相关数据必然有不够精准的地方，但考虑到以上大数据研究样本量大，以及前后两个时代聚落数量及面积差异之显著，即使有误差，也不妨碍我们得出这样一个结论：从龙山时代到二里头时代转折的节点上发生了大范围聚落总数量和面积锐减的情况。

聚落实际上就是我们现在所说的村落和城镇，它是人类赖以生存、工作和社会交往的基本保障。人类生活方式，如建筑形式、居住方式以及活动方式等，从龙山时代到二里头时代并没有出现太过显著的变化，但两个时代聚落总数量和面积反差如此之大，说明在夏代二里头时期，人口锐减，社会运转出现了断裂的情况。

先说居于黄河下游的山东地区。鲁东南1440平方公里的范围内，发现有龙山文化遗址536处，最大的尧王城，面积达367.5万平方米。不过，其中属于龙山文化晚期的遗址只有13处，而之后距今约3900～3500年的岳石文化遗址只有19处，仅相当于此前龙山文化遗址数量的1/30，面积最大的遗址——西寺遗址也只有9万平方米。[32]

鲁北有章丘城子崖和淄博桐林两座大型城址，其中桐林遗址的面积达200万平方米。城子崖遗址周边100平方公里的范围内，发现有龙山文化遗址14处，桐林遗址周边150平方公里的范围内，发现有龙山文化遗址51处，但这些遗址中的绝大多数属于龙山文化早期和中期，属于龙山文化晚期和岳石文化的遗址分别只有8处和5处。[33]

鲁北小清河流域调查发现的6处龙山文化遗址都属于龙山早期，3处岳石文化遗址已经晚至商代早期。[34]

从以上情况看，只有城子崖周边岳石文化时期聚落的数量减少得没有那样剧烈，其他减少率普遍超过了50%，有的区域，譬如鲁东南甚至超过了93.5%。另外一点就是，在龙山时代之后，山东地区多处龙山时期的超大型聚落也消失殆尽，取而代之的二里头时代面积最大的聚落也不过10万平方米。由此可见，彼时整个山东地区人口数量及社会组织方式在龙山时代之后的崩溃程度何其巨大！

▲ 城子崖龙山文化居民夯筑城墙复原图

再说黄河中游的晋南地区。晋南包括临汾盆地和运城盆地，据前些年全覆盖式系统调查，龙山时期的晋南地区是当时人口最为稠密的区域，以面积达到 280 万平方米的陶寺城址为核心，周围分布着方城、县底、南柴、周家庄等大型聚落，其中最大的周家庄遗址达到了 495.4 万平方米。有关专家估计崇山北麓的陶寺遗址墓葬总数在 1 万座以上。墓地中最复杂的一组，互相叠压竟涉及 185 座墓葬，为历代墓葬之分布所罕见。从墓地规模估算，陶寺居民人口，远远超过当时其他地区龙山遗址。如果以崇山南麓所发现的西周时期 2 万座墓葬的曲村遗址为参照的话，龙山时期陶寺人口的规模大致相当于这座西周城邑的一半。[35]

而在距今 3900 年陶寺文化消亡后，临汾盆地的聚落遗址消失殆尽，聚落面积最大的东下冯遗址也只不过 30 万平方米，而且还处在运城盆地。整个晋南地区的聚落总面积，从龙山中晚期近 2000 万平方米骤降至二里头时代早期不足 300 万平方米，收缩幅度高达 85% 左右，这可以说是龙山时代向二里头时代转折节点人口急剧衰落和社会崩溃的又一力证。[36]

夏代早期一次空前绝后的大劫难

大河之南的中原地区在这场大劫难中也未能幸免。河南境内豫北地区以安阳为中心800平方公里的系统调查，发现龙山文化28处和下七垣文化8处——下七垣文化是指商汤灭夏以前以商部落为主体群创造的考古学文化。相比龙山时代，下七垣文化遗址的数量减少了近70%还多。[37]

豫南缺乏系统调查的数据，但根据南阳盆地南召、镇平、内乡、南阳、邓州和新野史前遗址复查资料可知，这里发现龙山文化遗址30处，但二里头文化时期堆积的遗址仅2处。[38]

颖河中上游地区的情况稍好一点，调查发现仰韶晚期至龙山早期遗址11处、龙山晚期遗址26处和二里头文化遗址21处，其中龙山文化有50万平方米的王城岗和100万平方米的瓦店等大型城址和遗址，但到二里头文化时期这些大型聚落都蜕变为中小型遗址。[39]

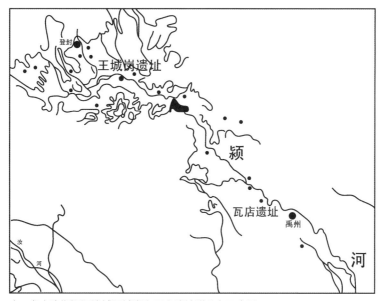

▲　龙山晚期颖河流域王城岗和瓦店遗址群分布示意图

这些在龙山文化时期人口和聚落最为繁华兴盛的地区，在二里头时期却普遍衰落为人烟稀少的荒芜景象，而且有迹象表明，这种衰落始自距今 3900 年前后的新砦期，即龙山文化末期。彼时，在整个中原大地，最大的遗址是二里头一期和新砦，但面积也不过 100 万平方米而已。

纵观整个黄河流域，是以中游地带的关中平原为分界线的，关中平原及其上游均没有发生异变。这主要表现在这些地区，包括石峁文化覆盖的黄土高原及其周边地区和以齐家文化覆盖的甘青地区，其聚落数量和面积都没有在距今 3900 年之后出现断崖式下降的现象，也没有证据表明有人口大规模缩减的情况。像以石峁遗址为中心的黄土高原及其周边地区，不但没有衰落于距今 3900 年前后，其势力反而进一步加强，并南下扩张至晋南盆地和整个中原地区，而石峁古城直到距今 3800 年前后才废弃。流经内蒙古西部阿拉善高原的额济纳河沿岸及其附近，始于距今 4000 多年前的冶金聚落，其生产活动不仅未在距今 3900 年前后终止，反而蓬蓬勃勃地延续发展了数百年。[40] 关中地区也是同样的情况，如始建于距今 4200 年、该地区面积最大（200 万平方米）的西安太平遗址在距今 3900 年后也未出现衰落的迹象，这种情况一直延续到距今 3700 年前后。[41]

从考古学观察，这场大劫难的爆发和黄河决堤引发大洪水有密切的关系。黄河上游青海循化境内有个全长约 23 公里的积石峡，是为甘肃和青海两省的分界线。积石峡峡谷两岸高耸入云、峭壁耸立，谷中黄河由西向东奔腾而下，声震如雷。历代封建王朝都曾在此屯兵驻守，是明清两代河州卫所辖二十四关中第一关，有"积石锁钥"之称。

吴庆龙领导的中美联合研究小组在美国《科学》杂志发表《公元前1920年的洪水爆发为中国传说中的大洪水和夏朝的存在提供依据》一文认为，距今3920年左右，位于黄河上游的积石峡及其附近，曾由于一场强烈地震引发山体滑坡，形成一个巨大的堰塞湖。由于上游系盆地地形缘故，该堰塞湖完全堵塞黄河长达6～9个月之久。

　　当湖水漫过坝顶后，坝体溃决，大约110亿～160亿立方米的湖水倾泻而下，形成流量巨大的溃决洪水。该洪水流量的峰值每秒竟达到36万～48万立方米。这一流量值相当于积石峡段黄河现今流量的500倍还多。而历史记载的黄河最大一次洪水，即发生于1843年的洪水，最大流量也不过每秒3.6万立方米，仅相当于距今3920年这次大洪水流量的10%～13.3%。这一溃决洪水向黄河中下游地区咆哮着推进了2000公里以上，并很可能在中下游平原造成了黄河天然堤坝大规模的溃决，从而引发了黄河多年的泛滥。

　　在堰塞湖下游的黄河两岸至下游25公里处的属于齐家文化的喇家遗址中，他们发现由于地震形成的黄土裂隙中，只存在典型的洪水沉积物，而没有季节性雨水带来的更加细密的沉积物。他们据此判断，喇家遗址的房屋是在一场大地震中毁坏后一年内，又遭到了大洪水的袭击。这也暗示着这场地震很可能正是造成积石峡滑坡崩溃的元凶。

　　吴庆龙研究团队指出，1967年时，一场体积仅为6.4亿立方米的溃决洪水曾沿长江向下游传播了1000公里以上。类同比较，体积达到110亿～160亿立方米的这场史前溃决洪水向下游传播2000公里以上，应该是轻而易举的事情。

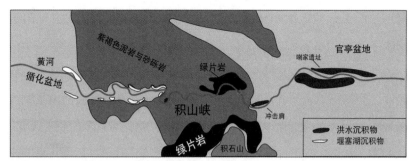

▲ 距今 3920 年前后黄河上游极端溃决洪水示意图 [42]

通过对从溃堤上下游的沉积物中找到的炭化木样本进行碳十四元素加速器质谱测定（AMS），结果显示，下游的溃堤沉积物与上游的堰塞湖沉积物年代十分相近，这暗示，黄河中、下游所遭遇的洪灾很可能是同一场洪水造成的。同时，通过对喇家遗址内崩塌房屋中的若干孩童遗骨进行碳十四断代检测，研究者非常精确地将洪水发生的时间窗口缩小到了距今 3922 ± 28 年——考虑到现在考古学测年技术还不能达到很精确的水平，不管这次灾难事件是发生在距今 3900 年，还是发生在距今 3920 年，都只是个概数，二者并无本质的区别，所以，为了便于表达和记忆，本文统一采用距今 3900 年这个整数年份作为这次大劫难发生的时间。

由于强烈地震引发积石峡山体滑坡形成堰塞湖，再进而造成洪灾，可能是这次黄河中下游流域居民遭遇大劫难的主要原因，但不是唯一原因。事实上，同是居于黄河中游流域的晋南和河南中原地区，在这次大劫难中，所遭受到的创伤损失也有巨大的差别。如上所述，晋南地区聚落遗址数量、面积和人口降幅之大，远远超过河南中原地区。按晋南所处的黄土高原地理位置和河南广大地区所在的海拔较低的平原来说，河南中原地区所遭受洪灾的影响要远远大于晋南地区才合情合理，但事实却恰恰相反。这说明，这次大劫难除洪灾之外，另有原因。

从史书记载看，夏建立后，南方苗蛮集团就已经被彻底荡平，而夷夏之间的纠纷上升为夏朝外交上的主要矛盾，双方在黄河中下游流域曾多次爆发战争，譬如古本《竹书纪年》就记载："（后相）元年，征淮夷、畎夷。二年，征风夷及黄夷"，甚至还出现了"后羿代夏"这样重大的历史事件。另外，在夏向外扩张过程中，用武力压制、打击异族，迫使他们屈服，也是这个时期的主题。

从考古发掘情况看，山东龙山文化、河南龙山文化晚期和二里头文化早期等诸多遗址，都发掘出了为数不少的石镞、石刀等武器，而杀死战俘作为人牲为大型建筑奠基更是这个区域、这个时期一个普遍的现象，如石峁、王城岗、瓦店等遗址都是这种情况，这表明彼时战争频繁，而战争就意味着大规模地死人。

距今3900年的洪水爆发是继距今4100年前后大禹治水洪涝灾害后又一重大洪灾事件，其直接后果就是给夏人重新整合黄河中下游地区"邦国林立"的各支政治势力创造了良机，从而催生了"国上之国"二里头王朝的诞生。

人吞商史：甲骨文的发现及其他

一

甲骨文，顾名思义，就是契刻或书写在龟甲和兽骨上的文字，是我国目前所见最早成体系的文字，因主要出土于殷墟，所以也称为殷墟文字或殷契。

甲骨文的发现颇富传奇意味。[43] 19世纪末叶，安阳殷墟一带某农民犁地时，随土翻上来几片甲骨，上面有文字符号，某些地方还涂有红色。该农民不知道是什么东西，周围也没人能识别出来。但附近老百姓以前也挖出过类似的龟甲兽骨，因不认识，就称之为龙骨。古代药物中虽有龙骨、龙齿一类称呼，但无非是以古代的兽骨滥竽充数而已。由于这些古骨研成粉末以后可以治愈刀创一类外伤，所以药铺也常年收购，不过，价钱很低。对于上面刻有文字的甲骨，药铺一般不收，因此那些农民就把上面的文字和相关图画铲掉以后才送过去。

许许多多的商代史料因此被研磨成粉，当作药吃进肚里，这就是所谓的"人吞商史"。各种甲骨大小不一，大的把字去掉容易，小的就不好办了，所以，老百姓干脆就把这些尺寸较小的刻有文字的甲骨统统扔到了枯井里。

当时，在安阳一带游走着北京和山东两派药商，北京药商派头大，出手阔绰，一般居住在旅店，等着乡人上门送货；山东商人多属小商小贩，游走在乡野，上门收购，晚间多住在小旅店或借住于乡人家中。山东药商中有个叫范兆庆的，听闻小屯出有很多甲骨，就前往观察行情，结果在那里看到很多带字的甲骨。范虽然不认识甲骨文，但毕竟常年在外，见多识广。他看到那些甲骨上的刻画和商周时期的金文有类似之处，便一股脑儿全部收下。那些乡人出乎意料地"高价"卖去"无用"之骨，大喜过望，就赶快跑回去寻找那眼枯井。遗憾的是，枯井所在之处已经填成了平地，找不见具体方位。

▲ 王懿荣像

范兆庆后携带这些有字的甲骨到北京去见时任京师团练大臣的山东老乡王懿荣。王懿荣是清末著名的金石学家、鉴藏家和书法家，一见之下，即判定甲骨上的这些契刻符号为中国古代文字，遂出高价全部收下，又另付范兆庆白银 600 两，要范再去安阳小屯收购全部出土甲骨。恰值王懿荣好友刘鹗，就是《老残游记》的作者，在京候补。王懿荣、刘鹗两人辨认后，鉴定为"殷人刀笔文字"，时为 1899 年。

还有一说 [44]，山东古董商范寿轩于 1898 年阴历十月推销古董来到天津王襄家中，告诉王襄在安阳乡下发现有好多带契刻图画的古骨，因不知是否有价值就没有收购。王襄自幼喜欢小篆、古书，对金石学有一定研究。当时，王襄的同乡孟广慧也恰巧在座。孟广慧，字定生，是一位书法家和古器鉴藏家。孟广慧认为可能是古简一类，遂敦促范寿轩下去求访。第二年秋天，范从安阳小屯携带着他收购的多片有字甲骨再次到天津见王襄求售，王襄、孟广慧等人见之，惊为千载瑰宝，遂同王襄各收购若干。

王懿荣从 1899 年至 1900 年春，花重金共收购 1508 片有字甲骨。然而，王懿荣尚未来得及对这种文字进行深入研究，即在 1900 年 7 月八国联军攻陷北京时自杀殉国。王懿荣殉难后，为了筹资发丧并还债，王家出售其所收藏古玩字画。王懿荣的两个学生，刘鹗，买了甲骨；廉南湖，买了字画。

刘鹗后来又千方百计地四处收购了三四千片带字甲骨，连同从王懿荣处购买的 1500 余片，总计达到了 5000 多片。然后，他从中挑选了 1058 片，分门别类整理后，于 1903 年拓印出版了《铁云藏龟》，这是中国第一部著录甲骨文的著作。《铁云藏龟》的出版使甲骨文由只供少数收藏者在书斋里观赏的古董，变成了一般学者都可以研究的珍贵史料。

王懿荣、王襄、孟广慧等人对甲骨的收购，以及刘鹗《铁云藏龟》的出版，引起其他学者和古董商的重视，彼时又值八国联军侵略中国，像加拿大人明义士、日本人林泰辅等也前来中国搜购，甲骨价格一路飙升，殷墟一带遂出现了胡挖滥掘的乱象，大量的甲骨流向了海外。

那些古董商人为了从中渔利，故意隐瞒甲骨出土地，谎称来自河南汤阴。后来罗振玉经过多方打探并亲自下去查询后，才确定甲骨的出土地是在安阳洹河之滨的小屯村。罗振玉先后搜集到近2万片甲骨，于1913年精选出2000多片编成《殷墟书契》（前编）出版，后又编印了《殷墟书契菁华》（续编），为甲骨文的研究奠定了基础。

继罗振玉之后，许多著名的学者，如王国维、郭沫若、董作宾、唐兰、陈梦家、容庚、于省吾、胡厚宣等都进行了卓有成效的考释和研究，由此形成了一门崭新的学问——甲骨学。

由于弄清了甲骨出土的地点，在傅斯年的推动下，1928年，中央研究院成立历史语言研究所考古组，由董作宾、李济、梁思永等人先后主持带队，对小屯村一带进行了长达10年15次的考古发掘，不仅先后发现了总计24900多片甲骨，而且发现了商代后期的宫殿、宗庙和王陵区，出土了大量珍贵的铜器、玉器、陶器等，从物质文化上提供了殷墟为商代王都的证据，商代也因此由传说变成了信史。殷墟的发掘还成为中国考古学诞生的标志。1937年夏，因抗日战争爆发，殷墟的发掘工作才不得不告一段落。

据胡厚宣先生统计[45]，截至20世纪90年代，在海外，收藏甲骨的国家有日本、加拿大、英国、美国、德国、俄罗斯、瑞典、瑞士、新加坡、比利时和韩国，共计11个国家，收藏甲骨26700片，其中，日本收藏最多，有12443片；其次是加拿大，有7802片；再次是美国，有1882片。中国包含台湾、香港在内，有26个省、市、自治区102个单位，还有不少私人，共收藏甲骨128236片。国内外总计甲骨有154936片。另外，迄今所见甲骨文拓本，国内外共275项、216235片。

二

甲骨文是一种很成熟的文字，具有对称、稳定的格局，具备了用笔、结字和章法这三项书法要素。汉字的"六书"原则——象形、指事、会意、形声、转注、假借，在其中都有体现。但甲骨文毕竟处于汉字演变、发展的初期阶段，还属于原始图画文字，因此象形的痕迹还比较明显。

目前所看到的甲骨文字数大约有 3500 个，其中可识别的 1500 个左右，其余不能识别的大多是地名和祭祀名称一类。

甲骨文所记载的主要是和商王室有关的预测吉凶祸福一类卜辞。占卜是中国上古时期一直以来一个悠久的传统，从 9000 年前的河南舞阳贾湖遗址，到 6500 年前的濮阳西水坡大墓，到 5500 年前的安徽含山凌家滩遗址，再到 4300 年前的元中国陶寺遗址、夏都二里头遗址，都能见到龟甲或卜骨一类的占卜器物。

《礼记·表记》云："昔三代明王，皆事天地之神明，无非卜筮之用，不敢以其私亵事上帝。是故不犯日月，不违卜、筮。"殷墟甲骨占卜形式和程序很烦琐，占卜前需要对卜骨进行选用、整治、钻凿、签署，占卜时要命龟、燋灼、占龟、刻兆、刻辞、涂饰，占卜后还要记验辞、存储、瘗埋，等等。

一条完整的卜辞，可以分为叙辞、命辞、占辞、验辞四部分。叙辞也称前辞，指整条卜辞前面记卜日和贞人名的文辞；命辞因常以贞字起句，故亦称贞辞，是占卜的事类，乃卜辞的中心部分；占辞也称果辞，是根据占卜吉凶结果决定下一步该怎么行动的记录；验辞是日后事情应验的追记，不是在占卜当时所刻，所以也叫"追刻卜辞"。

前辞　命辞　前辞

占辞

验辞

▲ 《合集》14002[46]：一条卜辞完整的甲骨

　　由于甲骨文的内容大部分是殷商王室的占卜记录，所以涉及商王室私生活和国家大事等方方面面。有关于天气的，有关于农作物收成的，也有关于病痛、生育的，而像田猎、作战、祭祀等大事，更是其卜问的主要内容。所以，解读、研究甲骨文的内容，可以大致了解商朝社会性质、组织状况以及商人的生活情形等。

　　晚商从盘庚迁殷到商纣纵火自焚共约 273 年，经历 8 世 12 王，这一时期的甲骨文也可以相应地分为 5 期[47]：

　　第 1 期是雄伟期，历盘庚、小辛、小乙、武丁四王，约 100 年。同武丁盛世相适应，这一时期的书法风格宏放雄伟，为甲骨书法之极致。大体而言，起笔多圆，收笔多尖，且曲直相错，富有变化，不论肥瘦，皆极雄劲。

　　第 2 期是谨饬期，历祖庚、祖甲两王，约 40 年。祖庚和祖甲两王皆为守成之君，表现在字体上就是书法谨饬，承袭前期之风色彩浓厚，恪守成规，新创极少，但已不如前期雄劲豪放。

第 3 期是颓靡期，历廪辛、康丁两王，约 14 年。此期可说是商代文风凋敝时期，虽然有不少工整的书体，但篇段错落参差不齐，并且显得幼稚、错乱，错字也屡见不鲜。

第 4 期是劲峭期，历武乙、文丁两王，约 17 年。武乙和文丁锐意改革，力图恢复武丁时代的雄伟气象，书法风格转为劲峭有力，呈现中兴之气象，在较纤细的笔画中，带有十分刚劲的风格。

第 5 期是严整期，历帝乙、帝辛最后两王，约 89 年。此期，书法风格趋于严谨，近似第 2 期；篇幅加长，谨严过之，无颓废之病，亦乏雄劲之姿。

三

武丁时期，刻辞不仅见于甲骨之上，还有少数发现于人头、牛头和鹿头之上，除此以外，还发现有金文、陶文和石刻文等。

金文也称钟鼎文，就是铸刻在商周青铜器上的铭文。早商时期的青铜器一般没有铭文，或铭文很少，晚商的青铜铭文开始出现一二字到十几个字不等的情况，多为族徽或其他图形文字，笔道较为刚劲有力。如著名的司母戊青铜方鼎就铸有"司（也有人释为"后"字）母戊"三个字。商代的金文字体与甲骨文相近，至周末开始与小篆接近。

▲ 司母戊青铜方鼎及其铭文

陶文和石刻文是分别刻在陶器和石器上的文字。1932年，在殷墟第7次发掘中，出土一陶片，上面有一墨书的"祀"字，锋芒毕露，乃毛笔所书，说明那时已经有了毛笔。[48] 殷墟西北冈1001号大墓还出土了一通朱书石碑。除此之外，在妇好墓中还出土有研磨朱砂的石臼和用来调色的砚盘。董作宾题于民国三十七年（1948年）七月二十一日的"殷墟发掘工作存真"中就有墨书、朱书的甲骨文照片数张。

《尚书·多士》说："惟殷先人，有册有典。"《墨子·鲁问》又说："书之于竹帛，镂之于金石，以为铭于钟鼎。"

从上述甲骨文、金文、陶文、石刻文以及毛笔的使用可知，至迟到商代晚期，人们已经普遍使用文字了。但只有寥寥数字的甲骨文、金文、陶文、石刻文显然并非殷商之"册""典"。按一般常识，"册""典"的主要内容应该是国家颁布的相关政策和法规条文，因此，其文字篇幅应该有一定的长度。

商代的丝织技术已经很发达，很多遗址都发现了丝织残留遗物，说明这些"典""册"书之于"帛"乃是顺理成章的事情。没有发现"典""册"，可能主要还是因为作为"册""典"载体的丝织物都已经腐朽消失，并不是说，彼时没有"册""典"。至于竹作为"册""典"的载体被大量使用是在周代，商代是不是也将竹用于文字书写，目前还没有这方面的证据。

商代女将军妇好和她的出身

一

妇好不见于古文献记载，但在甲骨卜辞中频频出现，大约有220条之多，内容涉及参与祭祀、征召兵力、奉命征伐、祈求生子、卜问疾病和灾祸等。

妇好是商王武丁的第二任王后，排在元妃妣戊即妇妌之后，死后庙号为辛。在周祭卜辞中，被称为妣辛；武丁之子帝祖庚和祖甲称其为母辛。

甲骨文的记载显示了商王武丁对妇好的关心和妇好在诸"妇"当中的重要地位。武丁不仅占卜妇好是否怀孕、婴儿性别如何、预产期何时，还为妇好祈福，请求先祖为妇好祛除灾祸、保佑妇好腹中小生命健康。如《合集》13925："丁酉卜，□贞（占）：妇好有受生？王占曰：吉，其有受生。"大意是说，丁酉这天卜问：妇好能怀孕生孩子吗？武丁解读结果是大吉，妇好能怀孕生孩子。

再如《合集》14002正："甲申卜，殻贞：妇好娩嘉？王占曰：其

▲ 《合集》13925 正拓片

▲ 《合集》14002 正拓片

惟丁娩嘉。其惟庚，娩，弘吉。三旬又一日甲寅娩，不嘉。惟女。二告。"意思是说，甲申日，占卜师设灼烫甲骨后为武丁王卜问：妇好生育是否"嘉"（生子）？武丁解读是：丁日生育，可以生子；庚日生育，同样吉祥。结果，31天后的甲寅日，妇好生育了，不是卜辞说的儿子，而是个女儿。

另外，像做梦、鼻疾和腹疾等也是经常可见的武丁为妇好占卜的内容。在妇好去世后，武丁还为她举行各种祭祀，先后三次将妇好许配给上帝或祖先做"冥妇"，以期妇好能够得到祖先的福佑。

武丁甚至在离开都城出游或行军打仗时，都不忘派人去接妇好前来相会，如"癸酉卜，亘，贞，生十三月妇好来"，再如"贞，生十三月妇好不其来"等[49]，由此可见妇好在武丁心目中有着很重要的地位。

1976年妇好墓的发现让我们对妇好有了更进一步的认识。[50]妇好墓位于安阳殷墟宫殿宗庙区丙组基址的西南面，是座长方形的竖穴墓，墓口南北长5.6米，东西宽4米，深达7.5米。墓口东西两壁中部各附筑有一个长条形壁龛，两龛内都发现有殉人现象。壁龛墙壁上还筑有二层土台，其中，南壁二层台上发现有用来组成椁盖的几根原木，最下面是已经被水浸过的椁室——就是墓穴内用木材做成的放置棺材的方形或长方形房子。墓底中部偏南还有一个长 1.2 米、宽 0.8 米、深 1 米用来放置殉人和殉狗的腰坑。

妇好墓内共发现殉人 16 具、殉狗 6 只。16 具殉人中有 4 具是成年男性，还有各 2 具分别是成年女性和儿童，其余尸骨由于过度腐朽，已无法分辨性别和年龄。

妇好墓出土的随葬品数量众多，共计 1928 件，其中青铜器就达 468 件，这还不包括数量上千的小铜泡。青铜器以礼器和武器为主，包括小铜泡，总重量达到了 1.6 吨。青铜武器中有 2 件大铜钺，均带有"妇好"字样；玉器有 755 件，其余是石器、骨器、宝石制品和象牙器皿等。尤其需要提及的是，随葬品中还发现有 6820 枚货贝。

▲ "妇好"和"司母辛"铭文拓片

这些器物中有 190 件带有铭文。铭文除了"妇好"以外，还有"司母辛"等 8 种，但以"妇好"铭文为最多，共计 111 件。这些带有"妇好"或"好"字铭文的铜器大都陈放于椁内棺外的北面和东、西两面最显眼的位置。

妇好墓的形制和数量庞大的随葬品及其较高的质量档次，体现了妇好作为王后才能享有的至尊地位和殊荣。

根据墓葬层位关系分析，发掘者认为此墓的年代属于殷墟文化第二期，即武丁晚期。

殷墟出土的甲骨卜辞中，带有"妇"字的人名有 121 位，多见于武丁时期，是武丁及其后任商王、诸多兄弟的配偶，以及诸侯、方伯一类的贵妇。

与此相关的是，在甲骨卜辞中，经常会看到商王卜问娶女为后之事，或者是问能不能娶某女做王妻或王妃一类，或者是问子辈或某族成员娶妻，以及为朝廷重臣卜问迎娶异族女子的情况。从表面看，这似乎就是商王关心自己和王公大臣后辈小子婚配的小事，其实不然，其背后实际反映的是商王朝和诸方国通过"和亲"，改善"外交"关系的国家大事。换言之，"殷商王朝与各地族氏方国的通婚，已成为其羁縻和实施统治的重要政治手段"[51]。

从卜辞内容看，这些带"妇"字的贵妇，像妇好一样，有参与祭祀、征召兵力、奉命征伐、管理稼穑以及向商王朝纳贡等义务和权利，意味着这些"妇"人从其娘家所属的氏族、方国嫁给商王室各种身份的人以后，原氏族、方国也随之成为商王朝统辖下的一个附属国，既要履行向商王朝纳贡的义务，也同时享有受商王朝保护的权利。

妇好和妇妌是这些"妇"人中的杰出代表，作为王后，她们最主要的职责是陪王主祭。妇妌在卜辞中先后出现了 150 多次，仅次于妇好。妇妌除了主管农业稼穑之事，也同样有参与祭祀、祈求生子、受王呼命、奉命征伐的相关记录。

妇好和妇妌还是拥有封地的郡主。甲骨卜辞中有武丁占卜妇好是否回王都、什么时间回的记录，还有令妇好回到王都后觐见的记载。此外，还有武丁令妇好和其他妃嫔相聚的记载。妇好还曾一次进贡甲龟50个。

卜辞中也有"贞，妇妌受黍年"的记载，"年"即谷物丰稔的意思，"受年"是指取得好年成。妇妌是武丁妃子，卜辞屡问其田禾是否茂盛，是否这一年取得好收成，说明妇妌有封地食邑，此即所谓的"诸妇之封"。

妇好陪王主祭在卜辞中有大量体现，她不仅以王室成员的身份参加祭祀大典，而且还亲自主持祭祀仪式。妇好主持过侑祭、伐祭、宾祭等多种祭祀大礼，也曾主持过商王朝最重要的祭祀先王、王后及嫔妃的仪式。每次祭祀仪式都特别隆重，或者是屠杀俘虏作为人牲，或者是屠宰牛用作牺牲等。甲骨文记载妇好曾亲自为占卜整治过5个龟甲，暗示妇好不仅当过重要的卜官，还是一位显赫的贵族。

二

妇好还是统兵征战一方的大帅。甲骨卜辞记载妇好曾为武丁征集兵员，并带兵北上征伐土方，南下征伐巴方，东进征伐夷方，西进征伐羌方，并在对羌人的战斗中统率1.3万人作战："辛巳卜，贞：登妇好三千，登旅万，呼伐（羌）"，显示了极强的统兵作战能力。

在商王朝诸"妇"中，妇好是唯一一位领兵上阵作战的女性统帅，也是有史以来的中国第一位女将军。但妇好作为王后率兵作战，背后也有不得已的苦衷。

▲ 《英藏》[52]150正：辛巳卜，贞：登妇好三千，登旅万，呼伐（羌）

商王朝实行统治的基本形式是内、外服制。内服就是以王室宗亲为主的诸侯，外服是以归服方国首领为主的诸侯。从甲骨卜辞记载来看，这两大势力的生活方式和所得到的待遇完全不同。譬如卜辞中出现众多的王室宗亲就有多次享受白麂一类牺牲的记录，而作为白色牺牲的野兽飞禽是非常珍贵的，一般很难捕获到。另外，王室宗亲还有一次祭祀用上百头牛的卜辞。可以说这些王室宗亲在祭品的使用上已经到了非常奢侈的地步。

甲骨卜辞中几乎看不到外服诸侯能享受到上述同类待遇的记载，反倒是他们对中央王朝负有田猎、战争、进贡财富、戍守边疆、开发经济、囤积粮食、拓疆前哨等多种义务，而其中最重要的，就是接受商王征召，披挂上阵打击敌人。

享受不到与内服诸侯相同的待遇，却还承担着更多、更危险的义务，必然会引起外服诸侯的不满。外服诸侯手握重兵，如果不满积累到一定程度，就会起而反抗，这是商王最不愿看到的结果。甲骨卜辞中就有武丁派人攻打望和沚两个方国的记载。可以说终商一朝，时叛时服就是外服诸侯的常态。所以历任商王都采取的是胡萝卜加大棒的政策。武丁之前没有发现甲骨一类的文献存在，很难判断之前的商王朝是不是为了震抚外服诸侯的不满，也实施了"和亲"的政策，但在之后的中国历代王朝中，"和亲"基本上是作为中央政府和"外服诸侯"

之间的一项"外交"策略而贯穿始终的。

武丁面临的危机还不仅于此，"比九世乱"造成的政治斗争余波也直接冲击了他。他的继位就可能遭到了阳甲、盘庚、小辛诸子和其他系统势力的质疑，最直观的证据就是武丁时期贞人直呼商先王阳甲其名这一怪异现象。[53]

▲ 妇好墓出土的象征军权的青铜钺

在这种情况下，想要平息外服诸侯的不满，同时削弱内服诸侯的势力，最有效的办法就是选择一名能够同时代表王室和内服诸侯利益的特殊人物，承担相应的义务和责任。妇好显然就是最合适的人选。从卜辞看，妇好和内服诸侯的关系也非常密切，譬如以"子"为代表的内服诸侯，就经常给妇好上贡玉鸟、乐器、乐女、带刺绣的服饰一类的礼物。

可以说，妇好没有辜负武丁的期望，出色地完成了这项任务，这也使得妇好不仅是作为一个王后存在，更是作为商王可以依赖的一个股肱大臣而存在。某种意义上说，妇好安则国家安，妇好危则国家危，所以在妇好出征时，武丁表现出异乎寻常的关心是可以理解的。如商王朝在南下征伐巴方时，武丁派出了以妇好为首的三位将军出征，武丁安排另外两位将军负责正面攻打，却安排妇好在陷阱旁埋伏，把妇好可能面临的危险降到最低。即便如此，武丁还不放心，又不断通过占筮卜问妇好的凶吉，关切之情溢于言表。[54]

甲骨卜辞记载，妇好有过多次生育的经历，还有多次身体不适的记录，如《合集》773："妇好弗疾齿"，《合集》13633："贞妇好……出疾"，《合集》2618 正："母庚御妇好齿"，《合集》6032："贞惟父乙咎妇好"，等等，暗示沉重的国事压力、高危的军事出征和伤害身体的多次生育，最后压垮了这位戎马一生的传奇女将军，使她早早就被病魔夺走了生命。

三

妇好墓曾出土一件带有"妇好"铭文的青铜嚣口罐，可能揭示了她的身世来源。这件造型独特、朴素无华，风格迥异于其他青铜礼器的嚣口罐，与山西忻州晏村遗址采集到的一件陶制嚣口罐形制基本相

▲ 妇好墓出土的青铜嚣口罐[56]

同。考古学家许伟、卜工据此判断，妇好墓随葬的青铜嚣口罐是模仿妇好娘家的陶器制作而成，属送嫁的媵器一类，代表着妇好的出身。[55]

忻州晏村文化遗存属于白燕商代遗存，核心分布区在晋中、忻州及其以北一带，位居安阳殷墟西北方，直面吕梁山区，是殷商王朝抵御土方等敌国侵扰的前沿要地。考古学工作者认为，白燕商代遗存是有娀氏族群中的简狄氏部族所留下来的生活遗迹。

《诗经·商颂·玄鸟》记载："天命玄鸟，降而生商。"

《史记·殷本纪》记载："有娀氏之女，为帝喾次妃。三人行浴，见玄鸟堕其卵，简狄取吞之，因孕生契。"

《大戴礼记·帝系》记载："帝喾卜其四妃之子，而皆有天下……次妃，有娀氏之女也，曰简狄氏，产契……"

这几段文字有三点需要引起注意：第一，最早的商是和契紧密联系在一起的一个氏族；第二，由于契在尧舜禹各代都有出现，具有一定的"神"性，所以契应该是该族族名或先商初期数代首领的一个统称，该族应该是帝喾族群的一个分支和有娀氏族中简狄氏一支通婚或融合而成；第三，契是以"玄鸟"为图腾的一个氏族。这三点表明，商族的形成和东夷文化向外扩张具有密切的关系。最早的商地是契所居之处，也称为

▲ 忻州晏村陶制喁口罐 58

"蕃""番"或"番吾"，位于今河北磁县境内的漳河流域。最早的漳河就叫漳水或商水，是以契为首的商族发祥地。57

有娀在"不周之北"，大体指今晋北、内蒙古岱海到冀北、燕山南北乃至辽西一带。这一带的居民古称"戎狄"，戎即有娀之娀。简狄氏之狄又同"戎狄"之狄完全一致，暗示有娀系北方"戎狄"族群一个较大的分支，而简狄氏又是有娀族系的一个分支。他们从"不周之北"南下至晋中地区，又从晋中迁徙到漳河流域磁县一带，在这里遇到了扩张而来的帝喾族系，二者在冲突、纠葛之余，得以融合，形成了以契为首的有商一族。

从考古学观察，豫北、冀南地区发现的下七垣文化漳河类型是先商晚期文化，其上限为上甲微居邺时期，下限至成汤灭夏以前。下七

垣文化漳河类型主要有三个来源，一是河北龙山文化涧沟类型，二是山西忻州、晋中的河北龙山文化许坦类型，三是山西晋南地区的夏文化东下冯类型。

先商前期契至王亥主要活动于冀南、豫北地区，其中以相土为界，又可分为两个时期，契和昭明时期的商族主要活动在冀南地区。所以，契作为商族的发端，和龙山文化的涧沟类型就发生了密切的联系。而冀南与忻州、太原、晋中一带的联系，早从龙山文化时期就已经开始，这表现在河北龙山文化涧沟类型和晋中、太原光社文化许坦类型的相互影响上。正是从晋北、内蒙古岱海到冀北、燕山南北乃至辽西一带的有娀部族中游离出来的简狄氏支系南下至忻州、太原、晋中地区，并由此东上穿越太行山抵达冀南地区，和从海岱地区扩张而来的龙山文化——帝喾系统的一个支系[59]，在此发生碰撞、交融后，形成了河北龙山文化涧沟类型——以契为统领的先商文化遗存。

于省吾先生说："戎女即娀，有娀氏即有戎氏，晚期商王娶戎女为妇，因而加女旁称之为娀，犹之乎商王娶羌女为妇，因而加女旁称之曰姜。由此可见，商代从先世契母简狄一直到乙辛时期还与有娀氏保持着婚媾关系。"[60]

▲　白燕商式翻缘鬲[61]

白燕商代遗存的典型特点是本土的侈沿深腹鬲、商式翻缘鬲和介于二者之间的"中间型"鬲，一起共存伴生，从早商一直延续到晚商早期，这种"和而不同"的文化现象，反映的可能正是有娀与殷商的联姻结盟关系。

史 无 记 载：考 古 发 现 的 中 国 史

白燕商代遗存的前身是白燕夏代遗存，可以分为早晚两个阶段。其中早段的高领鬲最典型，后来向两个方向演变：一是在本土发展为白燕商代的侈沿深腹鬲；二是东出太行，在豫北冀中南地区发展为先商文化的商式鬲。

　　再往前推，白燕夏代高领鬲源自距今 4600～3800 年老虎山文化的双錾鬲，换句话说，老虎山文化是有娀文化的源起。而上述忻州、晋中的河北龙山文化许坦类型正是老虎山文化和河北龙山文化在此碰撞融合的结果。

　　显然，妇好母国所在族群极有可能就是活动在忻州、晋中一带的有娀氏，进而言之，是有娀氏族群中的简狄氏部族。

湮没的姞姓杨国

一

在中国古代文献中，从来没有出现过有关姞姓杨国的任何记载，但 1993 年山西曲村—天马遗址晋侯墓地 63 号墓葬出土的一对铜壶，将一个姞姓杨国朦胧的影子推到了世人面前。

曲村—天马遗址位居山西省曲沃、翼城两县接界处，面积约 10 平方公里，地处曲沃盆地北部边缘，遗址范围东西约 3.8 公里，南北约 2.8 公里，面积近 11 平方公里。

从 1979 年至 1980 年代末，北京大学考古系和山西省考古研究所对该遗址先后进行 12 次发掘，发掘出晋国公族墓地和"邦墓"区，还有大量的居住遗址。1992～1994 年，考古人员又先后 5 次发掘了遗址中部的晋侯墓地，清理出 9 组 19 座大墓，出土了大批精美的青铜器、玉器等，许多青铜器的铭文都载有晋侯名号。其中，63 号墓葬出土了一对铜壶，由于这对铜壶在壶盖和口部内壁均铸刻着相同的铭文："杨姞作羞醴壶永宝用"，所以学界称之为杨姞壶。[62]

63号、64号和62号三座墓葬是一组，乃晋侯及其夫人墓。64号墓主是晋穆侯邦父，62号和63号墓分别是晋穆侯前后两位夫人。

▲ 杨姞壶及其铭文拓片 [63]

根据周代彝铭中妇女称谓的礼制分析，杨是指其出嫁前所在国的国名，姞是指其出嫁前所在国的国姓，因此这对铜壶一般认为是姞姓杨国一贵族女子嫁到晋国用以陪嫁的媵器，或者是杨国女子嫁到晋国以后自做之器，目的是纪念生养自己的祖国和亲人，但不管哪种情况，墓主都是嫁到晋国的杨国姞姓女子，即杨姞。这也意味着，晋穆侯这位夫人来自姞姓杨国。但历史文献中只有姬姓杨国而根本不存在姞姓杨国这一说，如《左传·襄公二十九年》："虞、虢、焦、滑、霍、杨、韩、魏，皆姬姓也，晋是以大，若非侵小，将何所取？"

《国语·郑语》也说，幽王八年"王室将卑……当成周者……西有虞、虢、晋、隗、霍、杨、魏、芮"，韦昭注曰："八国，姬姓也。"

关于姬姓杨国的来龙去脉，《汉书·地理志》《钜宋广韵》和清光绪版《山西通志》都有记载，说杨国始封君杨侯是周宣王之子尚父，于幽王时封于今山西洪洞。如清光绪版《山西通志》："杨侯，周宣王子，幽王封之，今晋之洪洞南十八里有故杨城，《地道记》杨侯国。"周人是姬姓，所以这里说的杨国自然就是姬姓杨国了。

然而杨姞壶乃宣王晚期器物，杨姞系晋穆侯夫人，比周幽王始封之姬杨要早个二三十年。考古所见金文也确证姬姓杨国始封君是周宣王之子尚父。

二

2003年1月某天，陕西省宝鸡市眉县杨家村村民王拉田等5个人到村北一砖场边的土崖上挖土，没想到挖出了一个埋藏很深的土窖，里面堆藏着27件青铜器。后经考古人员鉴定，这些青铜器均为西周晚期器物，件件有铭文，合计4000余字，大致勾画出了西周历史发展的脉络，这就是被称为中国考古史上的第三次青铜器大发现。

▲ 四十二年逨鼎

在这27件青铜器中，有一件镌刻有280多字铭文的鼎，考古学家称之为"四十二年逨鼎"。"逨"是周宣王手下的大臣，因率军征伐猃狁有功而得到了周宣王的赏赐。"逨"受赏后，就找工匠铸造了这一青铜鼎，并在鼎上刻下铭文，记载了这一事件经过以及周宣王对他的教诲"语录"。

史无记载：考古发现的中国史

"逨"这样做的目的当然是炫耀自己和祖辈的功劳，希望自己的子子孙孙以后能永远铭记在心，这也是人之常情。因为这些铭文都是当时事件的实录，所以就具有非常重要的史学意义。

　　"四十二年逨鼎"铭文中，有75字叙述到了姬姓杨国的立国情况：

　　　　余肇建长父侯于杨，余令汝奠长父，休。汝克奠于厥师。汝唯克型乃先祖考，□（缺字，下同）猃狁出捷于井阿、于历岩，汝不艮戎，汝□长父，以追搏戎，乃即宕伐于弓谷，汝执讯获聝，俘器、车马。汝敏于戎工，弗逆。

▲　四十二年逨鼎铭文拓片

　　这段话是周宣王赏赐"逨"时对他说的话，大意是说，我把儿子长父封到杨地为侯，现命令你予以辅佐，让长父在杨这个地方安定下来。你发扬了你的祖先一贯与猃狁战斗的精神，与他们交战，追击他们到井阿、历岩、弓谷等地，斩获颇多。你对军事很精通。不要违背我的旨令。

　　与此相关的是，早在1996年春天，洪洞博物馆就在永凝堡征集到过一件带盖双耳圈足簋——尚父簋，时代在两周之际，盖和内底均有同样的铭文："严尚父作宝簋，子子孙孙永宝用。"

此尚父正是前述文献所言尚父，亦即"四十二年逨鼎"铭文中的长父。

至此，姬姓杨国立国情况水落石出：周宣王将其子尚父封到洪洞一带建立杨国，是为第一代杨侯。尚父去世后，周幽王可能封了尚父子为第二代杨侯。

三

姬姓杨国搞清楚了，那姞姓杨国又是怎么回事呢？这还需要从晋穆侯说起。

据《史记·晋世家》记载，晋穆侯继位时间是公元前811年。在位27年，死于前785年。而姬姓杨国立国在公元前786年左右[64]，这也就是说，晋穆侯的夫人杨姞是来自姬姓杨国立国前的姞姓杨国。

姞姓杨国很可能同上文提到的洪洞坊堆—永凝堡有关。该遗址位于洪洞县城东北7.5公里坊堆村一带，自20世纪50年代初至今，先后经过几次调查与发掘，发现22座西周贵族墓葬，出土了刻字卜骨、玉器、陶器等礼器，其中有9座墓还随葬有镌刻铭文的铜器。

发掘者最初按照常识将出土文物视为姬姓杨国文物，后来发现，这些出土文物同姬姓杨国的始封年代不符，于是很多学者又视其为西周初年叔虞封唐的晋国文物。但这一观点在晋侯墓地杨姞壶出土，尤其是在1996年洪洞博物馆在永凝堡征集到尚父簋后，遭到否决。

学界现在普遍认定，洪洞坊堆—永凝堡一带在公元前786年后是周宣王所封的姬姓杨国。而在之前的西周早中期，是姞姓杨国所在地。

姞姓杨国应该是周武王灭商建周后在"兴灭国,继绝世"(《论语·尧曰》)这一指导思想下所分封的诸侯国。

▲ 永凝堡出土的青铜器 [65]

尽管姞姓杨国在西周诸侯国中可能属于三流小国,但西周王室还是采取了与其联姻的方式,使其成为西周"封建亲戚以藩屏周"(《左传·二十八年》)国策下的一个"异姓"成员国。

姬、姞联姻,《左传》有记载:"石癸曰:吾闻姬、姞耦,其子孙必蕃。"由此看来,晋穆侯娶杨姞氏为妻,也不是一时心血来潮,而是有着悠久的历史渊源。何况,姬姓晋国和姞姓杨国毗邻而居,两国结为姻亲共同防御外敌,也是时势所然。

早在晚商时期,晋南就是殷商和来自西北以鬼方为代表的羌戎集团交战的前沿阵地。商人大约从武丁后期开始,主动将散居在汾河以西的商人和其他降服商王朝的族人撤到了汾河以东及其邻近地区,以汾河为安全屏障,布设了一条战略防线。这一防线自北向南主要分布有洪洞坊堆—永凝堡、杨岳、前柏,浮山桥北,尧都庞杜,曲沃西周,绛县周家庄、乔野,闻喜酒务头等遗址、墓地。防线以西基本上就是鬼方、羌方、土方等羌戎族群活动领域。[66]

西周建立以后,周人在晋南封建了晋、杨等诸侯国,但并没能将羌戎族群驱逐出去，周人和戎狄杂居是彼时常态现象。《左传·昭公十五年》记载："晋居深山，戎狄之与邻，而远于王室，王灵不及，拜戎不暇。"这些羌戎以鬼方居多。怀姓就是媿（隗）姓，"怀姓九宗"就是出自鬼方的九个宗族。[67]

鉴于此特殊情况，周公叮嘱唐叔虞治理晋国要"启以夏政，疆以戎索"（《左传·定公四年》），就是说，对于原来的夏遗民要施行夏人的政治制度，对于羌戎族民，则要实行戎人原来的法律制度。

唐叔虞去世之后，或许是考虑到唐国所在地羌戎势力庞大，成王遂徙封叔虞之子燮父于唐国南部的翼城、曲沃地区，因其地处晋水之阳，遂改国号为晋。

四

鬼方在周人崛起以后慑于周王朝的威力，在历史舞台上消失了很长一段时间，但在周康王二十五年又重出江湖，发动了叛乱，康王随即下令南宫盂率军进行征伐。西周青铜器小盂鼎铭文记载，这次战争规模较大，双方先后打了两次大仗，都是周师获胜，仅第一仗就擒获鬼方2个酋长，斩首割耳4812只，俘虏13081人，另外，还缴获战车30辆，牛355头，羊38只。

一次战役就斩俘敌军近2万人，这在人口不多的西周中期，应该算是一个庞大的数字了。当年，周武王率军征伐商纣所投入的总兵力才不过四五万人。鬼方受此打击，一蹶不振，直到100多年后在周厉王、周宣王时期，才改头换面为猃狁，重新出现在历史舞台上。

青铜器多友鼎铭文记载，周厉王某年十月，猃狁侵入周境，一直打到今陕西彬县界内泾河北岸的高原上。彬县一带原来是先周公及其

史无记载：考古发现的中国史

族人生活地区。厉王接报后，下令武公派大将多友率兵前往泾河上游进行反击。

多友部还在行军途中的时候，猃狁又劫掠了周的另一个聚落——筍，就是今天的陕西旬邑，而且还俘获了那里的百姓居民。第二天早晨，两军在一个名为漆的地方狭路相逢，随即展开战斗。周军获得大胜，斩首猃狁200多人，俘敌23人，缴获117辆战车，还解救出了很多被俘虏的筍人。

猃狁见阵势不妙，开始撤退，周军马不停蹄地追击，并在龚和世两个地方同猃狁进行了小规模的战斗。周军最终将猃狁赶到一个叫杨冢的地方，展开决战，并取得最后的胜利。周军在这三个地方一共斩得敌首150颗，俘敌多人。

▲ 西周晚期青铜器多友鼎

这个杨冢是否与姬姓杨国有关，不好说，但杨国所在的洪洞坊堆—永凝堡西邻猃狁活动的吕梁山区却是不争的事实。此时的猃狁势力异常强大，对于偏安一隅、只有弹丸之地的杨国来说，随时都面临着被猃狁灭亡的危险。事实上，几十年后周幽王就是死在了猃狁的一支势力——犬戎的屠刀之下，西周也由此过渡到东周。从这个意义上说，姞姓杨国最有可能就是亡在了猃狁的手里。

姞姓杨国覆亡，周人在北方的边境地区就失去了可依仗的屏障，可能正是在这种情况下，周宣王才不得已派自己的儿子尚父到姞姓杨国所在地沿袭杨国的国名，封他为杨侯，重新建立了杨国。这种沿袭旧国土地和名称的情况在西周也不是什么稀奇事，可以说是屡见不鲜。譬如故址在今河南省息县境内的周代姬姓息国就是沿袭了商代息国故地故名所建；晋国始称唐国也是因为周成王灭唐后，封叔虞在此沿袭其故名所建；西周召公所封燕国也是沿袭了商代燕国的国土和国名。如此等等。

然而，天算不如人算，尚父到此建立姬姓杨国也就百十年的时间，就在春秋早期被同门同宗的晋献公一口吞掉，转而封给了其庶兄公子伯侨的孙子姬突为采邑（食邑），姬突后人以采邑即封地杨国之杨为姓，这就是后世的羊舌、羊、杨等姓氏的来源所在。[68]

一段失传的西周史

一

晋侯苏编钟的发现有一个很离奇的过程。[69]

1992 年 8 月，山西曲沃、翼城交界处的晋侯墓地 8 号墓遭遇盗掘，大量文物流失国外。在严峻的形势下，1992 年 10 月至次年 1 月，北京大学考古系联合山西省考古研究所对被盗的 8 号墓进行了抢救式发掘。十分庆幸的是，这座劫后大墓除了发掘出不少随葬品外，还发现了两枚刻有铭文的甬钟，两则铭文分别是"年无疆子子孙孙"和"永宝兹钟"。

根据西周铭文的书写惯例，这两件甬钟应该是一套编钟组合中的最后两件，但是对于该铭文记述了什么事，这套编钟共有多少件，考古人员是丈二和尚——摸不着头脑。

与此同时，香港古玩肆中却突然一下冒出了 14 件刻有铭文、大小错落有致、可以组成一个套组的甬钟。但让古玩商们头疼的是，这 14 件甬钟上还残留着似乎是刚挖出来不久、没有擦干净的土锈，而且甬

▲ 晋侯墓地8号墓劫后幸存的两件甬钟

钟上的铭文又是在甬钟铸造完成以后才刻上去的，古玩商们一时无法辨别真假。

香港中文大学张光裕教授看到后，反复进行打量，最后认定不是赝品，便打电话告诉了时任上海博物馆馆长的马承源先生。马先生又让张光裕教授设法拍了几幅图片，仔细观察后，立即电告张教授同意他的看法，并委托他以低廉的价格将这14件甬钟及时买了回来。时为1992年12月，距离北赵晋国墓地8号墓被盗仅4个月。后来，工作人员对这14件甬钟做了去锈技术处理，铭文内露出了清晰可辨的"晋侯苏……"几个字。

1993年4月，长期主持天马—曲村遗址发掘工作的北京大学邹衡教授接受马承源的邀请，带着北赵曲村墓地8号墓的图文资料到上海博物馆现场去观摩那14件甬钟。两位先生惊喜地发现，这14件甬钟竟然可以同8号墓出土的那2件甬钟在质地、形制等方面配成套组。16件甬钟组成一套编钟，可分为2组，每组8件，大小成编，音阶和

史无记载：考古发现的中国史

谐。更令两位先生惊喜的是，16件甬钟的铭文连接起来正好成编，是一篇极为罕见的西周早期青铜器长篇铭文，共355字。

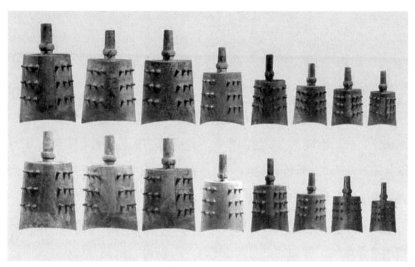

▲ 这16件甬钟是成组的一套编钟[70]

8号墓在劫后的几次发掘中，还发掘出了大量的随葬品，包括金、铜、玉、石、牙、陶等器物，其中有8件石编磬、12件铜容器，还有15件为一组的金带饰。12件铜容器分别是兔尊3件、簋和方壶各2件，此外，还有鼎、甗、盉、盘、爵各1件。这些随葬品数量多，品级高，说明墓主人在生前具有很高的政治地位。

更为重要的是，那件标示墓主人身份的铜鼎腹内壁还铸刻着三行13字的铭文："晋侯苏作／宝尊鼎其／万年永宝用"，意思是晋侯苏铸造了这件铜鼎，希望可以永远健康，万年长寿。铭文表明墓主人是晋侯苏。

在北赵晋侯墓地9组19座大墓中，晋侯苏是唯一一个可以和《史记》《古史考》等文献记载相互印证的晋侯名字：晋侯苏就是晋献侯。

一段失传的西周史

因为西周王室及其诸侯墓地都有严格的排列祭祀顺序，所以晋侯苏墓葬一旦确定，其他 18 座墓主人身份认证的难题就迎刃而解了。

二

由于中国有明确纪年是在"共和元年"，即公元前 841 年，而在此前都是模糊纪年，诸如"文王十年""成王十年"一类，而且这种记载在各种文献上也多有不同，所以就给学者的研究造成了一定的难度。这篇铭文先后出现了六个时间术语，分别是"唯王三十又三年""正月既生霸戊午""二月既望癸卯""二月既死霸壬寅""三月旁死霸""六月初吉戊寅"和"丁亥"。

这六个时间术语中，后面五个都是用天干地支来指代的，都能够查明具体时间，譬如"正月既生霸戊午"就说的是正月初八这天。但"唯王三十又三年"却让考古学家们犯了难。

终西周一朝，周王在位超过"三十又三年"的只有两位，分别是周厉王和周宣王父子。周厉王在位 37 年，最后这年因为"国人暴动"，逃亡至晋南彘地（今霍州一带），改元为共和。共和十四年，周厉王在彘地去世后，周宣王于次年在镐京即位，按夏商周断代工程年表，时为公元前 827 年。宣王在位 46 年，于公元前 782 年遇刺身亡。

根据《史记·晋世家》和《十二诸侯年表》记载，晋献侯在位时间为周宣王六年到十六年，即公元前 822 到前 812 年。如果说晋侯苏铭文中的"唯王三十又三年"为宣王三十三年，按上面文献记载，晋侯苏已经死了 17 年；如果说是厉王三十三年，那距离晋侯苏即位还有 24 年。反正进退维谷，横竖都不对。争论便由此而起。

邹衡认为，8 号墓的年代上限可以提至周宣王三十三年，铭文中的晋侯苏极有可能是晋献侯之子晋穆侯。晋献侯名"苏"应是《世本》记载的错误。

马承源认为，铭文中的二月癸卯和壬寅两个日期有可能是当时的刻字人给颠倒了，如果我们现在将两者前后对调一下，其计时就能同厉王三十三年对应起来。至于《史记·晋世家》所载晋侯苏在位时为宣王时代，或许是错误的。司马迁对晋侯世次的记载不一定那么可靠。

▲ 16 件套组编钟中第 1 枚甬钟[71]

陕西省考古研究院研究员王占奎则从周宣王时期"千亩之战"的年份和穆侯少子、文侯之弟成师的年龄中，找出了《史记》记载的矛盾，认为殇叔在位 4 年可能是误算所致，周宣王的纪年应该是从共和元年到六十年，而不存在单独的共和十四年。因此，"唯王三十又三年"是自共和元年即公元前 841 年以来的第 33 年。《史记·晋世家》所言"自靖侯以来，年纪可推"是可信的，只是在推算的过程中出现了一些小错误而已。

问题是，北京大学考古系和中国社会科学院的考古实验室都对晋侯苏墓葬进行了碳十四测定，结果表明晋侯苏就是晋献侯，其卒年是可信。对此，李学勤提出了另外一种思路。他认为，"唯王三十又三年"指的是厉王三十三年，铭文中的晋侯苏是他即位后的追称。猜想编钟的一部分原是他随厉王东征时缴获的战利品，因此将之配成全套，作为纪念。缴获的甬钟上原来没有文字，他于是请人加以镌刻，称号也自然依刻字时的身份而得以改变。

李学勤指出："晋侯苏的身份可以从铭文中看出来。他的作战，一次是'率厥亚旅、小子、（秩）人先'，亚旅为众大夫；另一次是'率大室小臣、车仆……太室'即宗庙，是指苏的祖父而言，他所率领的是靖侯的属臣、车仆，只不过没有直言罢了。"[72] 李学勤的解读合理地解释了晋侯苏在《史记·晋世家》和编钟铭文记载上的矛盾，同时也圆满地诠释了这套编钟上的铭文为什么是编钟铸成后才刻上去的这一疑问。

湖南省博物馆原馆长高至喜后来又从合金成分、铭文镌刻、形制等方面对晋侯苏编钟进行了研究，结果显示，晋侯苏编钟系由江南传入晋地。这一研究结果又从侧面给李学勤的观点提供了强有力的支撑。

夏商周断代工程后来也采纳了李学勤的观点，确定"唯王三十又三年"为厉王三十三年，即公元前 845 年。

应该说，晋侯苏编钟铭文发现至今已经 30 年了，李学勤先生的解读经受住了时间的考验，是学界目前公认的最权威的解读。

三

解决了晋侯苏铭文中的"唯王三十又三年"这个问题，那我们就能对铭文所记内容有个清晰的了解了。[73]

铭文大意是说，周厉王三十三年，厉王亲自巡视东方和南方。正月八日，苏随厉王从宗周即今周原"周"城遗址（还有一说认为是位于今西安市长安区西南，沣河东岸镐京）出发，二月二十二日到达成周洛邑（今河南洛阳）。次日，继续快速向东行进。走了一个多月，厉王在接近夙夷防线的时候，同苏兵分两路。厉王向苏下达作战命令，要他全面发动对夙夷的攻击。厉王旨令进攻方向很明确，就是要求攻击夙夷的两座城邑。这一仗苏斩敌首120人，俘虏23人，连续攻下两座城邑。厉王一路在攻击匐城（今山东郓城）时，遭到夷军的顽强抵抗，一时无法得手。

苏得胜后，迅速南下，与厉王大军会合。厉王到苏部视察，刚下车就命令苏从西北角攻击匐城。苏率军攻陷这座城邑，随后冲入城中斩敌首级100颗、俘虏11人。接着，厉王又命令苏追击逃跑了的夙夷人。苏不辱使命，斩首110人、俘虏20人。他的将士们斩首150人、俘虏60人。

厉王和苏获胜后返回宗周，筑了一个土坛。六月"初吉戊寅"这一天，天刚亮周王就来到大室，让膳夫召来苏。苏进入宫门，立于中廷。厉王赏赐了苏四匹马驹，苏下叩首跪拜。过了几天，天刚亮厉王又来到大室，让司空扬父带领苏进入宫中。厉王亲自赐给晋侯苏香酒一卣、弓一张、箭百枚、马四匹。

晋侯苏为了报答和颂扬周王的美德，就铸作了一虡乐音和谐的编钟，把周王的恩宠记在钟上。苏铸作这套编钟还有一个目的是，以此显昭有美德的先人，是他们在天上护翼着下界的后裔，把福赐给了晋侯苏。苏将万寿无疆，他的子孙们也永远拥有这一虡钟。

▲ 16件套组编钟中第16枚甬钟钲部铭文[74]

"巡视"在原文中用的是"遹省",就是巡狩的意思。巡狩的本义是巡猎、打猎，但在西周时期，周王巡狩有其特殊的政治含义。在周人眼里，华夏边缘都是未经文明开化的"蛮夷"所居之地，所以，周王巡狩最重要的一项内容就是用武力镇压叛乱诸侯和华夏边缘小国。

西周晚期，地处东南方的淮夷和西北方的犬戎不断掀起叛乱的浪潮，给周王朝制造了不小的麻烦，周王权威受到极大的挑战。为了扭转衰势，周王遂以巡狩的名义对叛乱国家进行征伐，意图保住江河日下的王朝版图。晋侯苏编钟铭文反映的正是西周晚期厉王为应对这一动荡的时局在东国做出的种种努力和挣扎。

铭文里的"夙夷"，又写作宿夷。根据《左传·僖公二十一年》记载，宿为太昊后裔支族，风姓，大体在今山东省东平县东南一带，另一说是在鲁西南或豫东皖北地区。

▲　晋侯苏墓的车马陪葬坑

一般而言，周王巡狩都有"方伯"一类大诸侯参与，"方伯"就是诸侯之长，乃周王巡狩的武力支持者。他们有控辖蛮夷戎狄的权力，并且维系着对周王的臣属地位。铭文中，苏在讨伐"夙夷"战争中取得胜利，周王回到成周之后，在"六月初吉戊寅"日与 11 天后的"庚寅"日，两次对苏进行了赏赐，充分反映了苏所率领的晋军在这场战争中所起的重要作用，说明彼时的晋国已经很强大，应该具有了"方伯"的权限和地位。

　　晋侯苏墓的东边陪葬有东西长约 21 米、南北宽约 15 米的一个车马坑，坑内殉葬有 48 辆车和 105 匹马，这是迄今为止所见西周时期规模最大、陈放车辆最多的车马坑 [75]，从一个侧面体现出了晋国的强大和晋侯苏在西周诸侯中所享有的特殊地位。

"倗国"是何方神圣?

2004 年底至 2005 年 7 月,山西省考古研究所等在山西绛县横水一带发现发掘了 1299 座古墓葬,时代从西周早期延至春秋中期。这批墓葬中有三座特别引人注目,编号分别为 1 号、2 号和 2158 号。1 号墓出土青铜器 25 件,2 号墓出土青铜器 16 件,2158 号墓出土青铜器 902 件(组)。

让考古人员诧异的是,这些青铜器的铭文中大都带有"倗"字,如"倗仲鼎""倗伯簋""倗卣""倗尊"等。另外,还有传世的"倗生簋""倗季鸟尊"等,然而在中国古代史籍中,从没有出现过带有"倗"字的宗族或国家。[76]

《孟子·万章下》记载,西周时期有天子、公、侯、伯、子、男六等爵称;《礼记·王制》所记同《孟子·万章下》大同小异,只是将天子除外,其余公、侯、伯、子、男五等爵称和顺序没变。在西周至春秋时期,居于最高等级的卿和诸侯国国君,一般是"公"爵,如周公、召公、祭公、郑庄公、郑武公等;处在第二等级的诸侯国国君是"侯"爵,如晋文侯、楚侯等;处在第三等级的诸侯国国君是"伯"爵,如吴伯、毛伯、过伯等。

▲ 传世的"倗生簋"及其铭文拓本

学者大多认为，绛县横水墓葬所出青铜器铭文"倗"字和"倗伯"频频现身，意味着这里可能是一个叫作"倗"的宗族活动所在地，而且至少还应该是西周的一个诸侯国，发掘者因此称之为"倗国"。

综合墓葬各种遗存，基本上可以确定，1 号是倗伯夫人墓，2 号是倗伯墓。两座墓所在年代是西周中期，再具体一些，就是约当于周穆王后期或稍晚。2158 号的年代在西周中期偏早阶段，比 1 号、2 号两墓所在时代早了不少。

1 号出土的青铜盘、青铜簋、青铜甗，都刻有"倗伯作毕姬宝旅鼎"这样的铭文，大意是说，倗伯为他的夫人毕姬做了用来祭祀或宴礼的宝鼎。[77]

根据西周的礼制，铭文中"毕姬"的称谓是采用了"父氏＋（父家）族姓"的组合，由此可以判断，倗伯夫人出身于姬姓毕氏家族。

毕氏的始祖是西周初期赫赫有名的毕公高，乃周文王第十五子、周武王十五弟姬高。周武王建立周朝后，将他封至毕地，就是今陕西咸阳一带（另一说认为是在今西安市长安区一带），建立了毕国。

▲　1号倗伯夫人墓铜礼器、陶器、漆器出土情况[78]

"毕姬"血统高贵，屈身嫁到一个三流小国，对倗国来说应该是个很大的荣耀。"毕姬"生前在倗国中的地位，可以从其墓葬规格上略窥一二。

相比于2号倗伯墓，"毕姬"墓墓道较长，墓圹大而深，棺室用材讲究，外棺内布置华丽，外棺外还覆盖有红色的荒帷，也就是棺罩。随葬品丰厚而且等级较高。"毕姬"墓还随葬有5件青铜鼎，而倗伯墓只有3件。另外，两座墓各出土5枚铜甬钟。女性墓随葬5枚铜甬钟的现象比较罕见，像在晋侯墓地，只有男性的晋侯墓才能拥有。两座墓还有一个特别引人注目的现象，那就是都有殉人现象。倗伯墓中有4个，夫人"毕姬"墓中有3个。

▲ 1号倗伯夫人墓出土的荒帷（北面一侧）[79]

　　一般而言，周人的埋葬方式是南北向、仰身直肢；而商人则是东西向、俯身直肢。但奇怪的是，这两座墓葬都是东西向，倗伯夫人虽为仰身直肢葬，而倗伯却是俯身直肢葬。为什么会出现这样的情况呢？

　　一件同出于绛县横水墓地的青铜器——倗仲鼎，揭开了其中的秘密。倗仲鼎就是倗仲为"毕媿"所作媵器，年代为西周中期，上面刻有铭文："倗仲作毕媿媵（媵）鼎，其万年宝用。"

　　媵器是指古代宗庙青铜祭器中用于送嫁的礼器。"仲者"，老二也，所以，倗仲的意思就是倗伯之大弟，或者说是倗氏家族中仅次于倗伯的小宗。"毕媿"的意思是倗仲氏所嫁之女，换句话说就是，倗仲氏将女儿嫁给了毕氏宗族，所以称为"毕媿"。这里毕是"毕媿"夫家姓氏，而"媿"则表明倗氏出自媿姓之族。媿，又写作隗、鬼、怀，"怀姓九宗"就是出自鬼方的九个宗族。

《左传·定公四年》记载，周公东征取得胜利后，为防止殷商和其他亡国遗民沉滓泛起，实施了新的封建制度。这一制度的本质在于，将原来殷商和其他亡国遗民化整为零，按族或群分配到各地新建的封国中，如分给鲁国"殷民六族"，分给卫国"殷民七族"，分给晋国的则是"怀姓九宗"。这些"殷民""怀姓"，在鲁、卫和晋三国中，都被给予很高的礼遇，他们除了可以享有贵族身份外，还享受到了"启以商政，疆以周索""启以夏政，疆以戎索"这样"一国两制"的特殊政策。

"启以夏政，疆以戎索"是周王朝针对晋国当时特殊情况而制定的特殊政策。晋国最初在今山西翼城、曲沃一带，是由北面的唐国徙封而来。唐国就是唐尧古国，其都邑就是今天的襄汾陶寺遗址。夏商时期，唐国大致转到了今临汾尧都、浮山地区，这一带曾经发掘出浮山桥北、尧都庞杜等商代晚期和西周初期的遗址、遗物，其中浮山桥北还发现带有"先"字铭文的青铜器。这个"先"一般认为是先族的族徽或地名，出自附近陶寺遗址主人陶唐氏。[80]

晚商时期，晋国所在的晋南地区是商王朝和以鬼方为代表的羌戎集团交锋的前沿阵地，聚集了大量的羌戎族人。"怀姓九宗"就是其中之一。由于长时间受殷商文化的熏陶，甚至有的羌戎部族还归附到商王的麾下，所以在精神信仰和习俗方面逐渐被商人同化。上述倗伯墓东西向、俯身直肢埋葬方式，以及两座墓中都有殉人现象，应该就是他们被商人同化的具体表现。而倗伯夫人"毕姬"出身于姬周，又嫁给"怀姓九宗"之一的倗伯为妻，所以她的墓葬中既有东西向和殉人的夫家习俗，也保留了仰身直肢葬的周人风俗。

但这样一来就又出现了一个问题，倗氏宗族既然是"怀姓九宗"之一，那就不可能是一个单独的诸侯国，因为他们是周王室分配给晋国的殷商外姓遗民。事实上，这个结论也得到了考古学的证实。

考古调查发现，横水墓地周边有周家庄、横东、拱北、大河口等多处周代遗址。横东遗址位于绛县横水镇东北，西距横水墓地约 700 米，面积近 40 万平方米。遗址四周为冲沟环绕，发现有灰坑、房屋、陶窑等遗迹。拱北遗址位于横水墓地东北 500 米处，面积约 7 万平方米，周围也有冲沟环绕，地势险要。[81]

这两处遗址周代遗存时间均为西周早期至春秋初年，与倗伯墓地的使用时间和文化面貌较为一致，可以肯定是属倗氏遗存。横东遗址乃横水墓地周边面积最大的遗址，应当是倗氏一族中心居址聚落。它北距晋国都邑曲沃天马——曲村遗址 38 公里，如果步行，也就一天的行程。

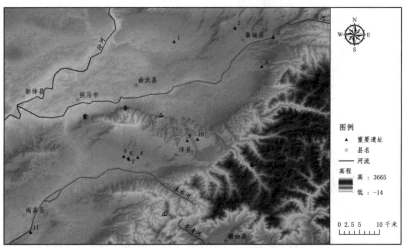

▲　晋南地区横水墓地周边西周遗址分布图 [82]

1. 天马—曲村遗址　2. 苇沟—北寿城遗址　3. 大河口墓地　4. 故城遗址　5. 横水墓地
6. 拱北遗址　7. 横东遗址　8. 周家庄遗址　9. 盖家沟遗址　10. 雎村墓地　11. 上郭村遗址

以横东遗址作为中心，向四周巡视，其西面和南面 10 公里内都不见有西周遗址存在的痕迹。北部仅拱北遗址一处，东部则只有周家庄遗址一处。周家庄与横东遗址相距仅 1.8 公里。这意味着，所谓"倗国"所控制的范围，就是以横东遗址为中心，向北约 1.5 公里、向东约 1.8 公里的范围，总面积还不足 400 万平方米，总共有 3 处聚落、1 处墓地。如此狭小的范围，显然达不到成为诸侯国的条件。[83] 因为《礼记·王制》有明文记载："天子之田方千里，公侯田方百里，伯七十里，子男五十里。不能五十里者，不合于天子，附于诸侯曰附庸。"

然而，问题在于横水西周墓地所出众多青铜器铭文中都出现有"倗伯"，显示其有极高的地位，应该属于方圆"七十里"的三流诸侯国这一等级。何况，出土于该墓地的倗伯再簋铭文还显示，周王室重臣益公有考察并赏赐倗伯事功的记录，说明"倗伯"还直接受中央政府领导。这又该如何解释？

还不仅如此，西周中期偏早阶段的 2158 号墓还出土了几件带有"芮伯"字样铭文的青铜器，如："内（芮）白（伯）作倗姬宝媵簋四"，大意是说芮伯为其夫人倗姬做了 4 件青铜簋。同时，在绛县横水西周墓地还出土了两件铭文相同的"倗伯作芮姬簋"，说明某代倗伯曾娶了芮国的贵族女子为夫人。[84]

芮公同芮国有关，应该是芮国的国君，同时又是在朝内掌握大权的公卿

▲ "倗伯作芮姬簋"铭文拓本 [85]

一类人物。我在《文献记载有错：两处遗址改写芮国史》[86]一文中已述及，芮国的始封君是周武王、成王时期的卿士芮伯良，最初的封地应该在今陕西宝鸡陇县一带。周成王死前，安排重臣辅佐后继位的康王，在这些托孤辅臣中，芮伯是仅次于召公奭的重臣。不久之后，芮国迁徙到今山西芮城一带，后来又迁徙到陕西韩城东北7公里处的梁带村和渭南澄城刘家洼村一带。梁带村和刘家洼村墓地分别是倒数第三、第四代芮侯和最后两代芮侯的墓园。不管是山西芮城，还是陕西韩城梁带村、渭南澄城刘家洼村，都距离绛县横水墓地很近。芮伯的夫人是倗姬，说明芮国同倗氏结有姻亲关系，也再一次表明倗氏一族具有诸侯国一样的地位。

另外，20世纪90年代，上海博物馆曾从香港购回一件西周铜鼎，鼎上有铭文92字，其中前边一段是："隹（惟）七月初吉丙申，晋侯令口追于倗，休，又（有）禽（擒）……"大意是说，七月丙申日这天，晋侯命某将追击敌人，结果追到倗地时，却停止不前。为什么停止不前？因为倗地是倗氏的势力范围，晋国武装力量不能随意出入。这意味着倗氏势力可能有着很强的独立性，不仅仅是晋国的附庸。

再联系到周成王告诫唐叔虞对待夏商遗民和"怀姓九族"要"启以夏政，疆以戎索"来看，实际上就是针对这些不同的人群，实施"一国两制"，区别对待。所以，倗地应该像现在中国的香港和澳门一样，是晋国代管的一个特别行政区，虽是弹丸之地，却享有独立的人事、财政大权，还特别被周王朝授予"伯"这样高级别的爵位。

1号倗伯夫人墓还出土了1件倗伯再簋，其铭文记录了周王室重臣益公考察并赏赐倗伯事功的经过，说明倗伯同益公有业务上的上下级关系，类似于我们现在的部门管理。

西周晚期的毕鲜簋铭文有"毕鲜作皇祖益公勝（尊）殷（簋）"的记载，显示益公不仅在王朝担任着重要职位，而且还是毕氏家族一个重要成员，甚至不能排除益公是毕国的某一代国君。周王朝这种同时兼职中央和地方的现象比比皆是，譬如郑庄公、郑武公父子，就既是周王室最为倚重的公卿，又是郑国的国君。"益"可能是周王为他加赐的名号，有"益仲"之称。益后来衍生为一贵族族氏。西周青铜器休盘铭文显示，益公生活在周共王时代——他在共王册命仪式上担任"右者"一职。[87]所谓"右者"，一般是被册命人的上级，要站在册命人的右方，负责对他的引导和介绍。能担任"右者"的大臣，在西周王朝大都是举足轻重的显赫人物。

▲　山西绛县横水墓地航拍图[88]

倗氏一族同姬周毕氏有这么密切的关系，或许同当初毕氏始祖毕公高在康王十二年接替周公次子君陈主政成周有关。成周政治中心在洛阳，倗氏所在区域恰好夹杂在周人都城镐京和东都洛邑之间的偏北地区，属周人防控北方戎狄部族的重要力量。倗氏周边区域盘踞着晋、

　　　　　　　史无记载：考古发现的中国史

贾、霍等诸侯国和很多戎狄部族小国，政治情况错综复杂。这一区域在西周早期对周王室的安全是个比较大的威胁，可能从那个时候起，倗氏一族就成了毕公高用来平衡晋国、虞国和芮国等西周诸侯并消除戎狄隐患所依仗的心腹力量之一。而成就心腹最重要的一个办法就是彼此结为姻亲，所以毕氏不但将宗女"毕姬"嫁给了倗伯，还将倗仲氏之女"毕媿"娶了回来。

倗氏一族消失于春秋中期，很可能是被晋国所灭。进入春秋以后，尤其是在晋武公、晋献公时期，晋国先后吞并了虞、虢、焦、滑、霍、杨、韩、魏等20多个诸侯小国，国土面积增加了十多倍，司马迁在《史记·晋世家》中说："当此时，晋强，西有河西，与秦接境，北边狄，东至河内。"

虞、虢、焦、滑、霍、杨、韩、魏等国都同晋国一样，出自姬姓。对于自己的同胞手足，晋国尚且不留丝毫情面，对于卧榻之侧的一个异族"附庸"，又岂会心慈手软！

"霸国"的秘密

　　"霸国"墓地位于山西省翼城县大河口村附近，2007年5月因墓地被盗而发现。后经考古人员初步勘察得知，这是一处从西周初期延续到春秋初期的墓葬群，集中在一个高低不平且狭窄的台地上。山西省考古研究所于同年9月至2008年5月进行试掘后，随即进行了大规模的抢救性发掘。

　　这次发掘前后历时4年，共发现西周墓葬577座、车马坑24座，还出土了大量珍贵的青铜器、玉石器、陶瓷器、漆木器等。因为这些青铜器大都带有"霸"或"霸伯"的铭文，但古代文献里从来没有关于"霸"或"霸伯"的任何记载，而"伯"又是周王朝"公侯伯子男"中排序第三的爵位，是三流诸侯国国君的标志性称呼，发掘者遂认定，大河口墓地是西周时期由周王分封的一个三流诸侯国——霸国的墓地。[89]

　　在众多的墓葬中，1号、2号和1017号三座墓特别引人注目，它们也成为考古人员判断该墓地主人身份的基本依据。

　　1号墓位于台地的东南方，墓葬规模较大，是个口小底大、深度大约有10米的土坑竖穴墓。墓口长4米，宽3米，四周还挖有斜洞。

墓室修有二层平台，平台上发现有两个 1 米高的漆木俑，保存很完整。墓室四壁掏筑有 11 个壁龛，龛内摆放着大量的漆木器、原始瓷器和陶器——这种情形，在西周考古史上还是第一次遇到。

棺椁放在墓室一层平台中央，棺椁盖板上堆积着大量的青铜器、原始瓷器和陶器。墓主人尸骨虽然已经腐朽，但大致还可以看出是仰身直肢，头向朝西。化为灰烬的身形上，堆积着多种玉串饰。头部上面摆放着不同种类的青铜器。另外，在隔着棺椁底板的墓室底部，还发现了一个放有殉狗的小坑。

由于该墓随葬有大量兵器，还出土了大量珍贵的陪葬品，包括 70 多件青铜礼乐器，特别是其中 24 件青铜鼎和 9 件青铜簋，乃迄今为止考古所见西周高级贵族墓葬中陪葬青铜鼎最多的一次；同时由于墓中一件兽面纹铜鼎刻有铭文："伯作宝尊彝"[90]，考古人员因此认为，"伯"在这里很可能指的就是墓主人——一位西周早中期的高级贵族。

鼎是夏商周三代最重要的青铜器类，主要用途有二，一是作为贵族日常生活中的烹煮器和盛食器使用，二是作为贵族宴飨、祭祀等礼制活动时的重要礼器而存在。簋是盛食器，通常用来盛放稻粱之类的饭食，与鼎配套使用。

《周礼》有明文规定：天子配享九鼎八簋，诸侯七鼎六簋，大夫五鼎四簋，士三鼎二簋。而

▲ "霸国"墓地 1 号墓出土的兽面纹铜鼎 [91]

1号大墓的主人竟然随葬有24件青铜大鼎和9件青铜簋！尽管这种礼制是在西周中期以后才逐渐完善并实施起来的，但这种极其罕见的鼎簋高配行为使考古人员确信，这座大墓的主人就是"霸国"的国君。

2号墓主人同1号墓主人埋葬方式一样，也是仰身直肢，头向朝西。不过从陪葬品看，墓主人应该是一位女性，她使用的是只有国君夫人才能享用的两棺一椁的高等级规格——考古人员很快就找到了一件证明墓主人是国君夫人的青铜甗，在其内壁上镌刻有铭文："唯正月初吉霸伯座宝甗其永用"，意思就是说，正月一个吉日，霸伯为他的夫人铸造了这件宝甗，供其永远使用。

从出土的陪葬品推断，2号墓的年代应该在西周中期，比1号墓至少要迟个八九年。

周人的习俗是夫妻同穴合葬，然而这两座墓却是单人独葬，而且墓主人是头向朝西。考古人员由此怀疑，这两座墓主人或许不是周人，因为在咫尺之遥的天马—曲村晋侯墓地中，墓主人头向都是朝北，并且为夫妻同穴合葬。

1017号也是一座高等级大墓。墓室内发现有大量的青铜器、玉石器、锡器、蚌器、海贝等。数十件青铜礼器置于墓主头前棺椁之间，其余青铜器则发现于棺椁之间或棺盖上。特别引人注目的是，椁盖下面的棺盖板上密密麻麻地铺满了海贝，大约有2万枚。海贝是当时通用的钱币，乃财富的象征。

墓中随葬的青铜器中，有一件铜豆上刻有铭文："霸伯作太庙宝尊彝，其孙孙子子万年永用"，另外一件青铜罍内壁上也刻有大同小异的铭文："霸伯作宝尊"。铭文中出现"霸伯"字样，说明墓主人也应该是一代国君。

从随葬品观察并经碳十四测定，1017号墓所在年代比1号墓要晚个几十年。

▲ 1017号大墓出土的"霸伯"青铜罍[92]

霸仲簋是1017号墓出土的一件三柱足簋，因器、盖上都铸有铭文"霸仲作旅彝"而得名。三柱足簋是西周早期新出现的器形，流行时间很短，到西周中期以后就消失了。按照古人"伯仲叔季"的排行礼制，霸仲应该是霸伯的弟弟。铭文的意思是，霸仲作了这件用于祭祀的礼器。

接下来的几件带有铭文的青铜器让人们对"霸国"的情况有了更进一步的认识。

首先是霸簋。这是一件比较罕见的鼎式簋，其底部如同青铜鼎一般配有三个柱状足。簋盖和器内底都铸有相同的铭文："芮公舍霸马两、玉、金，用铸簋"，大意为，芮公赐予霸国两匹马，还有一些玉和青铜原料，霸伯让人用青铜原料铸造了这件簋。

芮公是芮国的国君，同时又是在朝内掌握大权的公卿一类人物。芮伯曾娶倗国的公主"倗姬"为夫人，这一次又作为朝廷命臣对"霸国"进行赏赐，说明不管是"倗国"也好，"霸国"也好，在西周王朝都有一定的地位。

其次是铭文中出现"井叔"字样的铜簋——霸伯簋。这件铜簋也出自1017号大墓，铭文大意是，周历11月，井叔来视察，因霸伯征

伐有功而给予嘉奖，霸伯拜首叩头，报答颂扬井叔的美意，因此作了
这件宝簋，子子孙孙要永远珍惜，好好珍惜。

井叔是文献中提到的邢叔、邢侯，乃西周邢国国君、周公旦之后。
邢国在今河北省邢台市一带。关于首任邢侯的排行、名号，唐宋以前
无记载，唐宋以后有说他是周公第四子，名苴，又名靖渊，也有说是
周公第五子的，反正是一笔搞不明白的糊涂账。[93]

西周青铜器麦尊铭文记载，周公这个儿子叫麦君，周成王封其为
邢侯。麦君抵达邢国后，将他朝见成王之行祭告神明，表示要恭敬效
法那些安邦有方的宁侯和亡父周公，效命治理邢国，为此特铸造青铜
器麦尊记录了此事。

1017 号大墓所出铜簋记载井叔视察霸地并嘉奖霸伯，说明井叔同
霸簋铭文提到的芮伯一样，是个在周王朝中兼任公干的大臣。他们到
霸地宣慰或公干，在史籍中叫作"聘"或"聘问"，是周天子了解诸侯
国内部动向的重要手段之一。

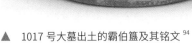 1017 号大墓出土的霸伯簋及其铭文 [94]

史无记载：考古发现的中国史

再次是同燕侯有关的两件青铜卣和两件青铜爵。这四件器物都是西周早期燕国国君燕侯旨所作铜器。两件青铜爵是燕侯旨为其父所作祭器，两件青铜卣则是燕侯旨给他嫁到霸国的"姑妹"专门制作的青铜礼器。"姑妹"，就是我们现在说的小姑。

燕国和霸国，一个在今天的北京，一个在今天的晋南，两地相距八九百公里之遥，怎么能联上姻亲呢？这应该与周初重臣召公奭有一定关系。

燕国是召公奭的封国，封地在今北京市房山区琉璃河一带。当时召公因为在朝中任太保一职辅佐周成王，遂派他的长子姬克前往燕地做了燕国第一任国君。这里出现的燕侯旨是燕国的第二代国君，乃姬克的兄弟。铭文中的"姑妹"就是燕侯旨的小姑，亦即召公奭的妹妹。

召公活得岁数很大，跨越了文王、武王、成王和康王四代，一直居于周王朝权力中心，尤其是在周公去世以后，召公更是居于一人之下、万人之上，对周王朝政治、军事和经济的决策起着举足轻重的作用。

召公在成王中前期，曾经同周公分"陕"而治："自陕以西，召公主之；自陕以东，周公主之"（《史记·燕召公世家》），这个"陕"即是今河南三门峡市陕州区，北距霸国百十公里。周厉王时期，位居今陕西宝鸡一带的西虢国还分出一支在陕州建立了南虢国，说明这一地区在战略上具有十分重要的地位。

另外，霸国所在的晋南是周人与戎狄杂居的地区，不安定因素太多。或许是为了分化、安抚戎狄，并进一步安定晋国及其周边局势，保证周王朝同晋南诸国有畅通的联系通道，召公选择了霸氏一族作为他可以倚重的平衡各方的心腹力量。联姻当然就是其中一个最重要，也最有效的手段。

但召公为什么要选择霸国而不是选择附近的晋、虞、焦、滑、霍、杨、韩、魏等国来联姻？推测应该是因为这些诸侯同燕国一样都是姬姓，周礼规定"同姓不婚"，而霸国不单是异姓，而且极有可能同附近的倗国一样，是"怀姓九宗"之一。

翼城大河口墓地同"倗国"所在的绛县横水墓地一样，存在着许多相似的葬俗，如两处墓地均以竖穴土坑墓为主，均存在其他地方很少见到的斜洞；头向大都朝西；高等级墓葬大都挖有腰坑；个别墓葬在腰坑之外发现殉牲现象；时代越晚，周系文化因素越多，如此等等。[95]

两地虽然也有不少相异之处，如同时期倗伯墓的墓室面积稍大于霸伯墓；横水墓地高等级墓葬大都有殉人现象，大河口墓地基本不见；横水墓地高等级葬者多俯身葬，而大河口墓地高等级墓葬大都为仰身葬等，但总体来说，两地墓葬共性大于个性，尤其是两处墓地所见周人葬俗之外的共性，如腰坑、殉牲一类，显然是受殷商葬俗影响所致，而且体质人类学研究成果也表明，大河口、横水和附近的雎村三处墓地葬者的颅骨形态特征也较为接近，这其实是在暗示，三处墓地的墓主是相同或相近的人种。[96]

因为绛县横水倗伯墓地出有倗仲鼎，其铭文有"毕媿"字样，毕是"毕媿"氏夫家之姓，"媿"是"毕媿"氏娘家即倗族之姓。媿通隗、鬼、怀，所以大河口、横水和雎村三处墓地的主人，基本上可以判定为同一姓氏人群，即怀姓，"分属怀姓九宗其中三宗"。[97]

绛县雎村墓地是 2011 年因打击盗墓活动被发现的，至 2018 年，总发掘面积 1.7 万平方米，清理墓葬 800 余座，包括 10 座大型墓葬，出土各类器物 1.1 万余件。但因等级较高的墓葬均被盗掘一空，已无法探明其具体的族属名称及相关情况。据劫余出土物可知，该墓地存续时代大致为西周早期至晚期。

据调查，横水、大河口和睢村三处墓地相距很近，各自主人生前所"辖控"的范围并不大。横水墓地位于运城市绛县横水镇北，睢村墓地位于绛县卫庄镇睢村，大河口墓地位于翼城县隆化镇大河口村。在三处遗址周边

▲ 1017 号大墓出土的西周铜人顶盘[98]

还分布有众多不属于他们族系的遗址，如侯马天马——曲村、翼城苇沟——北寿城、闻喜上郭村等众多晋国或其他西周遗址。

大河口霸伯墓地墓葬仅有 1500 座左右，而距其不远处的曲村晋国墓地的墓葬多达 2 万多座，相差 15 倍还多。尽管大河口霸伯中心居邑暂时还没发现，具体情况尚不大清楚，但根据上述实际情形推算，其所辖控面积，也仅可能比横水倗国控制范围略大或相当。而横水倗国所辖总面积还不足 400 万平方米，总共只有 3 处聚落、1 处墓地。睢村墓地主人生前控制范围也与倗氏相当，甚至可能还更小一点。[99]

上文《"倗国"是何方神圣？》中已述及，西周诸侯国国君"公侯伯子男"五个等级中每个等级的国土面积都有相应的规定：公、侯之国大小是方圆 100 里，伯之国是方圆 70 里，子、男之国是方圆 50 里。

而国土面积方圆不足 50 里的，就称为"附庸"，归属于某个诸侯国，不能直接与天子打交道，不能算作天子之臣。

周代的"里"按记载是 300 步为 1 里，但周代的尺子至今也没有发现。不过秦朝的尺子倒是出土了不少，秦朝 1 尺大约等于现在的 23 厘米。秦朝原是周王朝下属的一个诸侯国，所以秦朝的尺子应该与周王朝差不多。秦朝的 1 步为 6 尺，据此计算，秦朝 1 步就是 138 厘米，1 里 300 步也就是 410 米，50 里就是 20500 米。方圆 50 里折合成面积就是 168.1 千万平方米。这也就意味着，西周时期最低一级子、男之国的大小大约相当于 420 个"倗国"或"霸国"的面积。[100]

这里的计算即使有误差，考虑到二者差别过大，所谓的"倗国"或"霸国"都不可能是国，而只能是附庸——晋国的附庸。因为当初周成王分封叔虞为唐侯，进而为晋侯时，曾分配给他"怀姓九族"，并要他"启以夏政，疆以戎索"，善待夏商遗民和"怀姓九族"。

可能正是因为倗、霸二氏都属于"怀姓九族"，所以他们之间就有了密切的联系。大河口霸伯墓地 1017 号墓就出土了两件西周青铜器——"倗伯"盆，两件规格形制相同，内底还都铸有相同的铭文："倗伯肇作旅盆，其万年永用。"发掘者推测，倗伯盆极有可能是这一代霸伯去世以后，附近的倗伯前去吊唁送给霸氏的。换句话说，倗伯盆是倗伯送给霸伯葬礼的礼器。[101]

但接下来又出现了一个问题，既然霸氏不可能是一个独立的诸侯国，而只能看作是晋国的附庸，那为什么会有芮公和井叔巡视并嘉奖霸伯的事情发生呢？事实上，这就如同倗伯再簋铭文记载的益公考察并赏赐倗伯事功一样，意味着霸伯也同芮公、井叔等朝廷官员有业务上的上下级关系，换句话说就是，霸伯在芮公、井叔主管的部门下任事，类似于我们现在的部门管理。[102]

能够说明这一问题的还有同出于大河口墓地的霸伯盂，亦即尚盂，霸伯盂有铭文计 10 行 115 字。其开篇写道："三月，王史（使）白（伯）考蔑尚，归柔鬱、旁（芳）邕、浆"，大意是说，三月，周王遣使来见霸伯，表彰他的功绩，并赐予其柔鬱、芳邕、浆等物。至于是何功绩，现在无法考稽，但具体功绩应该不小，否则周王也不会接二连三地派遣使者前往霸地进行表彰赏赐。

▲　大河口墓地出土的霸伯盂及其铭文[103]

冯时和田伟二先生认为出现这种情况可能和运城盐池有关。[104] 上述出现"井叔"字样的霸伯铜簋铭文原文是：

　　惟十又一月，井叔来卤，蔑霸伯历，使伐用犇二百、丹二糧、虎皮一，霸伯拜稽首对扬井叔休，用作宝簋，其万年，子子孙孙其永宝用。

"卤"即盐卤。"十又一月"即周历十一月，约当今农历七月，正是盐池大量产盐的季节。盐池在今运城市盐湖区，距离翼城大河口霸伯墓地百十公里。运城盐池是一天然盐池，自古以来一直采用的是引卤水于畦中高温晒盐的方法进行生产。农历七月是一年中的酷暑时节，是大量出产食盐的最佳季节。但七月容易变天，准备不充分就可能对食盐生产造成损失。可能正是这种情况，青铜器铭文中才有"井叔来卤""蔑霸伯历"这样来自天子特使的"聘问"行为。

总而言之，以大河口墓地所出青铜器铭文以及相关情况来分析，所谓的"霸国"与"倗国"一样，不成其为一个"国"，但也绝不仅仅是晋国的附庸，而是享有诸侯国待遇的一个特区。它有其独立的境域范围，有其独立的政治、经济和人事大权，可能在名义上隶属于晋国，但在业务上归周王朝相关部门直接领导。

宜国的"横空出世"

一

说到宜国，还得从江苏丹徒县龙泉乡一个叫福贵的还俗和尚说起。[105] 福贵儿时家贫，被家人送到庙里当和尚、做杂役。土改时，工作队说和尚是寄生虫，勒令还俗。福贵离开寺庙之后，因无家无舍，就靠给人四处打短工谋生。

1954 年夏初，福贵到当地聂长保家打工犁地。那天，福贵先将聂家的地犁了一遍之后，打算用钉耙把犁好的地拉成垄。没想到当他一钉耙挥下去的时候，听到的是"咣当"一声，手臂震得发麻，地下火星直冒。福贵以为碰到了金子，赶紧操起铁铲往下挖。他一鼓作气竟连续挖出了 12 件古董宝贝，后经考古人员鉴定是 12 件青铜器，有香炉（鼎）、簋、盘、壶、盉等。

村民没见过青铜器，以为福贵挖出的是金子，就闻风而动，围住福贵挖的洞口和那堆"金子"观看。福贵的东家聂长保的儿子听说他家地里挖出了金子，也急匆匆地跑过来说："这是我家的地，这些东西是我家老祖宗埋下的，东西是我家的。"边说边把这些东西聚拢在一起，准备运回去。

村民们议论纷纷，有的说是金子，有的说不是。因为金子是黄色的，不上锈，但这些古董满身都是锈，当然不是了。聂长保的儿子听大家这样说，不服气，就随手拿起一只盆，将口朝下反扣在地上，接着举起钉耙狠狠地砸了下去，将盆底砸出了一个破洞。聂的儿子从地下捡起一块砸下的碎铜片，举起来拿给大家看，还扬扬得意地说："里面是不是黄的？是不是金子？"

聂长保家挖出金子的消息不胫而走，当地乡政府听说后就派人到聂长保家了解情况，并要拉走这些"金子"。一开始，聂长保还不愿交出来。聂彼时担任着下聂村的村长一职。乡政府工作人员说："你是要金子还是要干部？你要是明天还不把金子上缴，就下了你的干部！"在这种情况下，聂长保才十分不情愿地把这些"金子"交了上去。

后来国家专门奖励了聂长保30元钱，但聂全部独吞掉了，并没有分给挖出"金子"的福贵哪怕一分钱。

二

有关部门在了解到丹徒县烟墩山出土"金子"的情况后，派人调查，搞清楚了这是一批价值连城的西周青铜器。1954年秋天，南京博物院和华东文物工作队共同组成勘察小组，对这批青铜器出土地点和出土情况进行了详细勘察，又清理出一批青铜器。江苏省文物管理委员会根据勘探小组的报告，撰写了《江苏丹徒县烟墩山出土的古代青铜器》一文，发表在《文物参考资料》1955年第5期上，对前后两批青铜器出土及调查清理情况做了报道。

由于当时调查工作人员只接触了聂长保一家，没有找真正的发现者福贵了解具体发掘情况，所以对当时出土各件青铜器的具体位置及其上下左右关系等都不太了解。报告只是笼统地说："1954 年 6 月间，丹徒县龙泉乡（后改为大港镇）下聂村农民聂长保的儿子在烟墩山南麓山坡上翻山芋地'垄沟'时，无意间在地表下三分之一公尺的土里掘出一只鼎，他就小心地扩大挖的范围，在三分之二公尺的深度，共掘得铜器 12 件，计：鼎一，鬲一，簋二，大盘一，小盘一，盉一对，牺觥一对，角状器一对。聂长保把这些东西统统交给当地乡区政府，转交丹徒县人民政府送省保管。"

勘察小组后来勘查现场时，在地表垄土中找到了一些残余的碎铜片，并丈量了福贵原来挖的那个坑，东西长约 1.3 米，南北宽约 1.1 米，深约 0.44 米。考古人员调研后认为，这个坑并不是真正的边缘，于是扩大挖掘范围，东西扩大到 3.6 米，南北扩大到 3 米，由此又发掘出了包括甲泡、马饰、铜镈、玉杯等器物。还在该坑西北角发掘了两个小坑，一坑出土了小铜鼎、石器、人牙，另一坑出土了铜鼎、青釉陶豆和铜镈等。

在所有的这些出土物中，最有价值的就是那只被聂长保儿子砸出一个破洞的"盆"，这就是后来在考古界享有鼎鼎大名的宜侯夨簋。该簋浅腹，高圈足，腹部饰有四耳。四耳下皆挂有长长的"耳垂"，耳上部作鸟头状，鸟口咬着簋沿，圈足出四扉棱。

▲ 修复后的宜侯夨簋

遗憾的是，由于这件簋一出土就被砸坏，只能交由修复师修复。或许是当时的文物修复技术还处于较低水平的缘故，这件簋修复得不伦不类，甚至连原来的四只"耳垂"都不见了踪影。

这件簋之所以在考古界享有大名是因为簋腹部铸刻有 12 行 120 余字的铭文，具有重要的文物价值。观察现收藏在中国国家博物馆中的宜侯夨簋，可以看出是用碎片缀合的，接缝处的铭文模糊不清，难以辨认。更严重的是碎片没有全部回收，丢失了不少字。根据专家的厘定，铭文内容如下：

惟四月辰在丁未，王省武王、成王伐商图，遂省东或（国）图。王卜于宜□土南。王令虞侯夨曰：〔迁〕侯於宜。锡鬯一卣、商瓒一□，彤弓一，彤矢百，旅弓十，旅矢千。锡土：厥川三百……，厥……百又……，厥宅邑三十又五，〔厥〕……百又四十。锡在宜王人〔十〕又七里。锡奠七伯，厥〔庐〕〔千〕又五十夫。锡宜庶人六百又……六夫。宜侯大扬王休，作虞公父丁尊。

铭文中虽然少了不少字，但还能判断出这是周康王时期制作的器物。大意是说，在四月丁未那天，康王在审视了武王和成王伐商时的地图之后，在宗庙中，面朝南册命"虞侯"，让他到"宜"地做侯，赏赐他"王人""奠七伯"、奴隶鬯酒（一种香酒）、铜器、弓箭和土田、山川等。作器者乃宜侯夨本人。

这里先简单介绍一下虞侯转封到宜地的时代背景。周代商后，周武王对原属商王朝的归附方国和为周王朝建功立业的同姓、异姓功臣进行了分封，但武王死后不久，受封的纣王之子武庚联合周武王的三个兄弟管叔、蔡叔和霍叔"三监"发动叛乱，史称"武庚之乱""三监之乱"。周公平定叛乱后，意识到原来因循夏商以来的那种分封办法，弊病甚多，其中最主要的是，原来各封国的土地和统治人群没有发生变更，还是铁板一块。为此，周王朝在周公主持下制定了

▲ 宜侯夨簋铭文拓本

新的封建制度，将殷商王朝和其他亡国遗民分散迁徙到别的封国之中，目的是削弱他们的凝聚力，将隐患消除在萌芽状态之中。换句话说就是，新的封国由三部分人组成，一部分是以封君为首的周人，是为封国最高统治阶层；一部分是殷商王朝和其他亡国遗民，是为中层，也属于统治阶级；还有一部分是当地土著，属于被统治阶级。

周公封建的意义在于，不只是周人殖民队伍分别占有东方一片土地，更是分领了不同土地上的不同人群，新封国因其与原居民的交融而形成了有共同利益关系的地缘性政治单位。也就是说，分封制下的诸侯国，一方面保持了宗族族群的性格，另一方面也由于地域的不同，形成了地缘单位的政治性格。

从铭文中可以看出，周王赏赐给"虞侯"的人口，正好由这三类人群组成：其一是周人同姓贵族"王人"，其二是来自殷商的贵族遗民

"奠七伯"，其三是"宜"地的土著居民。"王人"作为统治者处于社会顶层，"宜"地的土著居民处于社会下层，来自殷商的贵族遗民"奠七伯"处于中层。

<h1 style="text-align:center">三</h1>

宜国在传世文献中没有记载。宜地在哪里的问题几十年来一直争议不断。主要原因是当年福贵挖掘那批青铜器时，破坏了原来的墓葬结构，而后来的正式发掘对此也没有予以足够的重视，以至于发掘者认为，福贵原来挖的那个大坑是一座大墓，他们发掘的那两个小坑可能是两座陪葬坑或陪葬小墓。然而，曾参与该地区后续考古工作的张敏认为，那个大墓和那两个陪葬小墓原本就是一座墓。这样一来，宜侯夨簋出土的具体地点就成了一个疑问，由此带来一个问题：这座墓是不是宜侯墓？如果是，那就说明丹徒烟墩山一带是宜国的政治中心所在地；如果不是，那就可能意味着宜侯夨簋是墓主人从外地带过来的。

刘建国在《东南文化》1988 年第 2 期刊文《宜侯夨簋与吴国关系新探》认为，宜侯夨簋铭文记述的宜国形势和特征与丹徒地区面貌差异悬殊，说明宜地不在今镇江一带。目前发现的这个地区有关西周墓葬的形制、随葬品等方面也同周礼不符，意味着宗周人群与此无关。如果从葬制和随葬品的文化因素看，烟墩山 1 号墓的主人应是这一地区的土著首领或方国君主。当地族群最有可能是史料记载的朱方族群，他们在后来被大肆扩张的吴国所兼并。宜侯夨簋应该是朱方国与宜国交战时所缴获的宜国重器。

2007 年，山西翼城大河口西周"霸国"墓地出土了一件霸伯盘，上有铭文记载了霸国与戎人之间的一次战斗：霸伯御驾亲征，取得胜利，俘获敌人 1 名，因此为宜姬铸作宝盘以作纪念："伯对扬，用作宜姬宝盘，孙孙子子其万年永宝用。"[106]

▲ 翼城大河口西周墓地出土的霸伯盘 [107]

按照西周金文对女性称呼的规律，"宜姬"就是指嫁与霸国君主即霸伯为妻的宜国姬姓女子，这再一次证明了宜国的存在。

马超、邹芙在《出土文献》2019年第十四辑刊发《新出霸国铜器与宜国地望研究》一文指出，宜国最有可能是地处河南伊洛河盆地的宜阳县。因为第一，宜阳紧邻西周"东国"的西界——成周洛阳，符合西周徙封诸侯的历史背景，即加强对"东国"的控制；第二，既然"宜姬"能够嫁到霸国，说明宜国和霸国距离不会太远，符合西周时期小国联姻多以短途为主的政治婚姻结盟方式；第三，宜阳距当年周武王伐商观兵振旅所在的孟津也很近，处于周人两次伐商的路线当中或附近，宜侯夨簋提到的武王伐商、

▲ 霸伯盘内底铭文拓本 [108]

成王伐商、东国这三种地图互相关联，完全符合铭文的叙事逻辑线索。

当然，绝大多数学者认为宜国就在铜器出土地丹徒县一带，铭文中的宜侯是早期吴国的一位国君，宜国是吴国的前身。主要原因是丹徒烟墩山"宜侯"墓葬与周围发现的时代相近的土墩墓文化特征十分一致，都是带有地域风格的吴国墓葬。因此，早期吴文化的中心就在宁镇地区。后来，随着吴文化的发展强大，吴国统治者才将政治中心向南迁到苏州、无锡一带。[109]

《史记·吴太伯世家》曾记载："周武王克殷，求太伯、仲雍之后，得周章。周章已君吴，因而封之。乃封周章弟虞仲于周之北故夏虚，是为虞仲，列为诸侯。"

《汉书·地理志》亦云："武王克殷……又封周章弟中（仲）于河北，是为北吴，后世谓之虞。"

这里的"夏虚""北吴"，一般认为是指今晋南平陆，但正如我在《文献记载有错：两处遗址改写芮国史》一文中所说，已故历史学家齐思和先生认为，虞在山西平陆是春秋时期的虞国，而非西周初期的虞国。周初之虞、芮两国都在今陕西陇县岐山西北，两国毗邻。陇县在汉代为汧县，《汉书·地理志》记载："吴山在西。古虞、吴通"，又云"芮水出西北，东入泾"。

杨善群在《史林》1989年第4期刊文《西周宜国史考究》指出：周章之弟原与周章一起居于南方的吴国，武王、成王年间，周章弟虞仲被封到北方的虞国，是为虞侯。康王时期，虞侯复封至江南丹徒一带建立宜国，正是回归他的老家。虞侯徙封以后，虞国的君位可能由虞侯某弟继承，其国到春秋时犹存。周章留在吴国而其弟封虞，与虞侯封宜而其弟留虞，道理、过程都是一样的，即由诸侯兄弟之间加封一人而成立一个新的侯国。

这种看法也同宜侯徙封的时代背景相吻合。周公及其以后成王、康王时期，周王朝在平定武庚叛乱后重新进行了战略部署调整，即将周人的势力从东、北、南三个方向渗透进当地土著中去。三个方向中以东方最为重要。这个方向是沿着黄河两岸向东伸展，在黄河北岸有魏、虞、单、邢、原、雍、凡、共、卫等，黄河南岸有焦、南虢、东虢、祭、胙等；向东则有郕、鲁、滕等；在黄河以北广大地区，沿汾水两岸的有耿、韩、郇、贾、晋、杨、霍等，在卫以北有邢，邢以北有燕，燕系周人深入东北最远的一支姬姓王族；黄河以南广大地区，还有应、蔡、息、蒋、随、唐等。丹徒隶属于镇江市，位于江苏省西南部，从周王朝的布局看，是战略部署比较薄弱的一个环节，所以周康王在继周公、成王"封建亲戚以藩屏周"以后，再次调整战略部署，将虞侯徙封至此建立宜国，也在情理之中。

参照周公旦长子伯禽转封在鲁，唐叔虞长子燮父转封于晋，那么虞侯长子或兄弟转封宜地，并保持虞的称号，也合情合理。因此宜侯与虞仲的关系很明确，是宗子转封外地的关系。

当然，所有这些说法都只是推测，至于宜国具体方位所在，还需要更多的考古证据来予以支撑。

尘封两千多年的曾国史

一

说起曾国的发现还得追溯到那个动荡的年代。

1966 年 7 月，湖北省京山县坪坝镇苏家垄村传出了一个惊人的消息：正在这里修建水渠的工人们无意之间挖到了一座古墓，里面摆放着好多精美的青铜器。湖北省博物馆有关领导闻讯后，立刻派考古人员到这里进行发掘清点工作。最后经过统计，一共发现 97 件青铜器，都属于西周晚期。[110] 其中还有九鼎七簋，这可是相当高规格的礼制，意味着墓主人生前有着相当显赫的身份和地位。

西周礼制规定：天子配享九鼎八簋，诸侯七鼎六簋，大夫五鼎四簋，士三鼎二簋。但是在偏远的汉水流域，这个墓主人居然随葬有九鼎七簋，显然是没把周天子放在眼里而故意僭越礼制。更令人感到不可思议的是，出土的青铜器中有两件形体高大、纹饰精美，几乎完全一样的铜方壶。壶盖内与壶口内都镌刻有相同的 12 字铭文："曾仲斿父用吉金自作宝尊壶"，意思是说，曾国国君的二儿子斿父，用好铜制作了宝贵的祭祀用壶。这一对青铜方壶也因此被命名为"曾仲斿父壶"。

▲ 曾仲斿父壶

谙熟西周史的人都知道，西周历史上并没有一个所谓的曾国，这一带应该属于"汉阳诸姬"之一的随国势力范围。所谓"汉阳诸姬"是周武王克商建周后直至周昭王时期，在汉水以北、大巴山与大别山一带分封的同姓诸侯国，包括邓、随、厉、鄂、唐、息、蔡、道、应、沈、贰、房、蓼、轸、州、绞、郧等。而随国正是周王任命的"汉阳诸姬"之首，其任务是监控南方蛮夷之国，以拱卫周疆。但随国封于何时，史无记载。

随国的地盘出土了曾国国君儿子的礼仪用器，让考古人员陷入迷惑之中，但是由于当时处在特殊的年月里，也就没有人再深究这些问题。人们只是觉得兴奋，曾仲斿父壶因此还与司母戊方鼎、四羊方尊等国宝一起被推荐为中国十大国宝青铜器。只是令很多人没有想到的是，距京山苏家垄曾国遗址不远的随州市熊家老湾于1970、1972年又两次出土了带有"曾"字铭文的青铜器，其中就有后来名声赫赫的"曾伯文簠"。再后来，湖北枣阳、河南新野也发现了曾国青铜器，其中有"曾侯絴伯戈"，时间大约为春秋早期。不过，仍然没有引起太多人的注意。直到1978年湖北随州曾侯乙墓发现，这才在国内外引起轩然大波。

二

曾侯乙墓[1]位于湖北随州城西两公里的擂鼓墩东团坡上，因所出青铜礼器中有相当一部分在铭文中都出现有"曾侯乙"字样而得名。曾侯乙墓占地面积220平方米，墓主人使用的是内棺外椁。外椁室由底板、墙板、盖板共171根巨型长方木铺垫垒叠而成，外椁顶面及四周填塞的是防潮木炭，木炭之上抹有白膏泥，上面盖铺石板，再往上是用五花土填埋，直达墓口。考古人员统计，仅外椁顶面及四周填塞的防潮木炭一项，重量就达到了创纪录的60吨，可见其工程之奢靡浩大。

椁内分作东、中、北、西四室。东室用我们现在的话说就是墓主人的主卧，里面放置主棺。主棺是由青铜架楠木制作而成，分为内外两重，重达7000公斤，上面装饰有繁缛的彩绘图案。

主棺东西两侧是装殓8名女性殉葬者的豪华棺材，其中，东侧有6位，一字儿排开，推测是墓主人生前近侍妻妾；西侧有两位，被放置在东室通向中室的门洞旁，生前地位应该低于东面6位，估计是近侍宫女一类。8位陪葬者生前年龄均在25岁以下。

除此之外，在西室还放置有13具陪葬棺，也是女性，年龄比前述8位要小，地位也比她们低，估计是墓主人生前的歌舞乐伎一类。

东西两室加起来一共是21名殉葬者，从遗骸看，都没有砍斫的痕迹，显然是自愿或受诱骗而死。殉葬是一种很特殊的迷信行为，在中外历史上都曾经盛行一时。中国目前看到的最早的殉葬发生在距今6500年的濮阳西水坡大墓，殉葬3人，此后，经过大汶口文化、龙山文化等的传播，在晚商时期达到高潮。商王朝下属的诸多方国都盛行这一陋习。周也不例外。

我在《圣王治理下的西周也施行人祭人殉》[112]一文中已述及，早在20世纪五六十年代，西安沣西西周墓地就发掘出了182座西周墓葬，其中9座有人殉现象；在西安长安区马王镇张家坡西周墓地发掘出了4个车马坑，每辆车上都有1个殉葬的御乘人员。20世纪七八十年代，北京琉璃河黄土坡西周墓地也发掘出了8座人殉墓葬和1座有殉人的车马坑。

不完全统计，迟至20世纪80年代中叶以前，在西周都邑所在的西安丰邑地区，仅张家坡发现的255座中小型西周墓葬，就有殉人墓葬20座，共28个殉人，约占全部墓葬的7.8%。西安客省庄、马王村一带发现中小型西周墓葬62座，其中殉人墓葬6座，共有8个殉人，约占全部墓葬的9.7%。

不过，这些有殉人现象的墓葬，大都属于先周和西周早期，也就是周公改制之前。周公代成王摄政以后，意识到其中的荒谬和残忍，遂本着以人为本、敬鬼神而远之的原则，进行改制，重新制定周礼，坚决摒弃了这一陋习。从考古发掘情况来看，西周中晚期很少发现周人有殉葬的现象。出现这种现象的大都不是周人，像河南洛阳北窑村墓葬区、山西绛县横水"倗国"墓地等，都是殷商遗民或是受殷商遗俗影响的"怀姓九宗"一类。

曾侯乙墓使用时间经鉴定属于周王室衰微、礼乐崩坏的战国早期，这种大规模的殉葬现象恰是时代特征的反映，从某个侧面折射了墓主人对周王室的轻视或无视。

墓葬北室是兵器库。整座墓葬共出土各类兵器4777件，北室就占了3304件，包括矛、戈、带杆箭镞等，长度大都在3米以上，最长的达到了 4.36 米，说明墓主人是一个高级将帅，对战争有出乎寻常的狂热。

墓葬中室是乐器库。最大的收获是发现了一架十二律俱全的 64 件青铜双音编钟——这是迄今为止发现的最大、最完整的一套青铜编钟，堪称中国音乐史上举世瞩目的空前大观，学界称为曾侯乙编钟。另外，还发现编磬一架，有磬 32 件、鼓 3 件、瑟 7 件、笙 4 件、排箫 2 件、篪 2 件。这些乐器都不是随便摆放，而是像在人间一样，各就各位，基本上是三面悬挂金石、中间陈放丝竹的场景。

▲ 曾侯乙编钟

可以想象一下，在漆黑的墓室中，周边环绕着 22 具尸体，突然之间鼓乐齐鸣，那会是什么样子？如果碰巧来个盗墓贼，大概得活活吓死。

除了中室发现有大量乐器外，墓主人所在的东室也发现有少部分乐器，包括瑟 6 件、琴 2 件、笙 2 件、鼓 1 件。这些乐器共同展示了一个贵族寝宫乐队的配备建制，暗示墓主人是个不折不扣的音乐发烧友。

可能还不止于"发烧友"这样的浅层次，专家发现，在完整和残损的磐石块上存有刻书和墨书 708 字。其内容有三，一是编号，二是标音，三是乐理，说明墓主人生前通晓音律，在乐理上有相当的造诣。

有趣的是，墓中四室之间都有一四方小洞相连。大概是说，人虽死了但灵魂还在。灵魂只要有一个小洞就可以飘荡过去。墓主人想召唤谁就可以召唤谁，想观赏舞蹈就观赏舞蹈，想听音乐就可以听音乐，甚至想打仗也可以飘进北室，立马拿起武器操练。

令人感叹的是，墓主人所在的东室通往中室门洞的地方，还放置有一具殉狗棺。那意思很明确：这只狗生前为主人看门守院，死后也得继续服务于主人，不让一切外敌扰乱主人的黄粱美梦。

曾侯乙墓还随葬有九鼎八簋，这是墓主人僭越礼制的集中体现。

曾侯乙墓中最有价值的还不是这些琳琅满目的高等级随葬品，而是镌刻或写在这些随葬品上的文字。据统计，曾侯乙墓共发现各种文字超过了 1 万字。其中，编钟铭文有 2800 字左右，竹简墨书有 6600字左右，另外，镌刻在上述钟磬和青铜器上的还有 700 多字。这是个什么概念呢？说出来可能吓你一跳，这是自晋代汲郡魏墓发现《竹书纪年》和《穆天子传》以来，在中国境内出土文字最多的一次。

这些文字中出现频率最高的是"曾侯乙"三字，计有 208 处，多为"曾侯乙持甬终""曾侯乙作持"一类。另外，墓中出土的铜镈上面的铭文，明确是楚惠王赠送给曾侯乙的，这再一次证明了墓主人就是曾侯乙。

墓葬还出土了一件刻有铭文的青铜乐器——楚王酓章钟，铭文的大意是说，楚惠王在西阳得到曾侯乙去世的讣告，遂制作此礼器，于西阳祭奠之。这与宋代出土于安陆的两件楚王酓章钟内容完全一致，表明随州不仅仅是曾国的势力范围，更是曾国国都所在地。

三

曾侯乙墓的出土确证了古曾国的存在，但曾国明显又同《左传》《史记》等记载的随国处于同一个区域，那么二者到底是一个什么样的关系？

由于曾侯乙墓及以前，有关曾国墓地中都没能出土带"随"字的相关铭文和资料，当时的学界普遍认为，曾、随是两个不同的国家，而且有学者望文生义，将"曾"和"缯""鄫"等同起来，说曾国就是缯国或鄫国。其实，三者差了十万八千里，缯国临近西申国，在今甘肃平凉附近，鄫国在山东或河南地区，它们何尝有半毛钱的关系！

后来，由于地处豫西南和鄂西北之间的南阳盆地也出土了大量带有"曾"字铭文的青铜器，武汉大学历史系教授石泉经研究后认为，这一带连同上述曾国墓地所在的随枣走廊，都是曾国的辖控范围，而这一地区又是文献记载的随国疆域所在，所以曾国和随国是一国两名。[113]

随后，以李学勤为代表的一批历史学家和考古学家也纷纷指认曾国就是随国。他们认为，西周时的诸侯国一国两名的情况并不鲜见，如河南南阳附近的吕国又称为甫国，大家熟知的淳于国在山东安丘一带，又称为州国，如此等等。春秋中前期，楚国在汉水流域的扩张一直受制于随国的阻挡，说明在汉东北至新野，南抵京山这一范围以内，能与楚国一较高下的，也就只有随国了。所以，文献中的随国与考古发现的曾国，是重合的，是同一个国家。

考古学界奉行的是以文字说话，也就是说，只有出土文字才能证明某某是某某，即便你的逻辑推论再严密，你的前提再真实，不见文字他就不会承认你的结论，这样一来，就形成了两派截然相反的意见。"曾随之争"由此成为学界内外都较为关注的一个焦点话题。

但仅十多年后，反对派就被新出土的证据打成了一地鸡毛。

2012 年 6 月，湖北随州文峰塔曾国墓地 21 号墓葬中发现了一件青铜戈，该戈属于东周时期，长 21 厘米，高 15 厘米，戈刃上清晰地刻着"随大司马献有之行戈"的铭文。这是所有曾国墓地出土的青铜器物中最先发现有明

▲　随大司马戈

确记载"随"的青铜兵器，该戈因此被命名为随大司马戈。

2019 年，随州义地岗枣树林墓地发掘曾侯宝及其夫人墓，出土了刻有"楚王媵随仲芈加"铭文的铜器[114]，铭文的意思是，楚王给他的二女儿芈加做了这件嫁妆（媵器）。"随"是芈加夫国族姓，"芈"是其父国族姓。楚王送给随国的媵器出现在了曾国国君及其夫人墓中，等于再一次确认了随国和曾国是同一个国家。

同是在义地岗枣树林墓地中，曾侯㻻夫人渔嬾墓中还出土了唐侯制随侯簠[115]，其铭文中有"随侯其永祜福唐侯"之语，"祜""福"乃同义词，是说随侯能永远福佑唐侯。铭文表明随（曾）侯在唐侯等南方诸侯中有相当的分量和地位。

至此，"曾随之争"偃旗息鼓，曾、随是同一个国家成为学界内外公认的史实。

四

1978 年曾侯乙墓的发掘引起世人瞩目后，考古人员又先后发掘了随州叶家山、文峰塔，枣阳郭家庙、随州枣树林等曾国遗址与墓地，出土了一大批带有铭文的青铜器和相关遗物。在这些出土的曾国铜器铭文中，名号明确的曾侯已见 9 位，加上虽没有带曾侯铭文的铜器出土，但墓葬规模相当于诸侯的墓主以及具有谥号的曾侯，目前考古发现的曾侯已经达到了 20 位。

结合传世文献记载的随国事迹，曾国从西周早期建国到战国中期覆亡，一个较为明晰的曾国世系开始展现在人们面前。[116]

曾国的始封君是被称为"文王四友"之一的南宫适，即青铜器铭文中的南宫括。周文王即位时，南宫适曾经出谋献策。《国语·晋语》说："及其（周文王）即位也，询于八虞，而谘于二虢，度于闳夭而谋于南宫。"这里的"南宫"就是南宫适。

《史记》记载，南宫适是武王兴周灭纣的功臣，与周文王同宗，姬姓。周武王灭商后，曾命南宫适拆掉纣王所建的鹿台，打开纣王的粮仓，以赈济贫苦奴隶、百姓。南宫适历经文王、武王、成王三朝，周成王时，被封到今随州地区建立姬姓随（曾）国，成为"汉阳诸姬"之一。但随国并非南宫适新建，而很可能是沿袭了商代曾国的土地和国名——商王时的卜辞显示，在汉东一直存在着一个姒姓的曾国。[117]周代封建诸侯，有很多都是在吞灭商朝旧国的基础上袭用原有国名和地名而建立起来新诸侯国，像齐、鲁、唐、芮、虞等，都是这种情况。

成王之所以将南宫适封到随州建立曾国，有两个目的：一是占据汉东险要之地，"以藩屏周"；二是为了保证铜锡开采和金锡通道的安全运行。夏商周时期，长江中游地区是重要的铜锡矿产地，夏商两朝都曾在武汉盘龙湖岸畔设立盘龙城作为军事据点，用来控制附近的铜锡开采和运输。

但南宫适并没有到曾国就封，而是像周公和召公留在朝中派长子前往封地就封那样，也派他的长子谏前往随地做了曾国第一任君主，是为曾侯谏，乃叶家山墓地 65 号墓主，曾公𫇭和曾侯與编钟铭文中的"南公"。

南宫适另外至少还有两个儿子，分别是南宫毛和南宫中，随南宫适留在了朝中。南宫毛是周成王晚期所依赖的重臣之一。成王驾崩当日，就是南宫毛和几位宿臣受太保召公之命率领禁卫军百十人从王宫南门将太子钊迎进，进行为期 10 天的丧礼奠仪。太子钊继位成为康王以后，南宫毛继续留在朝中任辅政大臣。

南宫中在青铜器铭文中称"中"，1979 年出土于陕西扶风的南宫乎钟铭文中就有"先祖南公，亚祖公中"字样。周昭王时期，地处今湖北安陆京山以南、汉水以北这片区域的虎方国叛乱，昭王先是任命南宫盂为主帅率军南下平叛，接着又任命南宫中和另一位臣子为他南下"巡狩"打前站。南宫盂是南宫毛之子、南宫中的侄儿，周昭王重用这爷俩的一个非常重要的原因就是，虎方与曾国相邻，昭王打算

▲ 南宫乎钟

以曾国为这次战争的大本营。

彼时的曾侯应该是第三代曾侯犺，他与第二代曾侯伯生是兄弟关系，都是曾侯谏的儿子。伯生是叶家山墓地28号墓主，出有"伯生作彝"的铭文铜盉。曾侯犺是叶家山111号墓主，出有"烈考南公"铭文簋，是犺为其父"南公"曾侯谏所作铜器。

南宫盂和曾侯是堂兄弟关系，都是南宫中的侄子。周昭王就是要利用他们这层关系，方便战争及相关物资人员的总调度。

由于计划周备，并有南宫叔侄和曾国君臣上下齐心协力的配合，这次讨伐战争很顺利，昭王也完成了他南巡计划的所有目标。西周青铜器史墙盘这样说他："宏伟有福的昭王，大规模地打击了南方楚蛮，完成了政令的南播。"

曾公畎编钟铭文为此追记写道：昭王南征时，曾驻扎在曾国，发布征伐之命，曾国为昭王南征立下了卓著功业，所以周王赐给曾国先公斧钺，用以征伐南方不驯服之国。这些成就和福禄，是文王、武王福佑的结果。[118]

▲ 曾公畎编钟[119]

《礼记·王制》说，天子赐给诸侯弓矢，"然后征"；赐给诸侯斧钺，"然后杀"。就是说赐给弓矢，诸侯便有征伐乱臣的权力；赐给斧钺便有专杀贼子的权力。周王赐给曾国先公斧钺，就意味着曾国是周王册封在南方诸侯方国的"方伯"，是一方诸侯之"霸"，拥有专征伐之权。

但遗憾的是，时至今日，湖北随州一带除了发现有西周早期至周昭王时期的三位曾侯及曾国相关遗址、器物外，西周中晚期的遗址一处也没有发现。不过，考古人员后来又发现了不少属于西周末期的曾国遗址、遗迹，包括大量的曾国墓地、遗址和青铜器。[120]

这是不是意味着曾国在西周中晚期这段时间迁往他处了呢？因为西周诸侯国有相当一部分都有迁徙的历史。如鲁国，最初就在今河南的鲁山一带，后来才迁徙到了今泰山以南曲阜一带；齐国最初在河南南阳地区，后来迁徙到了今泰山以北淄博一带；郑国原来在今陕西咸阳一带，后来迁徙到了今河南新郑一带。

如果是这样，那为什么曾国要迁离此处呢？一般认为，这可能同周昭王末年突发的一次大地震有关。古本《竹书纪年》记载，昭王结束南巡，返回途中经过汉水时，随行队伍在汉水上修了"梁"，也就是便桥。昭王一行过桥时，突然之间，"夜清，五色光贯紫微"，"天大曀，雉兔皆震"，便桥随之崩塌，昭王和一班随行大臣几乎全部落水遇难，同时"丧六师于汉"，也就是说，昭王所率西六师将士几乎全部丧命。这种惨烈场景意味着，这次地震震级应该很高，波及范围很大，由此造成的破坏可能直接导致曾国难以在此继续生存下去。另外，还有更重要的一点可能是，昭王的死亡和西周将士的遇难让一直对曾国虎视眈眈的楚国有了想法，曾侯自知不敌，遂率领族人迁往他地。

西周中晚期，从穆王直至厉王、宣王不断对南方"淮夷"和"楚蛮"进行讨伐，最后彻底打服对方——到西周末年，这一带一直比较平静，可能正是在这种形势下，迁走的曾国才又迁回了故地。

考古发现，西周末期至春秋初期，曾国的墓地主要转到了枣阳郭家庙一带，通过对在此地发掘出的大量曾国墓葬、住址和青铜器的鉴别研究，考古人员确定了三代曾侯墓，依时间先后，分别是60号墓主——名号不详、21号墓主——曾伯陭、1号墓主——曾侯絴伯，同时确定的还有他们各自夫人的墓葬。

五

史籍中随国最早现身历史舞台，是在公元前706年。《左传·桓公六年》记载，那一年，楚王熊通侵犯随国，派薳章与随国少师董成假意和谈。楚国大臣斗伯比得悉薳章谈判对手是少师董成，就对楚王说："我楚国不能在汉水以东得势，全是我们自己造成的结果！我们扩大军队，增加装备，以武力威胁邻国，他们害怕，就一同对付我国，我们很难办。汉水以东，要算随国最为强大了。如果随国骄傲起来，一定会抛弃那些小国。小国离散，咱们楚国就可从中得利了。少师董成这人，一向狂妄自大。可以把咱们的军队摆成个窝囊的样子，让他看到，他就会不知天高地厚地傲慢起来。"

大夫熊率且比说："随国还有个季梁哩，这有什么作用？"

斗伯比说："以后会有用处的呀！董成很得随国国君的宠信。"

楚王听斗伯比说得在理，就故意损毁军容，接待了董成。董成议和不成回去后，果然请求随侯追击楚军。随侯要答应他，季梁急忙阻止，说："上天正在帮楚国，楚军的疲弱恐怕是装出来骗我们上当的，君王何必急于出师呢？"随后，季梁就给随侯讲了一番只有富民强国才能抗拒大国的道理，让随侯心服口服。随侯于是整顿内政，提高国力。楚国忌惮，不敢再去侵犯随国。

楚国为什么要侵犯随国？简单说来就是因为随国是汉水以东几个诸侯国中的老大，直接影响着楚国扩张称霸的计划。彼时，周王室迁往洛邑已经130余年，诸侯争霸，礼乐崩坏，周王室日益衰落，楚武王就想趁此机会争取霸主的位置。楚武王伐随，目的是逼迫随侯代自己去向周王室请王号。

《史记·楚世家》的说辞印证了这点。说是楚国侵犯随国，随侯说："我们没罪，你打我们干什么呀？"楚武王横着脖子说："我们是蛮夷，跟你讲什么理呀！看现在的形势，诸侯各国背叛天子，互相攻伐，我手上还有些兵马，想帮周王整顿一下中原各国的政治秩序，请周王给我一个尊号。"

随侯无奈，只得派人到周廷，请周王赐给楚王尊号。但周王不同意，随国使者回去就把这一情况告诉了楚王。楚王见周王不吃他这一套，就气愤地说："我的祖先鬻熊是文王的老师，死得有点早了。成王封赐我的先公，竟只赐予子男爵位的田地，让他住在楚地。蛮夷部族都顺服，然而周王无动于衷，不加封爵位，那我就自己给自己加封尊号吧！"楚武王索性不再朝理周王，一跺脚就在公元前704年自立为武王，反正先让自己开心着再说。这就是楚武王名号的来历。

自立为王后，楚武王就召集周边小国到一个叫沈鹿的地方会盟，史称沈鹿大会，其实就是楚武王要这些小国承认他作为王的地位，服从他的领导。但作为"汉阳诸姬"之首的随国偏偏没有参加，楚武王大怒，便再次率军攻打随国。随国不敌，只得派使臣求和。楚武王见随侯服软，就与随国签订了盟约，班师回朝。

随国与楚国签约，实属迫不得已。公元前 701 年，郧国曾打算联合随、绞、州、蓼等国讨伐楚国，但不幸郧师却先被楚人给打败，伐楚谋划无疾而终。

公元前 690 年，周王室召随侯进京，责备随侯没能阻止楚国称王。楚武王闻讯，误以为随侯背叛了自己，又亲率大军伐随。可笑的是，楚武王还没看见随军的人马，就在出征途中先去见了上帝。楚军封锁了楚武王的死讯，令尹斗祁、莫敖屈重继续奉行武王生前的命令，开路前进，最后大摇大摆地在随国附近安营下寨。随侯不明所以，被楚军表面上的威风吓破了胆，就派人请求讲和。楚军巴之不得，莫敖屈重遂假借楚王命令与随侯结盟后退兵回国。

这次结盟对楚国的意义在于，楚国称王得到了随国的承认。这意味着周王在汉东所倚重的这个重要的姬姓封国，至少在表面上已经叛周，倒向楚国的怀抱。这一时期的随国由于弱势，夹在周楚之间，两边受气，真是进退维谷，左右为难。

从考古发现确定的曾侯身份看，春秋早期有两位曾侯，分别是曾侯仲子游父和曾伯桼。曾侯仲子游父是京山苏家垄墓地 1 号墓主，其夫人墓没有找见，可能在 1966 年修筑水利工程时遭到了破坏。曾伯桼是苏家垄 79 号墓主。位居其东南方向的 88 号墓主是其夫人芈克。"芈克"之"芈"是楚国王室的姓氏，表明"芈克"的身份至少是楚国贵族之女。考虑到随国当时在汉水流域"诸侯之伯"的地位，"芈克"最有可能是楚武王的公主。

曾侯仲子游父和曾伯桼更具体的年代尚无法确定，但联系上述《左传》的记载以及出土文物所反映的时代内容来看，这两代曾侯大致和楚文王、楚武王父子俩处在同一个时代。尤其是曾伯桼娶楚王女儿

"芈克"为妻，正符合彼时楚国和随国打打和和、时敌时友的那种错综复杂关系的情况。

曾伯㯱之后确定的曾侯是曾公䣋，乃随州枣树林墓地 190 号墓主，位于其北侧的 191 号墓主乃其夫人芈渔。"芈渔"一名说明，他的这位夫人也是来自楚国王室系统。

▲　随州枣树林墓地 190 号曾公䣋墓出土的礼器组合[121]

1979 年，随州季氏梁春秋墓地出土的季怠铜戈有"穆侯之子，西宫之孙"铭文，发掘者推测曾穆侯可能是曾公䣋的谥号。曾公䣋时期曾国的地位还是很高的，这从上述曾公䣋编钟铭文追记曾国为昭王南征立下功业，被周王赐予斧钺用以征伐南方不驯服之国就可以略窥一斑。

曾公䣋治下的曾国当处在楚武王后期。楚武王死后，由其子熊赀继位，是为楚文王，时间为公元前 690 年。楚文王号为文王，其实一点也不"文"，狠着呢。楚文王即位仅 6 年，即北上讨伐蔡国，蔡国在今河南驻马店上蔡县一带，接着又在公元前 678 年消灭了邓国。邓国在今襄阳北部至新野、邓州一带，其都城可能就是襄阳西北部的邓城遗址。《史记·楚世家》说这个时期，"楚强，陵江汉间小国，小国皆畏之"。尽管这个时候齐桓公开始称霸春秋诸国，楚国还不能与之相比，但在江汉流域也可以傲视群雄了。

楚文王在位 15 年，死后其子熊囏（号庄敖）继位，时间大概在前 675 年。熊囏是个倒霉蛋，在位仅 3 年就被他的兄弟熊恽联合随国袭杀篡位，是为楚成王。

楚成王敢杀亲哥自立，就充分证明了是一个狠角色。他上位后，镇压夷越各族，大力开拓疆域。弦、黄、英、夔等国都先后灭在他的铁蹄之下。对于中原，他也是觊觎已久。先是与齐国争霸，后与其举行召陵之盟，表面上承认齐桓公的霸主地位，同中原诸侯和好休兵，但实际上，一直在磨刀霍霍，等待时机。

楚成王在中原争霸不成，转而在江汉流域侵吞小国，肆意扩张。随国担心自己会成为楚国下一个侵略的目标，遂于前 640 年联合汉东诸国叛楚。这一年冬季，楚国的鬭榖於菟率领军队进攻随国，随国难敌，不得已向楚国请求讲和。楚成王见"敲山震虎"的目标达成，于是"取成而还"。（《左传·僖公二十年》）

召陵会盟 18 年后，即公元前 638 年，楚成王在泓之战中打败宋襄公，称雄中原。但不承想，没多久，中原又冒出了个晋国。前 632 年，楚晋两国纠合各自党羽，在今山东鄄城西南的城濮交战，结果楚国大败而归。楚成王眼看到手的霸主地位就这样活生生地被晋文公给抢走了。

对外战场上遭遇败绩，王室内部也遇到了麻烦。楚成王继位后，依照先人的规矩先是立了商臣为太子，后来又觉得不合意，就想把太子废掉。他就不想想，他这一废一立，会牵涉多少人的利益，会葬送多少人的性命。要么前有车后有辙呢，商臣估计是想到了自己老爸就是杀了他的哥哥上位的，于是一咬牙，就发兵包围了成王的府邸。成王一世枭雄，最后自酿苦果，进退无路，无奈之下，只得上吊自杀。商臣如愿取得王位，是为穆王，时为公元前 625 年。

楚穆王即位后，继续了楚国扩张的步伐，先后灭掉江、六、蓼等国，控制了江淮地区；又北上攻打郑国，迫使郑国向楚国请和。对于"汉阳诸姬"中的老大——随国，楚穆王也不敢随意招惹，而是继续采取了"和亲"的办法——将自己的女儿嫁给曾侯宝，拉随国入伙。

曾侯宝被确定在春秋中期曾公畎之后，是随州枣树林墓 168 号墓主，其北 169 号墓主即是其夫人芈加。芈也写作嬭，芈加即是加芈，乃其在娘家和夫家不同称呼。[122]

▲　随州枣树林墓地 168 号曾侯宝墓出土情况 [123]

加芈出嫁时，父亲楚穆王为她做了随仲芈加鼎。但在加芈编钟铭文中，加芈称自己是"穆之元子"，即楚穆王长女。"穆"是谥号，说明穆王彼时已经去世，楚国当政的该是她的兄弟楚庄王。楚庄王是春秋五霸之一，正处春秋中期，在位23年，执政年代为公元前613～前591年。这也说明加芈编钟的制作是在楚庄王时代。

加芈说自己的丈夫"恭公早陟"，恭公就是曾侯宝，意思是曾侯宝去世较早，加芈在楚国的帮助下，让她的儿子即位为曾侯，但因其年龄尚小，加芈便临朝执政，辅佐少主。加芈自述，在执政过程中，她把自己的谋略计划秘密地隐藏了起来。什么秘密？加芈没有明言，不过从这一时期历史的发展情况来看，应该是实行了一条奉楚为宗主国的附庸路线，也就是由"左右有周"的南方方伯转而成为"用燮譎（熵）楚"的楚国附庸。但加芈又特意强调，自己虽然这样做了，却是"大命毋改"，就是说，曾国为姬姓，以及曾国的国家利益和主权并未发生变化。

客观而言，就楚庄王当年称霸的冲天气势而言，如果不是加芈利用自己与楚庄王一母同胞这个特殊关系投向楚国，在夹缝中觅得一线生机，曾国势必会成为楚国铁蹄下的齑粉。

这一点可以从《左传·定公四年》的记载中得到确证。前506年吴楚之战时，吴人感叹："周之子孙在汉川者，楚实尽之"，意思是说，周王室姬姓子孙在汉川一带的封国，都被楚国给灭掉了，唯一留下的就是随国。随人对吴人说："以随国偏僻而狭小的情况，如果不是同楚国有密切的关系，是不可能留存于世的。因为双方订有盟约，至今还在履行。"

加芈在曾国执政可能一直延续到楚庄王晚年或楚共王初年，有20

年左右。曾、楚由此结成了比较稳固的同盟关系。也就是从此开始，楚国不再讨伐曾国。[124]

六

加芈的丈夫曾侯宝之后，考古确定的春秋中晚期曾侯先后有 5 位，分别是曾侯得、曾侯昃、曾侯郊、曾侯與以及文峰塔 2 号墓主——由于没有相关的铭文出土，具体姓名不得而知。

曾侯得是随州汉东东路墓地 129 号墓主。夫人墓没发现，估计也是 1960 年代修建水利设施时被破坏掉了。曾侯得的曾侯身份虽然得以确定，但目前还没有证据表明，他是曾侯宝和加芈的儿子。

曾侯昃是因为湖北襄阳梁家老坟楚国墓地 11 号墓出土了曾侯昃戈而得以确定，其墓葬至今尚未发现。具体情况不详。

曾侯郊是随州文峰塔曾国墓地 4 号墓主，随州东风油库墓地 3 号墓出土了刻有其名字的曾侯郊鼎，另外，曾侯乙墓也出土了刻有曾侯郊名字的铜戈。

曾侯與是随州文峰塔 1 号墓主，曾侯乙墓也出土了与之相关的铜戈铭文。曾侯與在位年代大约为春秋晚期楚昭王、楚惠王时期。彼时，曾国为楚之附庸已为时不短，在楚军被吴军打败而差点亡国之时，救了楚昭王一命。

《史记·楚世家》记载，前 506 年冬天，吴王阖闾在伍子胥、伯嚭的辅助下，会同唐、蔡两国一起攻打楚国。楚军全线崩溃，吴军进入郢都。吴王为给伍子胥报当年楚平王杀父之仇，下令掘了楚平王的坟墓。楚昭王仓皇逃亡，辗转逃到随国。吴王闻讯，立即攻打随国，逼随侯交出楚王。随侯派人对吴王说："昭王已经逃走了，不在随国。"

吴国想进入随国搜查，随侯不许，吴王不得已撤兵而去。

▲ 曾侯與编钟 M1:1 及其正面钲部铭文 [125]

随州文峰塔 1 号墓曾侯與编钟铭文记录了此事，同《史记·楚世家》的记载基本相符，大意是，周王室已经衰落，曾国不得已结交楚国。吴国依仗人多行乱，西征南伐，攻击楚国。楚国本土处于危乱之中，这是天命有误。在这种情况下，曾侯與站出来，"业业厥圣，亲博武攻（功）"，使得楚国危乱的形势稳定下来，保全了楚王的性命。

文峰塔 2 号墓位居曾侯與墓西南 59 米处，规格同曾侯與墓相当，时间上略晚于曾侯與。应该是曾侯與的继任者。

考古人员确定的最后两位曾侯是曾侯乙和曾侯丙。曾侯乙所处时代属于战国早期，前文已有详细叙述。

曾侯丙是随州文峰塔 18 号墓主，时间确定在战国中期，应该是曾国灭亡前最后几任曾侯之一。曾侯丙墓东北方向不远处的 8 号墓为其夫人墓。至于曾侯丙的其他情况，同样是由于没有更多的资料可供参考，目前也是不得而知。

总之，如果不算开国之君南宫适的话，曾国 700 多年的发展史，迄今为止总共发现了 20 位曾侯，除了西周中期及晚期前半段没有发现相应的曾侯外，其他时间段大都有涉及。考古人员通过出土文物，尤其是通过大量金文，揭示了尘封 2000 多年的曾国历史，书写了一部考古史上的传奇，堪称奇迹。

中国最早临朝执政的女性

芈加，又写作嬭加，是春秋中期曾国君主曾侯宝的夫人。芈是姓，加是名。或许是因为中国古代有女子在家随父、嫁人从夫的习规，所以芈加又被称作加芈，应该是她在父家和夫家不同的称呼。

芈加史无记载，是考古发现的继妇好之后又一位杰出的中国女性。

我在前文《尘封两千多年的曾国史》中已述及，2019 年，湖北省文物考古研究所在随州枣树林墓地发掘了土坑墓 52 座，确认该墓地是春秋中晚期的高等级贵族墓地。其中 168 号、169 号两墓为带墓道的"甲"字形大墓。这种大墓一般认为是春秋诸侯国君及其夫人才能享有的埋葬规格。又因为 168 号所出编钟、簠、缶上皆有铭文"曾侯宝"，169 号所出铜器编钟、匕、缶上皆有铭文"随仲芈加"，而随、曾乃同一国家的两个不同名称，所以学界确认 168 号是曾侯宝墓，169 号是曾侯宝夫人芈加墓。

随国在历史典籍中仅有片言只语的记载，具体世系等情况都不清楚，只知道是西周王室封在江南汉东流域"汉阳诸姬"之"伯"，换句话说，就是汉东姬姓诸侯国的老大。曾国不见于文献记载，是考古发

▲ 随州枣树林墓地 168 号、169 号两墓全景（上东下西，左为 169 号，右为 168 号）[126]

现的记载于金文中的同随国在时间、疆域、人物、事件等方面都完全重合的一个周代诸侯国，所以学界认定，文献中的随国就是周代青铜器铭文中的曾国。

从 1966 年 7 月在湖北京山坪坝镇苏家垄西周晚期墓地发现两件"曾仲游父壶"以来，经过 50 多年的努力，考古工作人员目前已经确定了曾国从西周初期建国到战国中期灭亡 700 余年历史中的 21 位曾侯，其中包含始封曾国但并未实际到任的南宫括（文献记载为南宫适）。

在这 21 位曾侯中，芈加的丈夫曾侯宝确定在春秋中期曾公畎之后、曾侯得之前。由于曾公畎和曾侯宝同埋在随州枣树林曾国墓地，从年代上看，两人有可能是前后相继的父子或兄弟，不过曾侯得埋葬在随州汉东东路墓地，除了时间上有前后外，目前尚无法判别二人的具体关系。

有多件青铜器上铸刻的两例铭文帮助考古学工作者进一步确认了芈加的具体身份,一是上述"随仲芈加"铭文,主要出土于曾侯宝及其夫人墓中随葬的编钟、匕、缶等青铜器上。铭文中的关键词语是"楚王媵随仲芈加",意思是说,楚王将女儿芈加嫁给了随国的二公子,因此作了这件陪嫁礼器。楚王送给随国的媵器出现在曾国的国君及其夫人的墓中,一是说明了随、曾本为一国,二是表明了芈加所嫁乃曾国国君曾侯宝,他在他家兄弟中排行老二。

▲　随州枣树林 169 号芈加墓铜缶铭文出土情况 [127]

确认芈加身份更加详细的材料是来自曾侯宝夫人墓中随葬的编钟铭文,学界称为芈加编钟铭文。在这篇铭文中,芈加自述说,当初曾国始祖南宫括做出了大禹那样的成绩,才拥有了曾国在南方这一块土地。她本是楚文王的孙女、楚穆王的长女,从楚国嫁到了曾国。她不敢行耻辱之事,而是配合楚国,安排了她儿子作为下一代曾王的即位

史无记载:考古发现的中国史

事宜。她心里藏着秘密，有自己的谋略规划，没有让曾国丢掉姬这个国姓，没有损害曾国的国家利益，更没有丢掉国家的主权和未来。

芈加感叹道："唉，恭公（"恭"是芈加丈夫曾侯宝的谥号）去世得早，我不得不亲自临朝治理国家。我收复了曾国原来丢失的那些边疆城邑土地，重新让曾国称雄'汉阳诸姬'。我命史官把这些功德业绩书写在典册之上。由于曾国重振雄风，四周方国之民就都纷纷来到了曾国。我得减轻少君主的治国重担，毕竟他还幼小，不太懂事。我在朝廷上也很尊重各位王公大臣。由于处理朝政事务迅速快捷，曾国逐渐就兴旺发达起来了。"

铭文最后一段是芈加说她铸造这些编钟的目的，这也是一般钟铸铭文撰写者共同的目的，就是宴飨群臣宗亲并为之祈福求佑。[128]

▲ 曾侯宝夫人墓中随葬编钟情况 [129]

仔细阅读芈加这段自述，有几个问题需要解释一下。

问题一，芈加说她是楚文王之孙女、楚穆王之长女，但按照《左传》《史记》记载，楚文王之后、楚穆王之前还有一个楚成王。也就是说，芈加实际上应该是楚文王的曾孙女、楚成王的孙女、楚穆王的女儿。那为什么芈加在这里不提楚成王而直接说她是楚文王的孙女呢？一般认为，这可能和楚成王谋逆篡位以及楚成王晚年被她的父亲楚穆王逼死有关。

公元前 675 年，楚文王死，长子熊艰继位。熊艰还有个一母同胞的弟弟熊恽。或许是熊艰担心弟弟抢他的王位，就千方百计要杀害熊恽。熊恽不得已逃亡到随国，后联合随人，潜回国内，偷袭熊艰并杀死了他。熊恽自立为王，这就是楚成王。

楚成王在位 46 年那年，打算将商臣立为太子，但心里拿不定主意，就找令尹子上商量。令尹是楚国所设最高官职，掌军政大权，相当于后世宰相一职。子上说，君王，您的年纪还不算太大，受宠的妃子又很多，废弃原来的太子会出乱子的。我们楚国确立太子，一般是选择年龄比较小的。再说商臣这个人，眼如毒蛇，声似豺狼，是个残忍成性的人，千万不能立他为太子！

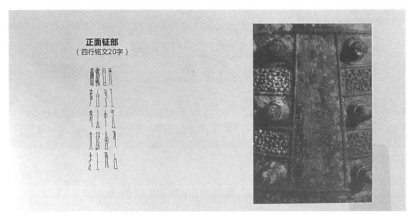

▲　芈加编钟正面钲部铭文及其摹本 [130]

史 无 记 载 ： 考 古 发 现 的 中 国 史

楚成王是个雷厉风行、自以为是的人，一旦拿定主意，十头牛也拉不回来，最后还是立了商臣为太子。可是后来觉得不合适，就又想废掉商臣而改立公子职为太子，商臣得到这个消息后，就在他的老师潘崇帮助下，发动政变，调王宫的卫兵包围了成王所在宫殿。成王和外界失去联系，知道大势已去，自己难免一死，就请求商臣让他吃了熊掌再死，但商臣根本不朝理他。成王无可奈何，自缢而死。商臣即位，这就是楚穆王。时为公元前625年。

芈加在铭文中未提及她的祖父楚成王，或许就是考虑到了成王与她父亲这段不光彩的历史。

问题二，上述刻有"楚王媵随仲芈加"字样的青铜鼎经鉴定，时间为春秋中期，是楚王嫁女于随国的陪嫁用鼎，说明芈加出嫁时，她的父亲楚穆王还健在。但芈加在铭文中自述她是穆王之长女时，用的是"穆之元子"这样的词语。穆是楚王商臣死后的谥号，说明彼时楚穆王已死。"元子"就是最大的孩子，所以芈加还应该是楚穆王之子楚庄王熊旅的姐姐。换句话说，芈加在丈夫曾侯宝去世后临朝执政时，正是她的弟弟楚庄王在楚国执政的时候。

▲　芈加编钟

楚庄王是在楚穆王十二年（前613年）穆王去世后即位楚国大统的，彼时他的年龄尚不足20岁，楚国内部矛盾重重，还爆发了公子燮与公子仪的叛乱。但他以静制动，表面上沉湎于酒色之中，实际上是在潜心笃志、养精蓄锐，最后"三年不鸣，一鸣惊人"，重用伍举、苏从等忠直之臣，一举平定了叛乱。随后消灭了前来进犯的庸军，反攻入庸国，将庸国地盘收入囊中。楚庄王还任用孙叔敖为令尹，大力发展经济，充实国库，提高了国力综合水平。然后乘势北进，向当时的霸主晋国发起挑战。开始阶段双方互有胜负，但在楚庄王十七年（前597年）进行的邲之战中，楚国大获全胜。楚国由此声威大震，国势日强，而晋国的威信日益下降，霸主地位已经是有名无实，摇摇欲坠。不久之后，楚庄王又灭掉萧国，连续三年攻伐宋国，迫使宋国向楚国求和。楚国所向披靡，笑傲群雄，终成春秋一霸。

楚国如此强势，处在其卧榻之侧的曾国自然随时都有葬身虎口的危险。可能正是在这种形势下，芈加利用她和楚庄王一母同胞的特殊关系，配合楚庄王，安排了曾国王位的更替，由她以母后的身份替少君主临朝执政。芈加是拥有大智慧的巾帼英雄，并没有因为自己是楚国人，就完全听命于楚庄王，而是把振兴曾国、保留曾国姬姓的秘密藏在心中，暗中实施自己的兴国计划，为曾国后续的传承和发展做出了重大贡献。

从这个意义上说，芈加时期曾国虽然在表面上背叛周王室成了楚国的附庸，实际上却是为了曾国的救亡图存而努力。其实，在楚庄王称霸时代，中原那些自命为周姬正统传人的诸侯国，如郑、蔡等国，又何尝不是楚的附庸。时也，势也。

问题三，芈加说："我收复了曾国原来丢失的那些边疆城邑土地，重新让曾国称雄'汉阳诸姬'。"这也就是说，在芈加之前，曾国有不少边疆城邑土地被他国侵吞掉了，曾国也因此失去了"汉阳诸姬"之伯的地位。那么，为什么曾国会失去这些边疆城邑土地，并进而失去"汉阳诸姬"之伯的地位呢？

▲ 芈加编钟组合

　　根据曾公畎编钟铭文记载，西周昭王南征时，曾驻扎在曾国发布征伐之命，曾国为昭王南征立下了卓著功业，所以周王赐给曾国先公斧钺，用以征伐南方不驯服之方国。这可以看作是曾国"汉阳诸姬"之伯确立之始。

　　由于曾国这一特殊的地位和相对较强的国力，曾国就成了楚国在南方扩张称霸的绊脚石。《左传》记载，楚国先后在前706年、前704年和前690年三次讨伐随国，第一次随国战败，随侯被楚王逼迫代他去向周王室请王号，后两次也都是以楚国获胜强迫随国签订屈辱盟约告终。随国事实上是一直在被楚国摁着打，被迫一步一步地从"左右文武"转变为楚附庸。这期间，有多少土地被楚国侵吞，文献无载，青铜器铭文也没有相关的记录，但肯定会有不少，这大概就是芈加说她收复了曾国原来丢失的那些边疆城邑土地的背景所在。

　　总而言之，芈加用自己的忠诚和智慧为曾国觅得了一条生存和发展的道路，不仅保全了曾国的姬姓国脉，还使得曾国在她之后又延续了 200 多年，直到战国时期才灭亡。

芈加是考古发现的中国历史上第一位临朝执政的女性，曾国的历史因她而改写，中国的历史也因她而平添了一抹靓丽的女性之光。

创造 186 殉人记录的秦景公墓

一

凤翔位于关中西部、宝鸡市东北，古称"雍"，乃西周龙兴之地、嬴秦创霸之区。传说秦穆公有女叫弄玉，擅长吹笛，引来隐士萧史。萧史善于吹箫，知音相遇，终成神仙眷侣。后来，二人携带碧玉笙和赤玉箫一同驾着祥云飞入皓月太空："人吹彩箫去，天借绿云迎。曲在身不返，空馀弄玉名。"（李白《凤台曲》）唐时取此意更名为凤翔。

从秦襄公被周平王赐以岐（今陕西岐山东北）西之地，在西犬丘（今甘肃礼县）得封诸侯，止于秦始皇在咸阳称帝，秦先后迁徙 9 处为都，其中雍城是第 6 处都城。秦迁都至雍城，使秦国从早期以血缘为纽带的封国逐步走向地缘政治的王国与帝国。《史记·秦本纪》记载，自德公元年（前 677 年）迁都栎阳起，秦国共有 20 个国君享国于雍城，历时 294 年。后来，随着秦都迁往咸阳，这座曾经的都城就慢慢地在人们的视野中消失了，甚至在地面上都没有留下一丝痕迹。

1974 年，因为秦始皇陵兵马俑的发现，关中大地再一次成为人们关注的焦点，在这种情况下，陕西省考古研究所于1975年组建了一支考古队，开赴凤翔，开始了寻找雍城的旅程。

西晋皇甫谧在《帝王世纪》中记载："秦宁公葬西山大麓，故号秦陵山也。"唐代李泰主修的《括地志》也说："秦宁公墓在岐州陈仓县西北三十七里秦陵山。"陈仓是宝鸡古称。这两种史籍提到的秦陵山就是凤翔区现在的灵山，所以考古队就据此先从灵山着手进行勘察。[131]

中国在春秋战国以前，墓葬不起"坟头"，也不矗立墓碑。这给考古队寻找相关遗址遗迹造成了一定困难。1970年代，中国的考古技术还很落后，还没有现在这样先进的电子勘测设备，主要是靠洛阳铲一类的原始工具，一铲一铲地打下去，再提出土样来勘察遗址具体土壤累积和文物储存情况，考古人员辛苦不说，效率也很低下。因此，考古队忙碌了一年多，在田野里打了无数个洞，却没有发现关于雍城任何的蛛丝马迹。

就在考古人员束手无策的时候，当地一个农民找上门来，告诉他们一个特殊情况。这个农民说，他是凤翔南指挥村人，他们村里有一块土地，一年四季无论雨水多寡，庄稼都长不成样子，也不知道什么原因。前段时间，他想挖一些土来修补家中的墙院，就来到了这块荒地，但是铁铲铲出来的泥土里不只是平常所见的黄土，还夹杂着一些颜色深浅不一的土块和碎石，非常坚硬，与周围黄土颜色明显不同。该农民回忆说，挖土时铲子都铲弯了，别的土地铲上1厘米地皮就铲开了，而这片地起码要铲5~6厘米都不一定能铲开。

这是一个异常重要的情况！职业的敏感让考古工作人员立即做出了判断。他们随即请该农民带他们前往那块土地。到达后发现，这块地上的庄稼长势确实比别处要差很多。他们仔细观察了农民铲出来的那些泥土，虽然与周围泥土的土质和颜色不一样，但与那块土地边缘土壕断壁上裸露出来的泥土很相似，是考古学意义上的五花夯土。

所谓五花夯土，不是五种颜色的夯土，而是指有别于周围生土的土质和土色，由生土和墓内的青膏泥（亦称白膏泥）或木炭等结合而成的几种颜色并存的人工熟土，是人工夯打的墓葬或城墙等遗迹的特殊标志。一般来说，发现夯土就基本上等于发现了考古遗存。五花夯土的发现，让考古队员们惊喜异常，这真应了那句老话："踏破铁鞋无觅处，得来全不费工夫"。他们马上着手对那道土壕进行测量。土壕呈南北走向，在中部形成一个弧形，宽度大约 40 米，两侧最浅的地面深约 1.8 米。

这是一个出乎大家意料的结果，因为之前的中国考古，还没有谁见过有超过 40 米宽的夯土断面。说是夯土城墙遗址吧，太宽；说是古代墓葬吧，太大。但作为一处文化遗存，该是确凿无疑的事实。后来，考古队又做了进一步的实地勘测，发现这处遗址呈正方形，占地面积大约有 5000 多平方米，相当于国际标准足球场地 2/3 那么大。排除了墓葬，排除了城邑，那是什么呢？时任考古队长的韩伟认为，应该是一个说不清楚、道不明白的地下工程。

考古队调来钻探机，钻头往下探去，陆续出现了白膏泥、木炭、樟木、朱砂……一直探到地下 24 米深时，才见到原生的黄土层。显然，这是一座古代墓葬。韩伟在推翻了原来的想法后，翻诸古籍，再联系到这块遗址 5000 多平方米的面积，推定是一座秦国国君大墓。但到底是哪位秦君，谁也说不来，因为古籍文献没有这方面的记载。

二

由于位居凤翔南指挥村的这座大墓是整个雍城发现的第一座大墓，因而被编号为秦公1号。1976 年 12 月，秦公 1 号大墓正式开始发掘。[132]

经过几个月的挖掘与清理，考古队首先摸清了这座大墓的大致情形：墓葬系东西走向，全长 300 米，其中东墓道长 156 米，西墓道长 84.5 米，墓室长 59.4 米，南北宽约 38.8 米，墓室面积 5334 平方米。这是个什么概念呢？此前发掘的安阳殷墟的王陵最大墓葬室内面积只有 450 平方米，著名的长沙西汉马王堆 1 号大墓也不过 340 平方米，也就是说，秦公 1 号大墓仅墓室面积是殷墟王陵最大墓葬室内面积的 12.3 倍，比晚于它 400 年的长沙西汉马王堆 1 号大墓大 15.3 倍，是迄今为止所发现的商周时期占地面积最大的墓葬。

整个墓葬主体分作三层，在地平面向下约 10 米处是第二层，再往下延伸 14 米就是第三层。墓葬是由两条斜坡式的墓道和一个长方形墓室构成的超级大墓，呈现出的是一个"中"字形结构。根据周代墓葬规制，天子墓葬是"亚"字形结构，诸侯是"中"字形结构，士大夫是"甲"字形结构，从这个意义上来看，这座"中"字形大墓的墓主人是某代秦君，确凿无疑。

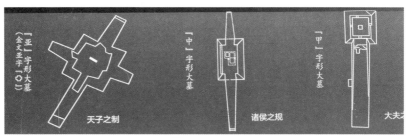

▲ 周代天子、诸侯和大夫墓葬规制 [133]

史无记载：考古发现的中国史

摸清墓葬的大致情形，让考古人员浑身充满了劲头，毕竟能发掘这种史无前例的先秦大墓对考古人来说是可遇不可求的，多少有些幸运的味道。但挖到3米深左右的时候，意想不到的发现又让大家的脊背透出了一阵阵凉气，因为发现了盗洞，而且是一个接着一个，总共有247个。如此多的盗洞集中出现在一个墓葬中，在中国古墓盗掘史上恐怕也是空前绝后了。这些盗洞或是圆形，或是椭圆形，大多为唐宋时期所挖，其中有1/3仅挖了一半就不知道什么原因停止了，大部分挖到了二层台，还有10多个盗洞直接通进了墓室——这是后话了。

这么多盗洞的出现，意味着墓葬里面珍贵的随葬品可能被洗劫一空了，这对满怀希望的考古人员来说，是一件很悲催的事情。好在根据以往的经验，墓主的信息一般都能从墓中出土的青铜器铭文中破解出来，因此，大家重新拾起信心，寄希望于那些盗墓贼能在匆忙慌乱之中，丢下几件带有铭文的青铜器，那将会对他们的工作起到很大的帮助作用。

再继续挖。在挖到二层台基的一处盗洞时，他们发现了一颗嘴部大张的人头骨，似乎在死前有过声嘶力竭的呼喊。距离头骨不远，还随便扔着一节折断的腿骨残骸。再继续深挖。一具又一具的人骨遗骸不断地出现在大家面前，总计有20具。这些骨骸多有伤残现象，有不少是身首异处，而且多半没有棺材，所摆放位置更是横七竖八、杂乱无序。联系到文献记载和殷墟考古发现的人祭现象，大家推断这20具尸骨是人牲，他们生前的身份可能是奴隶或战俘。这种情况是一种坑葬行为，这片区域就是祭祀坑。

更骇人的是，在第三层亦即最下面一层台基的泥土里，陆续发掘出166具匣子和箱子状的棺材，均为1人1棺。其中，箱棺94具，匣

▲ 秦公1号大墓里的殉箱[134]

棺82具。箱棺所用木板大而宽厚，集中分布在紧邻椁室的中心地带；匣棺所用木板薄而窄小，分布在靠近墓室四壁的外围。打开这些棺材发现，里面的骨架基本完整，没有身肢残缺现象，但尸骸下肢，无一例外全都呈现出的是诡异的蜷曲状。仔细观察，都是用绳索捆绑过的，有不少还能看到绳索腐朽的痕迹。考古人员经过测量发现，死者的股骨和胫骨大都被并成了45°的形状。

专家们提取了死者头骨上粘连的毛发，随后进行了检测，结果令所有人大吃一惊，原来这些死者的毛发内竟然含有高浓度的汞和砷元素。汞即水银，砷就是人们常说的砒霜的组成元素。这意味着他们在死前吃喝了大量带有水银和砒霜的饮料、食物。从这个情况看，他们都是受迷惑自愿为墓主人而献身的殉葬者。

一般认为，殉箱里的死者是墓主人的妻妾嫔妃、近侍大臣，他们的地位较一般人要高，所以所用葬具也相对豪华一些，且环侍在墓主人近旁周围。而装殓在木匣里的死者，应该是侍候主人的侍女、太监和护卫等地位比较低的一类。

这些殉箱和殉匣上都用朱砂写着文字和编号，整整齐齐地排列于墓室周围。殉箱制作更为考究一些，箱上不但涂漆，而且还绘有精美的花纹图案。殉箱里的尸骸上或旁边，发现有金串珠、绿松石串珠和玉璜、玉璧等贵重礼品。而匣殉者葬具简陋，随葬品更多是一些用来侍候主人的日常用具和工具。

殉葬者的尸骸下肢之所以全都呈现出诡异的蜷曲状态，有人认为同秦国盛行屈肢葬有关。所谓屈肢葬，是指在人刚死时用绳索将其下肢向上蜷曲捆绑起来，然后放入棺中埋葬。古人认为，人生前在娘胎里就是蜷曲的姿态，所以死后依旧保持这种姿态可以轮回重生。但就秦公1号大墓而言，应该不是这种情况，更多的学者认为，这些殉葬者跪在墓主人周围，表达的是忠于主人的思想，是封建社会"忠君"思想在阴间的另一种体现。

在这座大墓里挖出人殉和人牲并不奇怪，秦人盛行人殉人祭在史籍中已是公开的秘密，譬如《史记·秦本纪》就记载，公元前667年，秦武公入葬时，"初以人从死，从死者六十六人"；公元前621年，秦穆公入葬时，从死者达177人，其中除身份卑微的臣妾奴才之外，还有地位较高的贵族官僚。只是这座大墓一下子清理出了186个人殉和人牲，文献中却没有任何与之相关的记载，这让考古人员对墓主人的身份更是陷入一头雾水之中。

在大墓第三层台基的南北两侧，各矗立着一根长2厘米、直径40厘米的木桩，木桩上面是一个直径15厘米人为开凿出来的空洞。这种情况在中国考古史上还是头一次遇到。考古人员后来借助于文献才解开这个谜团，原来，这两根木桩叫作木碑，是在举行盛大的棺材下放仪式时，用来缠绕拽放棺材的绳索，起一个辘轳滑轮的作用："天子千人，分置于六绋，皆背碑负引，击鼓以为纵舍之节。"（《周礼注疏》卷十一）意谓用 6 根纤绳一头缚住棺材，另一头由大夫、士大夫以上的大臣拉着，以击鼓为号，逐步把棺材放入墓穴。

▲ 秦公 1 号大墓里的木碑

木碑在汉代以前只是一种把棺材吊入墓穴的工具，天子使用的称"丰碑"，诸侯使用的称"天碑"。由于木碑不够结实，后来的人们便以石碑代之，再后来又在石碑上刻下墓主的姓名作为纪念，此后逐渐发展为在碑上刻下墓主生前的事迹，以作宣扬表彰，这就成了我们现在所说的墓碑、墓志。

秦公 1 号大墓出土的两块木碑，在我国先秦古墓中是第一次发现。

清理完这些殉箱和殉匣，考古队员们开始清理椁室周围用来保护棺椁的防腐物，主要有两层，里面是较为厚实的木炭保护层，最厚处达到了 3.3 米，外面是涂抹在木炭保护层上 2.3 米厚的青膏泥。

史无记载：考古发现的中国史

三

清理完青膏泥和木炭保护层，一所巨大而完整的主椁室出现在了人们面前。这是一所长 14.4 米、宽 5.6 米、高 5.6 米，面积达 90 平方米的"木屋"，顶部覆盖着三层梓木，都是质地坚硬的柏木，每根长 6 米，重三四百公斤，共计 150 多根。周礼规定：天子"柏椁以端长六尺"（《礼记·檀弓下》），而身为诸侯的秦公梓木竟达到了 6 米，虽然我们现在无法确定周代的 1 尺等于现在的多少米，但不会高于 1 米却是可以确定的。我在前文《"霸国"的秘密》中已述及，秦朝 1 尺大约等于现在的 23 厘米，6 尺就是 1.38 米，秦原是周王朝下属的一个诸侯国，所以秦的尺子应该与周王朝差不多。显然，这位秦君僭越了礼制，公然享受起了天子才能享受的待遇。

主椁室西南还设有一所副椁室，长 7 米，宽 4 米，高 2.6 米。主、副椁室全都由一根根四方柏木头套接而成，木头两端皆有榫头伸出，凑成长方形如同柜子一般的形制。这种用木头垒起来的椁室墙壁在史籍中称"黄肠题凑"，是流行于秦汉时期的一种特殊葬制，其使用者主要是帝王及其妻妾，还有皇帝特许的宠臣。《汉书·霍光传》记载："光薨，上及皇太后亲临光丧……赐……黄肠题凑各一具，枞木外臧椁十五具"。三国时魏人苏林注云："以柏木黄心致累棺外，故曰黄肠；木头皆内向，故曰题凑。"因柏木是黄心，故曰黄肠，指的是墓葬的材料和颜色；因木头皆指向棺椁内部、捆绑在一起，故曰题凑，指的是墓葬的形式和结构。黄肠题凑是西汉中期才出现的名称，在此之前，称为题凑。

对于这种葬制，《礼记·丧大记》郑玄注云："天子之殡，居棺以龙辀，樽木题凑象椁。"也就是说，在周代，只有天子才能享用这种葬制，大墓的墓主人按天子的规格下葬，属于僭越礼制之行为。

▲　秦公1号大墓"黄肠题凑"[135]

有"黄肠题凑"的汉墓已经发现了不少，譬如北京大葆台燕王旦墓、长沙陡壁山西汉曹嬉墓等，但属于战国时期的"黄肠题凑"墓葬，这是第一次发现。

大墓主、副椁室所用每一根柏木的横截面都是边长为21厘米的正方形，柏木两端的中心还各有21厘米长的榫头。椁室所用柏木分为两种，一种长5.6米，重约300公斤；一种长7.5米，重约700公斤。最令人惊叹的是，整个椁室都是用柏木互相套接而成，没用一枚铁钉，可见当时木工技艺之高超。

在主椁室之外设副椁室放置随葬品，叫"外藏椁"制，在西周、春秋早期是没有的，直至春秋晚期才出现，如湖北随州著名的曾侯乙墓，就是"外藏椁"制的一个代表。另外，在山东地区也发掘过几座这样的墓葬。这表明秦国丧葬制度的演进，与彼时东、南方各国基本

　　　史无记载：考古发现的中国史

是同步的。

上文已经谈及，有 10 多个盗洞直接通进了椁室，所以在打开椁室前，考古人员是做了足够的思想准备的。但即便如此，打开椁室那一刻，大家还是不免倒吸一口凉气：由于盗洞的侵扰，椁木大多坍塌，砸烂了主棺，棺内外劫余随葬品混在了一起。再加上 2500 年时光的摧残，墓主人的尸骸大都腐朽，考古人员只发现了一些颚、肢等人骨和少量的绢麻等衣物残片，还有就是残碎的棺木和留在棺木上的骨钉等。考古人员本来寄希望于在椁室中找到有铭文的青铜器，以便获知墓主人的相关信息，这一愿望不幸落空了。

但失之东隅，收之桑榆，考古人员在劫后余存的文物中，发现了 34 块石磬和 100 多块石磬碎片，其中 17 块残片上共刻有 190 余字。石磬是古代石制的打击乐礼器，4000 多年前被视为尧舜合都的陶寺遗址中就有出土，西周时期演变为王权的象征，成为天子的专属乐礼器。春秋战国时期，天子式微，礼乐崩坏，诸侯们无视周礼的规定，开始使用石磬演奏宫廷乐曲，石磬也因此从单件变成由多件组成的编磬，成为诸侯宫廷礼乐、宗庙祭祀、朝会宴飨等重大场合奏鸣必不可少的重要乐器之一。

编磬就像编钟一样，如果上面刻有文字，一般都能够前后连接起来，连贯成一篇完整的文章。考古人员在这座大墓里发现的石磬是由低、中、高音三部分组成的一套完整的编磬，上面都刻有多少不一的文字。考古队员们失落的心情马上又提了起来，找不到带有铭文的青铜器，这些石磬上的文字说不定也能成为解开墓主身份之谜的钥匙呢。但面对着石磬上那些蝌蚪一样的文字，他们也一筹莫展，最后请来古文字专家——破译，才揭开了谜底。

▲ 秦公 1 号大墓墓室结构复原图

　　石磬上所刻文字是大篆，字形古拙圆润，刀笔流畅，乃秦国统一六国前所使用的官方文字。秦统一六国后颁布使用的小篆，是在大篆籀文的基础上进行简化而形成的文字。仔细观察，这些大篆铭文中，有不少字的结构和篆法都留有后来小篆的笔意。这就是说，在秦始皇将小篆作为全国统一文字以前，曾经有一个大篆中掺以小篆的过渡阶段，小篆集大成者李斯只不过是对此进行了整理、改进和部分创造而已。

　　石磬铭文中有"天子匽喜，龚桓是嗣，高阳有灵，四方以鼎"16个字，不但解开了墓主人身份之谜，还为我们揭开了秦人远祖的出身之谜。

　　解开墓主人身份之谜的密码集中在"龚桓是嗣"这 4 个字上，"龚"即"共"，是指秦共公（？～前 605 年），乃秦立国以后第 11 任君主；"桓"指秦桓公（？～前 577 年），秦立国以后第 12 任君主。"龚桓是嗣"的意思是说，墓主人是继承了秦共公和秦桓公君位的人。在《史记·秦本纪》等文献记载中，继承了秦共公和秦桓公君位的人是秦共公之孙、秦桓公之子秦景公嬴石。嬴石具体出生年月不详，即位时间是公元前576年，于前537年去世，在位时间长达39年，是雍城20位秦君中在位时间最长的一位君王。这也就不难理解为什么这座大墓修建得如此庞大、豪华，以至于成为考古所发现的商周以来最大的一座墓葬了。

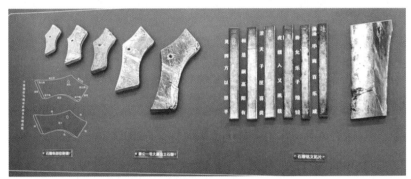

▲　秦公1号大墓所出部分石磬及其铭文拓本

揭开秦人远祖出身之谜的密码隐藏在"高阳有灵"这4个字中。《史记》记载，"高阳"是五帝之一颛顼的号。但颛顼并非一个具体的人，而是一个远古部族的名称，也是这个部族数代领袖的统称。颛顼部族属于东夷族群，后来向西扩张到中原地区，与中原族群融合，创造出了丰富而灿烂的华夏文化，颛顼也因而成为华夏始祖"五帝"之一。关于颛顼族群的诞生、演变、发展和壮大，我在《前中国时代》一书中通过近百年来的考古学成果做了系统的梳理和详尽的阐述，在此不再赘述。"高阳有灵"表明秦人以颛顼高阳氏的后裔自居，同司马迁在《史记》中关于秦人是颛顼后裔的记载是一致的，这也成为秦人源于华夏和东夷部族之说新的依据。

搞清楚了这两个重要的问题后，石磬残片所记内容就清晰起来，大概意思是说：秦景公嗣承秦共公和秦桓公的君位，举行了盛大的"加冕"仪式，乐器齐奏，气氛隆重而热烈。周天子也亲自前来参加了仪式，显得分外高兴，他认为，由秦景公继承秦共公和秦桓公的君位是合乎礼法的。

或许正是因为石磬上的铭文记录了秦景公继承君位的合法性，才会被他如此重视，以至于死后都还要将这套石磬放在身边。

四

就在发掘秦公 1 号大墓的同时，陕西省考古所又对秦雍城遗址进行了全面的勘探和发掘，经过 10 多年的努力后，这座秦国早期都城逐渐显露出了其本初的面貌。[136]

秦雍城可分为地上和地下两个世界。地上世界就是雍城地面建筑，是秦国统治者生前治理"天下"的宫殿园囿、宗庙城池，位于宝鸡市凤翔区南郊。雍城城垣平面呈不规则方形，城区面积约 11 平方公里，规模超过了当时东周洛阳王城的面积。目前已发现宗庙、朝廷等 20 多处建筑基址和 8 条纵横交错的城市大道。雍水绕城东南，凤凰泉濒临城北，西面还有城壕防御。结构复杂，布局清晰，防御森严，有条不紊。

雍城城区中部偏南马家庄一带春秋时期的建筑群中，迄今已发现了三个大型宫殿区，考古人员根据《史记》记载推测，可能分别是秦国早期国君居住的"雍太寝"、春秋中晚期秦国国君居住的"雍高寝"和战国时期秦躁公及其以后国君居住的"雍受寝"。

另有一个全封闭式的建筑群，设有大门、中庭、朝寝、亭台、厢房（左昭右穆）等，从揭露的灼墙基遗址可以判断出，是秦人的宗庙遗址。宗庙是古代国家最神圣的地方，军国大事都在这里决策，正所谓"国之大事，在祀与戎"（《左传·成公十三年》）。春秋时期的宗庙和宫殿，在建筑结构上并没有什么严格的区别，同样一座建筑，国君居住就是宫殿，祭祀祖先就成了宗庙，两者区别的标志，就是散布在中庭的祭祀坑。迄今为止，这里已发现181个祭祀坑。从坑里挖出来的骨骸经分析，有牛、羊、人、车马等，另外，还在坑内发掘出了玉器、骨器、漆器、陶器和金银器等祭祀礼器。

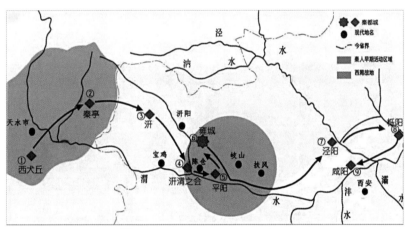

▲　雍城地理位置示意图[137]

在雍城内中部偏西一处断崖上，发现了一个凌阴即冰窖遗址。冰窖的底部铺有一层砂质片岩，并建有回廊和槽门。考古人员根据窖穴体积计算，可藏冰190立方米。《诗经·国风·豳风》收有一首《七月》，描写了秦国大地的社会风俗，其中就有"二之日凿冰冲冲，三之日纳于凌阴"这样两句，意思是说，腊月里将冰凿出，正月里再将这些冰块藏进冰窖。

在雍城内东端瓦窑头遗址发现了春秋时期大型建筑遗址 1 座，残存面积近 2000 平方米，出土器物标本 500 余件。主要是建筑材料，均为泥质灰陶，如槽形板瓦、筒瓦、半圆形瓦当等。其中 183 件器物表面上刻有文字和符号，文字如"五""十""又""工""木""火"等。刻画符号长 1.3～6.6 厘米、宽 1～5.4 厘米。专家认为，这些刻画符号可能是物勒工名的早期形态。考古人员确定瓦窑头建筑遗址的时代为春秋中期早段，是目前发现和确定的秦雍城时代最早的建筑遗址。根据其偏居城址区东端、布局结构简单、无回廊和散水等设施、建筑材料尺寸也比较小等特点，推测是一处府库遗址。府库是国家收藏文书、财物和兵器的地方。[138]

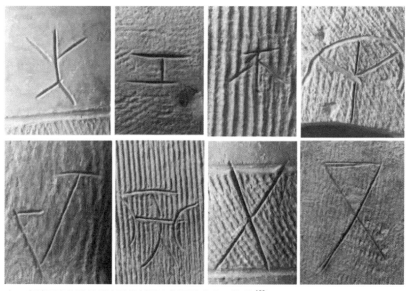

▲ 雍城瓦窑头遗址所出建筑材料上刻画的文字、符号 [139]

在雍城北城墙南面偏东 300 余米处，发现了一处战国时期的大型市场遗址——"市"。这是一个四周筑有围墙的封闭式露天市场，四面

史无记载：考古发现的中国史

围墙中部各开有一座"市门"。东西长约 180 米，南北宽约 160 米，面积约 3 万平方米。考古人员在这里发现了一件带有"咸阳里"字样的陶器底部残片，意味着这件陶器可能是由咸阳贩运到雍城来销售的陶器。在"市"附近，还发现有夯土建筑基址，推测是秦汉时期的蕲年宫和棫阳宫遗址。

在"市"西边 10 米的地方发现有两道南北向的车辙，考古工作者循此勘察发现，城内有南北向和东西向各两条大道，相互纵横交错，每条长约 3 公里。可见，2500 年前的雍城是一座宫殿巍峨、市场繁华、四通八达的宏大城市。

雍城地下世界就是秦公 1 号大墓所在的秦公陵园，乃秦国国君死后葬身的冥幽之都，位居雍城南郊风景区北园。秦公陵园规模宏大，东西长 7 公里，南北宽 3 公里，比河南安阳殷王陵区面积大了足足 180 倍。陵区四周环绕着大型护陵壕沟，周长 10 多公里。整个陵区共发现有 18 座"中"字形秦公大墓、3 座不明身份的"甲"字形大墓，还有若干中小墓葬。所有墓向一律是面东背西，呈雁翎形排列，错落有致。分别以 18 座"中"字形大墓为中心，陵区内部又可分为大小、形制不同的 13 座小陵园，每座小陵园又都有双层或单层护陵壕沟环绕。

与 21 座大墓相配的是 21 处埋有真车真马的车马祭祀坑，每坑平均长约 50 余米，其中最大的长达 116 米，宽 25 米。另外，还有为数不少的殉葬坑。

整个秦公陵园，所有大墓上都不见封土（即坟头）和与之相关的木石标帜，这与《易经》所记"古之葬者……葬之中野，不封不树"情形完全一致。试掘发现，在当时的陵园中部，曾建有一座宏伟壮观的殿堂。其中一座中型殿，长 73 米，宽 25 米，面积 1825 平方米，是标准篮球场面积的 4.3 倍还多。

秦公 1 号大墓是 1976 年底在雍城发现的第一个"中"字形诸侯等级的墓葬，也是这个陵园中 18 座"中"字形大墓中最大的一座，称它为秦公一号大墓名副其实，尽管当初命名者可能并没有考虑到后面这个因素，仅仅是从挖掘时间顺序上给它编的号码。

秦公 1 号大墓虽然从唐朝开始就屡屡受到盗墓贼的侵扰洗劫，但就是在这种情况下，考古人员还从中发掘出了劫后所余 3500 件文物，包括铁铲、铁锸、金兽、金车马饰、玉璜、玉圭、玉璧，以及各种残存的青铜器、漆器和丝织品等，这些文物都是当时秦人所能生产和搜罗到的最高级、最贵重的祭祀礼品。

▲ 雍城遗址布局示意图 [140]

　　　　　　　　　史无记载：考古发现的中国史

我们设想一下，如果这座大墓没有历经 274 次的盗掘，那其中陪葬的祭祀礼品该会有多少？1 万？5 万？10 万？以它创造先秦史记录的 5334 平方米的墓室面积、周秦时代最多人数的殉葬、最高等级的黄肠题凑椁具、中国墓葬史上最早的木碑实物和目前中国发现最早刻有铭文的石磬这些"最"来看，其随葬品数量超过 10 万是很有可能的。

秦公 1 号大墓和秦雍城遗址的发现发掘至少给了我们两点启示：

一是秦国能够在战国末期一统天下并不是偶然，而是历代秦君发展经济、疯狂扩张的结果。秦景公能够在死后享受如此豪奢的待遇说明，彼时的秦国经济发展水平已经很高，包括冶炼铁器等手工业在春秋各国中都处于领先水平，因此秦国能成为春秋五霸之一实是历史发展的必然结果。而大墓中出现的大量僭越周礼的情况表明，至少从秦景公开始，秦国国君就生发了吞并天下、统御四方的勃勃野心。秦始皇只是秦君问鼎天下这个链条中的一个重要环节而已。

二是秦始皇不顾天下百姓死活，穷奢极欲地为其打造史无前例的巨型墓葬，也并非一时心血来潮，而是其祖先留给他的一个"传统"。这样的"传统"既刺激了他无止境的占有欲望、扩张欲望、统治欲望，同时又在无形之中给他和他的先任们培养了一批批潜在的掘墓人。当天下忍耐力达到极限的时候，秦人看似庞大而坚固的帝国大厦，其实早已摇摇欲坠，所以当陈胜、吴广们起而反抗、振臂一呼的时候，秦国历代君主苦心经营数百年的基业便在顷刻间化为乌有。正所谓：

族秦者，秦也，非天下也。嗟乎！使六国各爱其人，则足以拒秦；使秦复爱六国之人，则递三世可至万世而为君，谁得而族灭也？秦人不暇自哀，而后人哀之；后人哀之而不鉴之，亦使后人而复哀后人也。[（唐）杜牧《阿房宫赋》]

里耶秦简：秦代社会实录百科全书

　　里耶是位于湖南省龙山县南部的一个小镇，处于湖南、湖北、重庆和贵州四省市交界地带。这里是土家人滥觞和绵延生息之地。"里耶"就是土家语"里也"的谐音，意为"耕耘地方"或"开辟这块土地"。

　　里耶最早的历史可以上溯至春秋时期，属楚国管辖。战国晚期，这里成为秦、楚两国交锋的前沿阵地。随着秦、楚战争胜利天平的倾斜，里耶的归属也出现了多次变化，直到秦始皇灭掉楚国、扫平天下以后，里耶才结束了在归属上摇摆不定的历史，成为大秦帝国黔中郡迁陵县邑所在。

　　1996 年，国家重点工程碗米坡水电站开始筹建，按惯例，湘西州文物管理处对这一带进行考古调查，结果在里耶小学校园内发现了一座战国至秦汉的古城遗址。古城临江而建，紧靠酉水，占地面积 2 万多平方米。夯土城墙、护城河、房屋建筑、排水设施和多座古井有秩序地分布在城址内外，共同构成了一个完整的城市系统。

　　奇怪的是，这座古城在中国历史典籍中，没有任何记载。

▲ 里耶古城遗址 [141]

　　2002年4月17日，湖南省文物考古研究所联合湘西自治州及龙山、保靖两县文物部门，对龙山县里耶镇防洪大堤涉及的这座古城遗址进行了抢救性考古发掘。在里耶战国古城遗址的发掘中，考古人员发现了三口古井，分别编为1、2、3号。其中1号井建于战国时期，废弃于西汉时期，原是一口饮水井。井口呈方形，系用木板套榫在直径4米多的井圈上层层叠砌而成，共有43层。井深14米多，井口距现在地表有3米，井口四壁2.1米见方，井身以下往外扩充至底，达到了20米见方，这种修筑方法极为考究，考古中并不多见。

　　考古人员从1号井清淤到第5层时，发现了一批简牍，其中除有一枚楚简外，其余全是秦简。令人意想不到的是，就从这一层开始，直至井底17层，层层都有秦简出土，总计37400余枚，累计20多万字。一次出土这么多简牍，且是2200年以前极为难得的秦简，在中国考古史上绝无仅有。

史无记载：考古发现的中国史

这些简牍绝大部分为木质，少量是竹简。木简形式多样，大部分长在22～27厘米之间，也有一些达到了50厘米；宽一般在1.5～7厘米之间，个别的有10厘米。除此以外，还有一些呈不规则形状。[142]

　　简牍除极个别属于楚国外，绝大部分都是对秦朝黔中郡迁陵县当时行政管理等实际情况的记载，纪年从秦始皇二十五年（前222年）开始，至秦二世二年（前208年）结束，总计15年，没有短缺，基本上囊括了秦王朝整个历史过程。秦简的性质虽然是秦国洞庭郡下辖的迁陵县档案，但内容涉及秦代政治、军事、农桑、百工、货殖、赋税、徭役、法律、财政、邮政、地理、交通、民族、文化、职官、历法等方方面面，其中有相当一部分内容为史上首见，不但丰富和充实了秦朝的历史，填补了《史记》《汉书》中有关秦朝历史留下的空白，而且在一定程度上改写了秦朝的历史，因此被人誉为"一个百科全书式的实录""一个全息式的思维空间"。

▲　里耶秦代简牍实物 [143]

下面试举几例做个简要说明。[144]

例1：《史记·秦始皇本纪》记载秦始皇扫平六国、统一中国后实行了"车同轨，书同文"的政策，但历代以来人们更强调的是统一字体的使用，即文字学意义上的统一，而忽视了语言学意义上的统一。出自1号井第8层的461号木牍，就有秦王朝明确要求统一职官、法律、名物、专属称谓的部分记录，如"毋敢曰王父，曰泰父"，这里的"王父""泰父"都是祖父的意思。"王父"可能是战国时期不同国家或地方用语，后者是秦人用语，所以要求各地统一称呼祖父为"泰父"。

再如"毋敢谓巫帝，曰巫"，意思是不要称巫师为巫帝，只能称巫。为什么会出现这样的规定呢？推测应该与秦始皇称始皇帝有关——不管是"皇帝"，还是分开以后的"皇"和"帝"，都只能是他和他的后继者们的专属御用名词。与此相关的是"以王令曰以皇帝诏"这一称呼要求，"王令曰"是战国时期对诸侯王及其命令的尊称，既然自称皇帝了，当然不允许国民使用这一类旧称了，而要改用"以皇帝诏"，以彰显自己地位的至高无上。

在规范用语这一类秦简中，甚至还出现有"毋敢曰猪，曰彘"这样统一动物名称的要求。这种情况说明，秦始皇实施的"书同文字"政策，涉及的范围非常广泛，远远超出后人想象。因此对于"书同文字"的理解不能只停留在字体、字形方面的统一，更要注重"秦帝国对于官用文书中文体、称谓、格式等方方面面进行的规范"[145]。

例2：里耶秦简发现了现在人人耳熟能详的"九九乘法口诀表"，某种程度上改写了中国乃至世界的数学史。目前所见，传世文献中最早提到"九九口诀"的是成书于春秋战国时期的《荀子》《管子》《战国策》等著作，其中就有"九九""三九二十七""六八四十八"一类句子，但都是零敲碎打，不成体系。就考古而言，完整的"九九乘法口诀表"仅见于甘肃居延和敦煌两地出土的汉简之中。

里耶秦简"九九乘法口诀表"发现于1号井中出土的一枚长22厘米、宽4.5厘米的木牍上，经专家解读，释文为：

九九八十一，八九七十二，七九六十三，六九五十四，五九四十五，四九卅六，三九廿七，二九十八；八八六十四，七八五十六，六八四十八，五八四十，四八卅二，三八廿四，二八十六；七七四十九，六七四十二，五七卅五，四七廿八，三七廿一，二七十四；六六卅六，五六卅，四六廿四，三六十八，二六十二；五五廿五，四五廿，三五十五，二五而十；四四十六，三四十二，二四而八；三三而九，二三而六；二二而四，一二而二；二半而一。

▲ 里耶秦简中的乘法口诀表[146]

可以看出，这个表与我们现在所知道的"九九乘法口诀表"几无差别，不同的一点是后面加了一句"二半而一"，这实际上已经是分数运算了。里耶秦简"九九乘法口诀表"距今2200多年，是我国目前发现最早、最完整的乘法口诀表实物，如果辅之以《荀子》《管子》等典籍的零散记载，说明至少在春秋战国时期古人就已熟练掌握乘法交换律，并将其用于社会生活所需的各种计数中了。

目前所见，西方发现的最早成系统的乘法口诀表是在 1600 年前，比里耶秦简迟了 600 多年，因此，里耶秦简乘法口诀表的出土，还在一定程度上改写了世界数学发展史，给世界算术史的研究提供了珍贵的实物资料。

例 3：里耶秦简中发现有"洞庭郡""以洞庭司马印行事""迁陵以邮行洞庭"一类文字，表明秦代设有洞庭郡，但司马迁在《史记·秦始皇本纪》中记载的秦始皇统一中国后所分建的三十六郡中，并没有洞庭郡。在我国被公认为最早的地理学著作《汉书·地理志》中，也没有关于秦代设立洞庭郡的记载。虽然《战国策·秦策一》和《史记·苏秦列传》都提到过"洞庭"这一名称，如《战国策·秦策一》记载张仪说秦王曰："……秦与荆人战，大破荆，袭郢，取洞庭、五渚（渚或作都）、江南。荆王亡奔走，东伏于陈……"但均没有将"洞庭"与"郡"联系在一起，洞庭可能是郡名，也可能是地名，更可能是洞庭湖的指称。

例 4：里耶秦简将古人"祀先农"的记载提早了一个朝代。里耶秦简中有枚简牍记载了当时祭祀"先农"的活动，但在传世文献中并没有秦代在这方面祭祀的任何资料，《史记》也只是记述了一些皇帝的祭祀活动，具体的祭祀制度无从得知。传统的看法是秦王朝焚书坏礼，把以前的礼仪制度全给废除掉了，里耶秦简关于祭祀先农记载的出土，促使历史学家开始重新认识这一问题。

除此以外，里耶秦简还记载了秦王朝将私家奴婢编排进主人家户籍的相关史实，这是以往秦汉户籍制度史料中几乎没有出现过的现象。

里耶秦简中发现有 24 枚户籍登记档案的简牍，其中有 10 枚是完整的，另外 14 枚为残简。这些简牍记录着人口的所在地、家庭身份、出生地区、爵位、姓名等信息。关于家庭及家庭成员，是按照以户主为首、男性、成年人、直系亲属，再到女性、未成年人、旁系亲属的排列顺序来登记的。里耶秦简的户籍简上，连主人家的臣妾和私家奴婢等也都编排进了主人家的户籍，这说明秦代具有非常严格的人口管理制度。

总而言之，里耶秦简是关于秦代社会现实活动的一个全方位的即时记录，涉及秦代的户口、土地开垦、物产、田租赋税、劳役徭役、仓储钱粮、兵甲物资、道路里程、邮驿津渡管理、奴隶买卖、刑徒管理等诸多方面，相当于一部大秦社会的百科全书，被认为是继秦始皇兵马俑之后秦代考古的又一重大发现。

喜：一个低级秦吏的法律战争人生

一

湖北省云梦县西郊的睡虎地，原来是一片高于平地的山脚地带。1975 年底，由于修建水利工程，一个农民在挖水渠时，发现了一座古墓，便报告了相关部门。湖北省博物馆得悉此事后，迅速组织考古队赶到云梦，开始进行考古勘探和发掘。除了那个农民发现的那座古墓外，考古队还在睡虎地山嘴一带发现了密集分布在一起的另外 11 座古墓。按规矩，他们依次将这 12 座古墓编为 1～12 号。

云梦这个地方地势平坦，水源充足，适合农耕渔猎，是典型的鱼米之乡。早在春秋战国时期，楚昭王就曾在此筑城，后人称为"楚王城"。吴楚之战时，由于楚王城的存在，这里成为楚吴两国对峙的前沿阵地。过去，考古人员曾在这里出土过不少文物，因此对这次发掘，考古队也是满怀期望。但先期发掘的 10 座墓葬均为小型墓葬，墓口为长方形，上面没有封土堆，地下没有墓道。虽然出土了一些器物，但多为陶器和漆木器。这一情况表明，这些墓葬都是普通人的墓葬，一般说来，不会有什么大的收获。这让信心满满的考古人员十分失望，然而接下来的发掘，却大大出乎了人们的意料。

首先是发掘到 7 号墓葬时，有了重大发现，椁室门楣上刻有"五十一年曲阳徒邦"八个字。

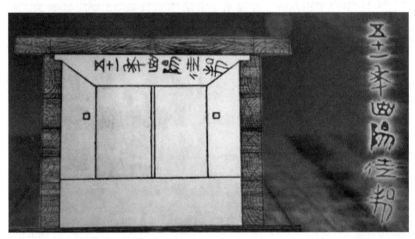

▲ 还原后的 7 号墓葬椁室门楣

"曲阳"是云梦在战国时的名称。战国时期，只有秦昭襄王在位超过了 50 年，结合出土文物，考古人员断定这个"五十一年"就是秦昭襄王五十一年，即公元前 256 年，这一年秦国按照"远交近攻"的策略，对邻近的赵国和韩国发动了猛烈的进攻。

但同已经发掘的其他几座墓葬一样，这座墓葬也是一棺一椁，虽然葬具绝大多数保存完好，但也是彩绘陶器、漆木器、铁器等一类属于普通士卒的秦代随葬物品。这种情况与椁室门楣上所刻"曲阳徒邦"的墓主人身份也较为符合。

接下来发掘 11 号墓葬时，情况又有了变化。这座墓葬虽然也同样是长方形竖穴坑墓，但比其他的墓要大一些，而且墓坑里填埋的土，上部是 1.1 米厚的五花土，下部是 2 米厚的青灰泥，墓室底部更是经过层层夯打的夯土，特别坚固。墓室中设有椁室。墓总深 5.1 米，椁室内还积有深且清澈的水。这样的"清水墓"在考古中一般很难遇到，暗示椁室有良好的密封性能。

椁室里除了内棺外，还设有装放随葬品的头厢，上层是铜器、陶器，底下是漆木器。这些东西同前面几座墓葬所出文物大多一样，没什么稀罕的。然而，打开棺盖的那一刻，所有的人都惊呆了，原来，那具已经腐朽的人骨架上散乱地堆满了各种竹简：枕部、脸的右侧、前胸以及身体的右侧，到处都是一束一束的竹简，保存得相当完好。

▲ 11 号墓出土竹简现场情况

为了保护竹简，考古人员决定将整个内棺运回云梦文化馆，再进行整理。整理结果是，总共发现了 1155 枚竹简和 80 片残片，计 4 万余字。[147]

史无记载：考古发现的中国史

二

在没有发明纸张以前，古人主要是以竹片作为文字书写的材料。在竹片上墨书文字，再用绳索将其编组成册，就是所谓的竹简，也叫竹书、简书。通常情况下，将一篇完整的文字写完后编联在一起，就是一篇完整的简书。第一简为篇首，简背写篇名；最后一简为篇末，一般是记全篇字数。收藏时是由里往外，按顺序从末简卷起。这样卷就将正文卷了进去，可以起到保护作用。同时，篇题向外，也方便以后查找，这就是后世线装书称篇、卷的由来。银雀山1号汉墓竹简出土时，竹简上有两枚中间留空的铜钱，分别是"半两钱"和"三铢钱"，是用来穿连捆缚竹简绳头的，如同后世函套上的骨别子。

云梦睡虎地11号墓发现的这批竹简大小、长短基本一样，长23.1～27.8厘米，宽0.5～0.8厘米。由于当时湖北竹简保护技术有限，这批竹简后来又被运往北京，由国家文物部门进行脱水保护。后来经过众多专家鉴定、考证、整理，确定这批竹简是中国目前发现最早的竹简，写于战国晚期及秦始皇时期，内文为墨书秦隶，是篆书向隶书转变的实物历史依据。其内容主要是秦朝时的法律制度、行政文书、医学著作以及关于吉凶时日的占书，反映了秦代政治、法律、经济、文化、医学等方面实际情况，不论是对中国书法而言，还是对研究秦代历史而言，都具有无可替代的重要学术价值。

尤其是关于秦代法律方面的内容，在整个云梦睡虎地秦简中占比达到一半以上，它是我国迄今为止所发现最早、最完备的秦代成系列的法典，在法律史上具有划时代意义。秦律在传世文献记载中，只有一些零散的片段，而且很多都是讹传，由此导致后人对秦代法律乃至

▲ 云梦睡虎地秦简《封诊式》

整个社会产生了认识上的误区。云梦睡虎地秦简的出土填补了这一空白，弥补了秦代史料的不足，使得更多的秦史真相大白于天下。从这个意义上讲，这批竹简的价值是怎么样评估都不过分的。

譬如关于徭役法的规定，以前人们受《史记·陈涉世家》的影响，认为百姓服徭役，迟到了就要被判处死刑，即"失期，法皆斩"。但事实根本不是这个样子。《秦律十八种·徭律》对"失期"者有明确的规定："御中发征，乏弗行，赀二甲。失期三日到五日，谇；六日到旬，赀一盾；过旬，赀一甲。其得（也），及诣。水雨，除兴。"

什么意思呢？就是说，朝廷征发徭役，如因耽搁不能征发，罚缴两副甲胄。迟到 3 天至 5 天，斥责一顿就可以了；迟到 6 天到 10 天，罚缴一个盾牌；超过 10 天，罚缴一副甲胄。所征发人数已足，应尽快送到服役处所。至于降雨不能动身、动工者，本次征发可以免除。

为什么《秦律十八种·徭律》对"失期"者规定要罚缴盾牌和甲胄而不是罚款呢？这是因为秦国从立国到建立秦王朝 500 多年的时间里，多半时间处于战争状态，军队更需要盾牌和甲胄这一类武器装备。罚缴盾牌和甲胄相比收缴罚款对国家来说，更实用，也更合算。毕竟收到罚款以后，也还得找材料制作成盾牌、甲胄等装备，费时又费力。

　　睡虎地11号墓秦简中提到的秦代法规多达30余种，内容涉及刑法以及行政、经济、民事等方面，其中包括关于维护乡间社会秩序、农事管理、田赋征收和土地分配的《田律》，关于粮草、甲兵、财帛等物品管理的《仓律》，关于管理畜牧业生产的《厩苑律》，关于府藏管理的《藏律》，关于官营手工业的《工律》，关于调度手工业劳动者的《均工律》，关于官营手工业生产定额的《工人程》，关于财物管理的《赍律》，关于财政制度的《金布律》，关于管理关卡和市场的税收等事务的《关市律》，关于牛羊畜养考核的《牛羊课》，关于户籍管理的《傅律》《游士律》，关于徭役管理的《徭律》，关于处罚偷盗行为的《捕盗律》，如此等等，基本上是"治道运行，诸产得宜，皆有法式"（《秦代泰山石刻》）。

春二月，毋敢伐材木山林及雍（壅）隄水

▲　云梦睡虎地秦简《田律》

　　由于云梦睡虎地11号秦墓竹简是整个睡虎地12座墓中唯一出有竹简的墓葬，这批竹简后来就被统称为云梦睡虎地秦墓竹简，或云梦竹简。这批竹简后来由专家根据内容分成十篇，分别是《编年纪》《语书》《秦律十八种》《效律》《秦律杂抄》《法律答问》《封诊式》《为吏之道》《日书》甲种和《日书》乙种。其中《语书》《效律》《封诊式》《日书》为原书标题，其他均为后人整理拟定而成。

《语书》是当时南郡的郡守颁发给本郡各县、道，告诫官民奉公守法的文告。

《效律》是有关官府物资账目检核制度的法律规定。

《封诊式》是有关案件调查、检验、审讯等程序的准则和法律文书程式的规定，其中收录了不少有关侦查和勘验的案例。

《日书》是关于分辨吉日或凶日的占卜一类竹简。因为甲种共166枚放在墓主人头部右侧，乙种259枚放在墓主人足下，末简简背都有"日书"标题，所以发掘者将这批竹简命名为《日书》。

《秦律十八种》是包括《田律》《金布律》《置吏律》等18种法律的统称，内容涉及刑法及行政、经济、民事等方面的法律规定。这是云梦秦简的主要部分。

▲ 云梦睡虎地秦简《效律》[148]

《秦律杂抄》是墓主对法律和单行法规的摘抄，其中有法律法规名称的计有《除吏律》《捕盗律》等11种，其他都没有名称，摘抄的内容也相当广泛。

《法律问答》是官吏对法律法规以及有关诉讼程序的解释和补充说明，其中引用了不少过去的判例作为解答的依据。

史无记载：考古发现的中国史

《为吏之道》记述了对官吏的各种要求和任用考核官吏的标准等，是官吏须遵守的准则。

三

《编年纪》比较特殊，这部分竹简原来放置在墓主头部，共计53枚，大约有550字，缺文30字左右。其内容可分为两部分，一部分是简要记述了上起秦昭襄王元年（前306年），下讫秦始皇三十年（前217年），前后历四王共90年所发生的国家大事，绝大部分是记录秦国对外的战争；另一部分简略记载了墓主人的个人生平事迹。

从竹简内容看，墓主人名字叫"喜"："四十五年攻大野王，十二月甲午鸡鸣时，喜产。"

"四十五年"是指秦昭襄王四十五年，因为秦国君王在位年数达到45年的，就只有秦昭襄王一个。野王在今河南沁阳，战国时期属韩国。喜出生这一年，他的家乡今湖北安陆已经成为秦的国土。"四十五年攻大野王"与史料记载相符。

考古人员对墓主的骨骼进行了鉴定分析，结论是墓主年龄在45岁左右。《编年纪》记录墓主自己的事迹最后一年是秦始皇三十年，算下来，喜的年纪应该是46岁，这个和检验报告也可以互相对应。

秦昭襄王四十五年是公元前262年，这个时候秦始皇嬴政还没有出生，他在邯郸呱呱坠地是三年以后的事情了。"喜"死于秦始皇三十年，也就是公元前217年。秦始皇在位37年，驾崩于前210年。这也就是说，活了46岁的"喜"，比秦始皇大了3岁，但比秦始皇早死了7年。这意味着，"喜"作为一个身处秦国底层的小吏，经历了秦始皇伐灭六国、一统天下的整个历程。

▲ "喜"生前相貌还原

接下来，就让我们看看"喜"在那个特殊的年代里是如何在秦始皇的指挥棒下走完这一生的。

公元前246年，13岁的嬴政成为新的秦王，但此时大权尚掌握在秦相吕不韦手中。秦国实行的是普遍征兵制，凡适龄男子都必须在专门名册上登记，并以此作为服徭役的标准，时称"傅籍"。"傅籍"年龄一般是从15岁开始，至60岁为止——有爵位者可以止于56岁。这一年，喜16岁，正好符合这个要求，遂做了"傅籍"。彼时的秦国疆域已经北抵长城，南到长江，东逾函谷关，西边也扩展到了关中西部以外，但广阔的领土并不能让秦人满足，他们要的是整个天下。

两年以后，喜正式参军上阵作战。喜参加的第一次战斗是攻打魏国的卷城。卷，一般认为是在今河南省新乡市原武镇圈楼村一带。卷北邻黄河，是打通魏国都城的重要关卡。秦魏双方都明白这座城在战略上的重要意义，因此战斗进行得十分激烈。经过数次争夺，秦军才最终以斩首魏国3万余人的战绩攻占了卷城。

喜所在部队拿下卷后，喜在秦始皇三年（前244年），回到自己的家乡安陆。这一年八月，喜进入秦朝体制内，成了一名管理文书的小吏。

但这样平静的生活没有过多久，喜就在第二年再次被征调到部队服役。从《编年纪》看，秦国从公元前254年开始，又施行了一项新的军役制度，就是直接从小吏中选人从军，以此充实秦军在连天战争中不断减损的力量。不过喜这次服役的时间很短，在当年十一月就返回了家乡。这次服役回来的结果是，他的官职升了一级，成为一名主管文书的官员——乡史。

此后8年，喜就一直过着他小吏生涯的平静日子，先后任安陆令史、鄢令史、治狱鄢。这些职位的具体详情现在不得而知，不过应该都是与法律有关的低级官位，主要职责就是熟悉国家制定的相关法律法规，更好地协助地方官员依法治理民众。毕竟那个时候读书识字的老百姓没有几个，喜的工作应该还有一部分是向民众解释相关法规条文，甚至不排除对民众进行普法教育。喜显然是个非常敬业的公职人员，这从他认真抄写的612枚法律竹简中，就可略窥一斑。

喜的墓室中还发现有一副"六博棋"。根据《楚辞·招魂》记载，六博棋的棋制是由棋、局、箸三个部分组成。棋是在局盘上行走的象形棋子，由象牙制成，每方各六枚，一枭五散，故称六博。局就是棋盘，方形并有曲道。箸就像骰子，用竹子做成，长为六分，用于投掷。六博棋在春秋战国和秦汉时期非常盛行。这说明，喜还是一个六博棋爱好者，也表明喜的日常生活过得还比较轻松惬意。

秦始皇十三年（前234年），过了8年安稳日子的喜，再次被招入军中："十三年从军""十五年从平阳军"，此后一直到秦始皇二十七年，喜除了简要记录了几次战役名称外，对个人的事情一字未提。善良的喜也许不会明白，这时候的秦始皇已经除掉了丞相吕不韦和长信侯嫪毐集团，开始一手独掌朝政。秦始皇心中已经有了一个剑指天下的宏大目标，秦军作战不再是为了攻城略地，称王称霸，而是要摧毁敌国，一统天下。

▲　整理后的《编年纪》一个截面

　　需要注意一下《编年纪》"十九年"后面"南郡备敬（警）"这四个字。南郡是秦朝的一个郡，位于汉江南岸，治所在江陵县，即今湖北荆州。结合同墓出土的《南郡守腾文书》，专家判断，这可能是南郡郡守腾在秦始皇十九年发布的一份加强南郡警备的命令，目的是配合已经开始的秦国统一战争。秦始皇十九年是公元前228年。这一年，秦军攻灭赵国，统一了北方，南方的楚国遂成为秦始皇下一个祭刀的对象。

　　喜在《编年纪》最后一次提到自己的家乡是在秦始皇二十八年："今过安陆"。之后，他的笔就永远地停在了"卅年"这两个字上。"卅年"是秦始皇三十年，即公元前217年。这一年，秦始皇发军灭掉齐国，完成统一大业，并开始修筑后来举世闻名的万里长城，而喜这个为六国统一曾经南征北战、历尽艰险的无名小卒，却不知道什么原因，

　　　　　　　　　　　史无记载：考古发现的中国史

悄无声息地离开了这个世界。[149]

一个小人物，一部《编年纪》，汇聚在一个小小的墓葬中，为我们展示了秦皇大帝统一六国历史进程中一个忠诚而勤勉的小吏的人生足迹。

秦始皇麾下普通士卒的两封家书

1975 年，湖北云梦睡地虎秦墓出土的 12 座墓葬中，仅有 4 号、7 号、11 号三座出有文字资料，其中 7 号所出文字就只有椁室门楣上刻的"五十一年曲阳徒邦"这八个字。4 号墓出土的是两片木牍。

这两片木牍出土时放置在墓主头厢中部，一片保存完好，长 23.4 厘米，宽 3.7 厘米，厚 0.25 厘米；另一片略有残缺，长 16 厘米，宽 2.8 厘米，厚 0.3 厘米，两片木牍总计 527 个字。文字虽然不多，但却具有特别的意义，这是秦灭六国战争中，从军在外的两兄弟——二弟黑夫和三弟惊给大哥衷写的信，反映了两名普通士兵及其家庭在烽火连年的漫长岁月里的日常生活，是我国迄今为止所发现最早的底层百姓的家书实物，弥足珍贵。[150]

由于时间久远，木牍霉坏，有些字迹模糊，无法辨认，专家整理时就用省略号代替。同时，由于两名士兵文化水平有限，可能是写了一些错别字，因此就用括号加注的方式，根据原意注明了正字。

第一封家书是二弟黑夫写给大哥衷的，木牍正面 5 行，249 字；背面 6 行，残存 110 字：

史无记载：考古发现的中国史

二月辛巳，黑夫、惊敢再拜问中（衷）：母毋恙也？黑夫、惊毋恙也。前日黑夫与惊别，今复会矣。黑夫寄益就书曰：遗黑夫钱，母操夏衣来。今书节（即）到，母视安陆丝布贱，可以为襌裙襦者，母必为之，令与钱偕来。其丝布贵，徒（以）钱来，黑夫自以布此。黑夫等直佐淮阳，攻反城久，伤未可智（知）也，愿母遗黑夫用勿少。书到皆为报，报必言相家爵来未来，告黑夫其来状。闻王得苟得（以上正面）

毋恙也？辞相家爵不也？书衣之南军毋……不也？为黑夫、惊多问姑姊、康乐孝须（婴）故尤长姑外内……为黑夫、惊多问东室季须（婴）苟得毋恙也？为黑夫、惊多问婴记季事可（何）如？定不定？为黑夫、惊多问夕阳吕婴、匾里阎诤丈人得毋恙……矣。惊多问新负（妇）、娿（婉）得毋恙也？新负勉力视瞻丈人，毋与……勉力也。（以上背面）

翻译成白话，大致意思是：今天是二月辛巳日，兄弟黑夫、惊敬问大哥安好。母亲大人身体好吗？我们兄弟俩还活着，都很好。前些日子我们兄弟被分开，现在又见面了。黑夫再次写信，目的是请家里抓紧时间寄点儿钱来，再请母亲织几件夏衣寄来。收见此信，请母亲留意查看一下

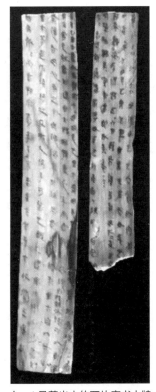

▲ 4号墓出土的两片家书木牍

安陆丝布的价格，如果不贵一定要给我们做好夏衣，连钱一块寄来。要是丝布贵的话，就把钱寄来，我们在这边买布做吧。

我们就要开始攻打淮阳了，攻打这座反叛城市不知道会持续多久，也不知道战争中会发生什么意外，请母亲寄给我们的钱不要太少了。收到信后要马上回信给我，一定要告诉我官府有没有把给我们家授爵的文书送到，万一没有送到也给我说一声。大王说过，军中立功的文件不会迟误。官吏送立功文书到家，不要忘了给人家说声"谢谢"。寄送信、夏衣到南方秦军大营时，一定不要弄错地址。

代我们问候姑姑、姐姐特别是大姑都好。问问婴记季，我们和他商量的事怎么样了，定下来没有？代我们向夕阳吕婴、匾里阎净问好。惊很惦记他的新媳妇和婉儿，新媳妇要学会孝敬和照顾老人，不要惹他们生气，如果有矛盾要谦让老人。

第二封家书是三弟惊写给大哥衷的，木牍已残，正面残存 5 行，87 字，背面残存 5 行，81 字：

> 惊敢大心问衷，母得毋恙也？家室外内同……以衷，母力毋恙也？与从军，与黑夫居，皆毋恙也。……钱衣，愿母幸遣钱五六百，布谨善者毋下二丈五尺。……用垣柏钱矣，室弗遗，即死矣。急急急。惊多问新负、妐皆得毋恙也？新负勉力视瞻两老……（以上正面）

> 惊远家故，衷教诏妐，令毋敢远就若取新（薪），衷令……闻新地城多空不实者，且令故民有为不如令者实……为惊祠祀，若大发（废）毁，以惊居反城中故。惊敢大心问姑秭（姐），姑秭（姐）子彦得毋恙……？新地入盗，衷唯毋方行新地，急急急。（以

上背面）

——惊现在大胆问候大哥衷，母亲大人的身体好吗？现在家中里外一切和睦相处事宜全拜托大哥操劳了，母亲大人在你的照顾下一定很好吧。随军出征以来，我和黑夫住在一起，我们都很好。钱、衣服的事，希望母亲寄五六百来。布要挑选好点的，至少也得二丈五尺。我们前段时间借了垣柏的钱，都已经用光了。家里再不寄钱给我们，会出人命的。急急急。

惊很惦念新媳妇和婉儿，她们都好吗？新媳妇要照顾好爹娘父老，我离家太远，婉儿只能拜托大哥教导，告诉她打柴时，不要去太远的地方，一定让她注意安全。听说新地城的老百姓都逃走了，这些乱民什么事都能干出来，官府的话他们是不听的。你们因为惊的安全祭拜神灵时，如果得到下下签，不要惊慌，只是因为我身在反叛城市而已。惊大胆问候姑姑、姑姑的儿子彦，都好吧？新地城有很多盗贼等不法之人，大哥你一定不要去那里。急急急。

▲ 三弟惊写给大哥衷的木牍家书局部

阅读这两封家书，首先有个时代背景的问题。秦国当时实行的是军功爵制。公元前 359 年和前 350 年，商鞅由魏入秦先后进行了两次主要针对军队的变法，主要内容是奖励军功，禁止私斗，颁布按军功赏赐的二十等级制度。具体而言就是，凡行伍中人，不管出身门第如何，一律依其所立军功予以赏赐。军功越大，赏赐越多。如斩得敌人"甲士"一个首级，就可以获得一级爵位（公士）、田宅一处和仆人数个。斩得两个敌人"甲士"首级，如果他的父母是囚犯，就可以立即释放；如果他的妻子是奴隶，就可以立即转为平民。达到最高的第二十级爵位，就封为彻侯，岁俸1000石粟米，对应大将军之职。

与此相适应，秦国法制规定，当官为吏必须有爵位，有爵位者犯罪，可以减轻处罚，既可"降爵赎罪"，也可"以爵抵罪"。有爵位者56岁即可免除徭役，无爵位者必须到60岁方可免役。

秦国实行军功爵制，同时要求入伍士卒必须自备衣物和费用。尽管如此，秦国百姓都还是踊跃参军、奋勇杀敌，因为上战场建立战功、获取爵位是底层百姓赖以晋升贵族阶层、改变自己和全家乃至全族命运的唯一通道。这就是为什么这两封家书不断提及让家里寄钱、寄衣物，以及二弟黑夫信中询问官府有没有把给他们家授爵的文书送到的原因。

两封家书分别提到的"直佐淮阳，攻反城"和"以惊反城故"，是秦王嬴政二十三年秦灭楚战争发生的事情。秦王嬴政二十一年（前226年），楚考烈王之子秦相昌平君被秦王派到陈郢，即今河南省周口市淮阳区一带，安抚楚民。两年后，秦将王翦灭楚，昌平君被楚将项燕立为楚王。这两封家书称为"反城"的正是昌平君反叛的根据地陈郢。

推测当时的情况是，昌平君在淮阳附近的陈郢城扯起反叛大旗，黑夫和惊所在秦军被征发攻打叛军。虽然这场战争最终以秦军胜利告终，但黑夫、惊两兄弟却可能血溅沙场，成为无数个遇难将士中的两员。因为 4 号墓的墓主人正是衷，他临死前还叮嘱家人将这两封家书随葬于他的墓中，而且不见后续再有两兄弟新的家书，说明他的这两个兄弟已经不在人世。

两封家书都提到了"新媳妇"和"婉儿"，"新媳妇"应该是指惊后娶的媳妇，至于"婉儿"，有认为是惊前妻的女儿，也有认为是他们兄弟三人的妹妹，详情已不得而知。

两封家书，两条人命，一个破碎的家庭。当秦始皇指挥千军万马踏平六国大地的时候，正是这三兄弟以及成千上万像他们一样的小人物及其家庭做了他的垫脚石。

历史不只是帝王将相、英雄豪杰的征战史，更是无数小人物的血泪史。

秦始皇陵庞大的地下世界

一

秦始皇陵兵马俑的发现充满了传奇和偶然的色彩。[151]

1974 年 3 月，陕西遭遇大旱，临潼县骊山镇西杨村生产队决定打 8 眼水井以解决燃眉之急，其中一眼井的位置选在了秦始皇陵东 3 里处。打井的一共 6 人，队长杨培彦和杨志发负责在井下挖土，其余 4 人负责在上面运土。等这眼井挖到 1 米深时，杨培彦和杨志发觉得有点不对劲，因为土质越来越坚硬，越挖越难挖。挖到 3 米深的时候，井下西北角出现了厚厚的红土层。杨培彦认为是火烧后的痕迹，也没在意。但他不知道，这种红土正是考古界人人耳熟能详的"红烧土"，是古人下葬时为了防盗和增强墓葬的封闭性而特意用火烧烤过的黏土。一般情况下，发现了红烧土，就意味着这里有遗址、废墟或墓葬。

杨培彦和杨志发不懂这些，只想着继续挖下去，能早点见到泉水。等挖到接近 4 米深时，杨志发在井筒西壁下面居然挖出了一个圆口形的陶器。杨培彦过来看了一眼说，应该是个瓮一类的东西，他告诉杨志发小心挖出来，可以拿回家放东西用。杨志发于是将挖掘范围扩大了一圈，想将这个瓮完完整整地取出来。但杨志发越挖越感觉这东西不像什么瓮，等到全部挖出来再仔细端详时，竟然是一个连着脖子的陶人头像！

杨志发第一反应是想到了附近破庙里见过的菩萨泥塑，便认为是个菩萨头像。杨培彦也觉得是，两人没再多想，就接着挖了下去，结果还真挖到了"菩萨"的身子、手臂和腿脚。后来，他们又挖出

▲ 陶俑头像出土情形

一些"菩萨"头和一节节的残腿断臂，还有不少陶片。

杨志发挖到"菩萨"的消息不胫而走，很快传遍了村里，社员们都赶来观看。恰好西杨村所在公社有个叫作房树民的干部稍微懂点文物知识，听说此事后，就在第一时间赶到了现场。房树民认真观察了这尊断胳膊断腿断头的"菩萨"后，认定是一件陶俑。只不过与他以前看到的陶俑大小有点区别而已。以前看到的较小，而这件如果完整地拼接起来，高度足有1.78米，完全是一个真人的高度。

房树民认为，既然能挖出一件陶俑，还有那么多的陶俑头像和残腿断臂，说明井下还埋藏不少，于是果断作出决定，让杨培彦他们不要再挖了，以防文物遭到破坏。房树民让杨培彦安排人看好现场，他则赶往县文化馆，将这个情况报告给了县文化馆馆长赵康民。

赵康民接到报告，立即就骑自行车马不停蹄地赶到西杨村。赵康

民看后也认定是件陶俑，而且很可能是出自秦朝的陶俑，因为这个地方就在秦始皇陵边上，但又拿不定，就让人用架子车（板车）将陶俑残件送到县文化馆，打算修复一下，再好好研究一番。

赵康民原来想的是，将这件陶俑修复成功，给大家展示一下，引起轰动后，再向上级机关报告。他一连修复了两个月，这件陶俑才算有了点模样。期间，他还组织了一些农民到现场挖掘了几次，但都没有什么收获。

就在这时，一个叫蔺安稳的新华社记者回乡探亲听说了此事。蔺安稳老家是临潼，他妻子正好就在县文化馆工作。蔺安稳在妻子的带领下，特意到县文化馆观摩了这件大致修复好的陶俑。根据他对秦朝历史的了解，他认定这是秦朝武士陶俑的形象，出土意义非比寻常。

▲ 复原后的秦代武士陶俑

蔺安稳之所以做出这样的判断，还有一件事情不能不说一下。据当地一位70多岁的老人讲，在他10岁时，他父亲也曾在那一带打过井，本来已经打出了水，但仅过了几天就没了。后来他父亲就再往下打，结果发现井壁四周有像人的陶制怪物。他父亲认为是怪物在作怪，就将这些怪物提上去放到太阳底下暴晒，但井底还是不出水，他父亲一气之下，就用棍子把这些怪物打了个粉身碎骨，然后当作垃圾扔掉了。

蔺安稳听说这件事之后，立马做出

史无记载：考古发现的中国史

判断，老人说的怪物很可能就是秦俑。他感到事情重大，返回北京后，赶写了一篇题为《秦始皇陵出土一批秦代武士陶俑》的报道，刊发在1974 年 6 月 24 日《人民日报》内参《情况汇编》上，文章说：

陕西省临潼县骊山脚下的秦始皇陵，出土了一批武士陶俑。陶俑体高 1.68 米左右，身穿军服，手持武器，是按照秦代士兵的真实形象塑造的。像这种同真人一样的立俑，还是第一次发现。

秦始皇陵周围以前曾出土过陶俑，但都是一些体积不大的跪俑。像这种真人一样的立俑，其珍贵的地方，在于这是一批武士。秦始皇用武力统一中国，而秦代士兵的形象，历史上未有记载。这批武士是今年三四月间，当地公社社员打井时无意发现的。从出土情况推测，当时陶俑上面盖有房屋，后来被项羽焚毁，房屋倒塌，埋藏了两千多年。这批文物由临潼县文化馆负责清理发掘，至今只清理了一部分。因为夏收，发掘工作中途停止了。

秦始皇陵是全国重点文物保护单位，可是并没有得到妥善保护。生产队随意在陵园掘土挖坑，开荒种地。出土文物中的金属制品，有的竟被当作废铜烂铁销毁掉，一些石制、陶制物品则被抛来抛去，实在令人心痛和不安。

报道很快引起了高层的注意。时任国务院副总理李先念在 6 月 30日对此文做了批示："建议请文物局与陕西省委一商，迅速采取措施，妥善保护好这一重点文物。"

此后，经国务院和国家文物局批准，陕西省委组建了秦始皇陵俑坑发掘领导小组，小组成员有陕西省文物局局长于哲吉、陕西省博物馆馆长廷文舟、陕西省文管会负责人杭德洲、临潼县县委宣传部部长方杰、临潼县晏寨公社党委书记傅永仁、西杨村生产队队长杨培彦。同时，由陕西省文管会、省考古研究所、临潼县文化馆三家抽调人员，组成始皇陵秦俑考古发掘队，由考古专家袁仲一和杭德洲担任队长。

1974 年 7 月 15 日，发掘工作正式开始。但令人灰心的是，挖了半个月，一无所获，甚至连俑坑的边都没摸着。这样总不是个办法，后来，考古队接受建议，决定用"洛阳铲"先探测一下底细再说。

所谓"洛阳铲"原是古代盗墓贼发明的盗墓探测工具，其形状虽为铲，但呈圆"凹"形，细而长，是一种特殊的"钻头"，钻头后面可插木棒或竹竿作手柄。其用法是用铲在地下打几个小孔钻探下去，通过铁铲带出的土层和其他物质，再结合铁铲打下去的声音和手中震动的感觉，就能判明墓里埋着什么东西。因该铲出自河南洛阳，故称"洛阳铲"。"洛阳铲"成本低廉而且好用，所以后来就成为考古人员钻探的专用工具。

考古队以已发掘的 400 多平方米范围为中心，每间隔 3 米就划定一个钻探点，用"洛阳铲"从东向西依次钻探。随着"此处有俑"的信息不断传递，坑的范围越探越大，最后探明这个俑坑为长方形，面积很大。考古队将此坑编为"1 号坑"。

有了明确的范围，大规模的发掘这才正式开始。考古人员在发掘过程中发现，俑坑距离现在的地表 5 米左右，在此之前曾遭到人为破坏，还能看见秦俑坑塌陷的土方压着破碎的陶俑残片，土隔梁上还留下一堆堆木炭焚烧的遗迹，个别陶俑甚至被火烧成了硫渣状。

考古人员根据《史记》等文献记载和出土文物分析，认为这种情况的出现，应该是当年项羽入关后，命令士兵掘开俑坑、砸碎陶俑并夺去兵器、焚烧俑坑所造成的结果。后来的发掘也表明，在西汉后期，兵马俑坑的上部就变得荒芜起来。兵马俑坑由此逐渐消失，不再为后世所知。

二

从 1974 年 7 月至 1975 年 7 月，经过一年的发掘，秦始皇陵 1 号兵马俑坑开始露出了它本来的面目。俑坑呈现的是一长方形状态，东西长 230 米，南北宽 62 米，总面积 1.4 万余平方米。坑的四面各设有 5 个斜坡门道，以东边为正门；四周环绕有长廊，东面和西面长廊之间有 9 条长达 184 米的东西过洞，过洞与过洞之间用夯土墙隔开。俑坑底部都墁有青砖，顶部由土木构筑而成。

6000 多个与真人大小差不多的陶质兵马俑整整齐齐地排列在 9 条过洞之中，雄壮威武，场面十分震撼。兵马俑兵种造型和穿着也各不相同，武士俑穿的是交领右衽短褐，勒带，束发，腿扎行縢（一种皮制护具），足蹬方口齐头履。有的手持弩弓，有的手持长矛，有的腰佩弯刀……都在时刻准备着迎击敌人。武士俑中还有一队队的铠甲锐士，身材明显高大一截。他们身披铠甲，足蹬短靴，显得孔武有力、威风凛凛。

步兵俑则是腿扎行縢，头戴圆形软帽。坑内排列战车 40 余乘，车上的甲士腿绑胫裆，头戴小冠，两目直视前方，严阵以待。拉车的陶马则面无表情地屹立在骑士身边，其肌丰骨劲，膘肥体壮，两颊宛如刀削，面部棱角分明。

根据出土的兵马俑及其排列方式，专家推断出了 1 号坑整个军阵的排列情况：俑坑东段廊房里即军阵最前方，有三列轻装步兵俑组成

▲ 兵马俑 1 号坑

横队，每列 68 个，三列计 204 个。此为前锋部队。后面紧跟着的是战车与步兵相间组成的 36 路纵队，此乃军阵的主体。在南北两侧的廊房里，各排有两列步兵俑。其中，最外面一列面向外站立，此为军阵两翼，目的是防止敌人从两侧袭击。在西端廊坊里，也有面向后方的三列步兵俑横队，此系军阵的后卫，目的是防止敌人从后部袭击。

战车和步兵结合的情况大致如下：每辆战车配备 3 人，战车前后左右还配置有步兵。前面步兵有三排，每排 4 人，是为战车前锋；左右两侧，步兵人数不同，每排 4 人，若干排组成一个长方形纵队；战车后面所配步兵人数也不相同，有的配有 72 人，有的则配有百十人。

这种车兵配置反映了秦代将士具体上阵作战的战略部署情况，其优势是增强了步兵和战车相互之间的掩护能力。从这些步兵俑的着装来看，大部分身披铠甲，是为甲俑；少部分身披战袍，是为袍俑。配

史无记载：考古发现的中国史

备的武器主要为弓弩，少数是戈、矛、戟、铍等长柄兵器，有个别腰间还有佩剑。

▲ 1 号坑出土的兵马俑大部分为甲俑

1 号兵马俑发掘不久，考古人员又在 1 号坑东北侧约 20 余米处发现了 2 号兵马俑坑，时为 1976 年春天。该坑平面呈曲尺型，东西最长处 120 米，南北最宽处（含门道）98 米，深约 5 米，面积约 6000 平方米。东西两端各设有 4 个斜坡门道，北边设有 2 个。总体结构可以分为南北两大部分，分别是一个正方形和一个长方形的坑道式建筑。2 号兵马俑坑出土陶俑陶马 1300 多件，战车 80 余辆，青铜兵器数万件，其中将军俑、鞍马俑、跪姿射俑为首次发现。

坑内建筑与 1 号坑相同，但布阵更为复杂，兵种更为齐全，是由骑兵、战车和步兵（包括弩兵）组成的多兵种特殊部队。根据观察，2

号坑内战阵由四个单元组成：

第一单元是由跪射俑和立射俑组成的方阵。跪射俑位于中间，立射俑安放在四边，左后角站有一高级军官俑作为统帅。

第二单元是由战车组成的方阵。总共有 8 列战车，每列 8 乘，共有 64 乘。车系木质，出土时已经腐朽。车前驾有 4 匹陶马，车上有士兵俑 3 件，一为驭手，另两个持戈、矛等兵器，分别站在驭手左右两侧，是为车左、车右，负责作战。

第三单元是由战车、步兵和骑兵混合编列的长方阵。指挥车左后角上立有一高级军官，是为统帅。军官前面是驭手，左右两侧和后方则列有卫士俑。

▲ 发掘中的兵马俑 2 号坑

第四单元是由骑兵俑组成的长方阵。共有 108 骑，每 4 骑一组，3组为一列。骑兵俑站在马前，一手牵马缰，一手提弓。俑坑内的 108件骑兵俑是中国考古史上首次发现的数量众多的古代骑兵的形象资料，在古代军事史的研究方面有着极为重要的意义。

继 1 号和 2 号兵马俑坑发现之后，1976 年 5 月 11 日，考古人员又在 1 号坑西端北侧 25 米处发现了一个陪葬俑坑，即 3 号坑。此坑面积大大小于 1 号和 2 号坑，南北长 21.4 米，东西宽 17.6 米，面积仅 500 余平方米，还不到 1 号坑面积的 1/20。但 3 号坑形制和内容相对比较奇特，平面呈"凹"字形。东边是一个长 11.2 米、宽 3.7 米的斜坡门道，与门道相对的是一间车马房，西侧各有一排东西向厢房，即南北二厢房。车马房内有木质战车 1 乘，车前驾有陶马 4 匹，车后有武士俑 1 个；南厢房内有铠甲俑 42 个；北厢房内有铠甲俑 22 个。从坑内布局看，3 号坑应是 1 号和 2 号坑的指挥部。

3 号坑是三个坑中唯一没有被大火焚烧过的兵马俑坑，所以出土时陶俑身上的彩绘残存较多，颜色比较鲜艳。

据文献记载，春秋之前发生战争时，统帅往往要身先士卒，冲锋陷阵，所以他们常常立于阵前；战国时期，由于战争规模扩大，指挥部移到了中军；到战国末期至秦代时，指挥部则独立出来，目的是保护统帅的安全，防止意外发生。这应该看作是古代军事战术发展成熟的标志。秦始皇兵马俑 3 号坑正是这一军事战术思想发展成熟的体现。

3 号兵马俑坑是迄今为止世界考古史上发现的时代

▲ 兵马俑 3 号坑一隅

最早的军事指挥部立体形象。其建筑结构、陶俑排列、兵器配备等严整有序，结构分明，是研究古代指挥部形制、卜占及出战仪式等方面千年难遇的珍贵资料。[152]

考古人员后来还勘探出一个"4 号坑"，不过，由于这个坑在尚未建成时即被废弃，一般不予论及。专家推测，当时农民起义军直逼秦都咸阳，秦二世兵力不够，只好凑集民工前去作战，结果这一工程便搁置下来。

总体来说，兵马俑发现的 3 座坑，均系秦始皇的陪葬坑，坐西朝东，呈"品"字形排列。3 座坑共出土陶俑、陶马 8000 多件，另外，还有 4 万多件青铜兵器。兵马俑军阵是秦国军队编组的缩影，其中 1 号坑是由步兵、战车组成的巨大长方形军阵，是为"右军"；2 号坑是以车兵、步兵、骑兵混合组成的曲尺形军阵，是为"左军"；3 号坑是统帅一号和二号坑军阵的指挥部。

三

兵马俑的发现牵出了一个属于秦始皇的几乎无所不包的庞大地下世界。

1980 年考古人员又在始皇陵封土与陵园内城西垣之间发现了铜车马陪葬坑，出土两辆形体较大的彩绘铜质车马，车重分别达到 1061 公斤和 1241 公斤。两辆车的零部件有近 7000 件，极为细致复杂。这是迄今我国所发现的年代最早、形体最大、结构最复杂、制作最精美的铜铸马车，反映了秦代成熟的马车制造技术水平，填补了该领域多项历史空白。它与兵马俑交相辉映，为研究秦代历史、青铜冶铸技术和古代车制提供了实物资料，被誉为中国古代的"青铜之冠"。

▲ 秦始皇陵铜车马陪葬坑出土现场

　　此后，秦始皇陵的考古成果不断推陈出新，石铠甲坑、仿生水禽坑、马厩坑、百戏俑坑、文官俑坑、动物坑、寝殿遗址、便殿遗址、饫官遗址、内外城垣遗址、丽邑遗址、打石场遗址、地下"军备库"遗址、刑徒墓地、公子公主墓地……总计各类陪葬坑和陪葬墓多达600余处，出土文物10万余件，这些重大考古发现不要说在中国，即便放在世界范围内，亦无出其右者。[153]

　　处在这些遗址、墓地中心的就是秦始皇陵园，陵园的中心是高高隆起的秦始皇陵封土堆。钻探考察表明，秦始皇陵园有两重城垣，呈"回"字形分布。除南边的内外城垣仍有局部残段存留地表外，其余在地下尚存有墙基。内城周长3870米，外城周长6321米，共发现10座城门，分设四周。其中，南北城门与内垣南门设在同一轴线上。城垣的四周还设有角楼。这些遗址、遗迹，除了陵园封土下面的地宫以外，绝大部分在文献中没有记载。目前看，对秦始皇陵记载最全的当属《史记》，但司马迁在《史记·秦始皇本纪》中也只是对目前尚未发掘的秦始皇陵地宫做了寥寥几十字的概述：

穿三泉，下铜而致椁，宫观、百官、奇器珍怪徙臧满之，令匠作机弩矢，有所穿近者辄射之。以水银为百川江河大海，机相灌输，上具天文，下具地理，以人鱼膏为烛，度不灭者久之。

▲　秦始皇陵封土堆

大意是说，地宫之深穿过了三重泉水。先是用铜液浇灌，并涂以丹漆，然后再将棺椁放至上面。地下宫殿中设有文武大臣的位次，并放置大量的珍宝器皿、珍禽异兽。地宫门上安有弩机装置，以防盗掘。墓室顶上绘有天文星宿图像，地面上模拟山岳九州的地形，又倾泻入大量的水银形成江河大海状态，以机械动力使之川流不息。又用人鱼（娃娃鱼）膏做成燃烛照亮地宫，期盼永久不会熄灭。

当然，由于秦始皇陵地宫没有发掘，具体详情尚不得而知。但就上述秦始皇陵园考古发现而言，已经浩大奢靡到了前无古人的地步。那么，秦始皇为什么不顾百姓死活，要举全国之力，为自己修建这么一座庞大的墓葬呢？这恐怕与秦始皇本人的经历有关。

秦始皇姓嬴名政，是秦庄襄王之子，公元前259年出生于赵国京都邯郸，前246年在他13岁时，立为秦王。也就是从这一年，秦始皇陵正式破土动工，开始了漫长的营建工程。

前236年，秦始皇22岁时加冕亲政。此后的15年间，秦始皇剑指天下，以前无古人的吞天气势，先后灭掉了韩、赵、魏、楚、燕、齐六个诸侯国，结束了战国群雄割据的历史，一统天下，建立了中国有史以来第一个统一的、多民族的、中央集权制的封建王朝——秦王朝。李白诗云：

秦皇扫六合，虎视何雄哉；
挥剑决浮云，诸侯尽西来。（《古风·秦王扫六合》）

天子之剑一挥舞，漫天浮云即刻消逝，各国的富贵诸侯尽数迁徙到咸阳。如此气魄和威风，自然让秦始皇不可一世。他自认德兼三皇，功过五帝，便毫不客气地将其中"皇""帝"二字取出来组成"皇帝"，自称"始皇帝"，意思是说，他是开天辟地以来的第一位有大功德的皇帝。他还幻想着他的江山能够被子子孙孙绵绵无期地延续下去，所以，他后面的继位者就称二世、三世、四世……以至于无穷。

秦始皇统一全国后，建立了高度集权的中央政府，创立了一套与之相适应的中央集权制度，可以利用全国的人力、物力、财力满足自己的无限膨胀的私欲。所有这一切，必然要在他的陵墓中体现出来，以期生前拥有的东西死后也能继续享受，是所谓"事死如事生，事亡如事存"（《礼记·中庸》），所以秦始皇陵就是遵循国君的陵园"若都邑"理念来设计建造的，从根本上说，就是秦始皇的帝国模型，是秦始皇用兵马俑和青铜武器打造的秦帝国此岸世界在彼岸世界的折射反映。

秦始皇从剑指天下到拥有天下，再到创立中央集权制度、治理天下，是一个漫长的过程。在这期间，他的思想在不断变化，他的欲望在不断增大，他个人野心在不断膨胀，所以他的陵墓建设思路和布局，也在不断地扩张、调整之中，这在无形之中加大了陵墓建设的工程规模。从这个角度来看，《史记·秦始皇本纪》所谓"始皇初即位，穿治郦山，及并天下，天下徒送诣七十余万人"，也未必就是夸张。

▲　秦始皇陵地宫局部复原场景

史无记载：考古发现的中国史

即便前后有 70 万人参与了秦始皇陵的修建，但直至秦始皇在巡游途中突然病死时，这个陵墓尚未修好，以至于胡亥在秦始皇三十七年（前 210 年）即位后，还继续在全国征用数以万计的民夫加紧修建。如果从公元前 246 年秦始皇 13 岁立为秦王就开始营建秦始皇陵算起，到前 208 年即秦二世二年竣工，秦始皇陵整整修建了 39 年。

现在规划的秦始皇陵园总面积为 56.25 平方公里。秦始皇陵封土原高约 115 米，现高 76 米。由于封土量工程浩大，目前的考古技术还不足以支撑秦始皇陵地宫的考古发掘，这座让无数人遐思迩想的宝库，只能等待未来的某一天惊世亮相了——近 10 多年来，考古人员对陵区及地宫上的封土堆进行了数次详尽、全面而科学的勘探考察，仅发现了两个宋代的盗洞，不过都距离地宫中心较远，可以肯定，这座地宫一直没有被盗掘。根据一些先进探测技术的探测结果，地宫总面积约 18 万平方米，中心点的深度约 30 米。[154]

秦始皇陵是中国历代帝王陵中规模最大、埋藏物最丰富的一座大型陵墓，是中央集权体制下皇帝治国理念的体现，模拟再现了秦帝国的都邑格局、政治体制、宫廷生活、社会文化、军事制度和丧葬制度等内容。其陪葬坑的规模、数量、表现形式都大大超越了前代，其建造时间之久、用工之众、规模之大、随葬品之丰富，均为世界历史所罕见。

2100 年前女尸不腐之谜

湖南省长沙市东郊距市中心约 4 公里处，原来矗立着两座土冢，相传是五代楚王马殷（852～930 年）的墓地，所以当地人一直称之为"马王堆"。又因这两座土冢东西并列，相距仅 20 余米，形似马鞍，所以又有人称之为"马鞍堆"。据《太平寰宇记》记载，这两座土冢是西汉长沙王刘发的母亲程姬和唐姬的"双女冢"，所以又有人称之为"二姬墓"。但考古的结果却出乎所有人的意料，马王堆既与五代楚王马殷没有关系，也与刘发的母亲程姬和唐姬没有牵连。[155]

一

1971 年底，当地驻军在马王堆下面建造地下医院，一次施工中遭遇塌方，施工人员用钢钎往里钻探时，发现从钻孔里冒出来一股股呛人的气体，有人用火点燃，居然在瞬间变成了一团神秘的蓝色火焰……当湖南省博物馆相关人员得知这一消息时，凭着职业敏感，他们立即意识到这是古墓发出来的一种特殊的气体，遗憾的是，他们虽然及时赶了过去，但已经是第三天了，那股呛人的气体已经释放完毕，

史无记载：考古发现的中国史

没有了踪影。这成为马王堆墓考古过程中一个永久的谜，一个永久的缺憾。

1972 年 1 月，由湖南省博物馆牵头组成考古队，正式对神秘的墓葬进行挖掘。推土机清理掉一部分封土后露出了墓口，显示这座墓葬南北长 20 米，东西宽 17 米，系西汉早期一大型墓葬，距今 2100 年左右。

一开始挖掘时，考古人员就发现了一个圆形的盗洞，直插墓葬的下方。好在这个盗洞向下延伸 17 米后，忽然离奇地消失了。如果盗墓贼沉住气，再坚持往下挖几锹，后来这个大发现就可能变成泡影。因为考古人员再继续往下挖时挖到了古人保护墓穴常用的一种叫作白膏泥的黏糊糊的泥土。它质地细腻，黏性大，渗水性小，封闭性能好，具有很强的防腐效果。

▲ 马王堆汉墓发掘现场

没了盗洞，又挖出了白膏泥，意味着这座古墓可能保存良好，考古人员沉浸在突然来临的喜悦之中。这时，有人在白膏泥中发现了几片绿色的树叶。起初，人们以为是从周边大树上飘落下来的，就没太在意，但后来考古人员又在填土中陆续发现了一些翠绿的树枝和黄绿色的竹筐残片，这让所有的人都感觉不可思议。这是一座经过了上千万个日夜时光打磨的古墓啊，在这么长的时间内，树叶都能保持嫩绿如初，那么这座墓葬内说不定会有大的惊喜出现呢，毕竟长沙地区在2000多年以来从未发生过大地震。

继续挖。挖完白膏泥，下面是一层很厚的黑色木炭——后来整整装满了4卡车，大约有5吨之多。木炭下面，铺着一张几乎同墓穴平面一样大小的竹席。竹席下面就是放置墓主人棺材的椁室，大约4米长、1.5米高的样子。椁室由几十块整木制作的椁板拼合而成，大小厚重不一，有个别椁板竟重达500多公斤。

按一般惯例，考古工作者应该将椁室迁移到条件和设施都比较好的实验室去精心打开，然后再进行下一步工作，但限于当时的技术水平，如此规模的椁室很难迁移出去。在这种情况下，考古队负责人报上级领导批示后，就在墓中小心地揭开了厚实的椁板。

椁板揭开那一刻，所有在场的人都为之精神一振。这简直就是一个琳琅满目的地下宝库：椁室中央放置着一副庞大的棺材，四面的四个边箱塞满了五颜六色的各种随葬珍宝——小心清理掉覆盖在上面的淤泥，几乎所有的物品都如刚制造出来摆放在那里一样，新鲜光亮，让人匪夷所思。

激动过后，考古人员开始慢慢清理物品。这时，一件奇妙的事情发生了，某队员揭开东边箱一件漆器的盖子，发现里面灌满了水，水面上还漂浮着一层藕片。有人惊呼："这是2000多年的藕片啊！"大家呼啦一下都围了过来。他怕挤出问题来，就将这件漆器端到外面，赶紧拍照。不承想，拍完照没多久，那一层藕片就剩下了

▲ 马王堆1号墓出土藕片的现场照

几片。等到后来，将这件漆器移出去搬到汽车上时，就一片也不见了，变成了一锅汤。多亏当时拍了一张现场照片，否则恐怕会有人说是这些考古人在编造故事了。

据事后清点统计，这座椁室的西边箱随葬有6套完整的衣物，北边箱和东边箱也都有衣物出土。其中包括各种丝织品46幅、成品衣物58件。衣物中有丝锦袍11件、夹袍1件、素妙褝衣2件、白绢褝衣1件、裙2件、手套3幅、夹袜2双、鞋4双、夹裕2件、镜衣2件、绣枕1件、枕巾2件、几巾1件、针衣1件、香囊4件、草药袋6件、组带1件、瑟衣1件、芋衣1件、芋律衣1件、杖衣1件等。

丝织品的品种有绢、纱、绮、罗、锦、缘及组带。织锦中的起绒锦是一种高级丝织物，系考古首次发现的品种，织造工艺颇为复杂。印染丝织物的色彩有20余种，主要是朱红、深红、蜂紫、墨绿和黄、蓝、灰、黑等。

另外，印花敷彩纱将印花与彩绘相结合，也是首次发现。丝织物中的刺绣品种也是琳琅满目，美不胜收，主要是锁绣，如信期绣、长寿绣、乘云绣、方棋纹绣、云纹绣等。绣品大都刺绣精工，绚烂多彩，给人以富丽堂皇高贵之感。

特别值得一提的是一件直裾襌衣，保存完好，身长 128 厘米，两袖通长 190 厘米，袖、领还带有宽 5.5 厘米的锦缘，总重量仅 49 克，所用素纱极为轻薄，用"薄如蝉翼""轻若烟雾"来形容十分贴切。专家说，如果去掉领口和袖口的镶边，就只有 25 克重了，折叠起来完全可以装进一只普通的火柴盒里！

二

椁室里发现千年不腐的藕片、树叶以及色泽如新的随葬漆器，让所有参与考古的人员都对接下来的开棺充满了希望。尽管大家都做好了心理准备，但打开棺材的过程却非比寻常，一次次让大家直呼意外。一般棺材就是一副木棺，王侯将相级别也不过是内棺、外椁两重，而这副棺材竟然是四重套装，最里面才是安放墓主人遗体的内棺。

四重棺椁都是用上好的楸木制成，一共使用了 70 块木板，所有的棺材全部是靠着能工巧匠用卯榫的办法拼接起来的。从外往里数，第一层亦即最外面一层，是通体黑漆素棺，没有丝毫装饰；第二层是黑底彩绘漆棺，黑色的底子上是用金黄色绘成的变化莫测的云气纹，纹路间穿插着 111 个不同姿势和表情的鬼、怪、神、仙，主题有"怪神吞蛇""仙人降豹""两兽逐鹤""鸢鸟独立""多尾异兽"等，线条粗犷、奔放，透露着远古一种神秘的气息；第三层是红底彩绘漆棺，红底上用绿色、褐色、黄色等多种颜色，描绘出众多连贯、意含祥瑞的图案，总计有 6 条龙、3 只虎、3 只鹿、1 只凤和 1 位仙人。同外面的棺材相比，第三层棺材显得更加富丽堂皇。第四层棺材，亦即最里面的内棺，是存放尸体的棺材，古人称为"裹棺"。棺盖上面覆盖有一块"T"字形的神秘帛画，长达 2 米，并且完好无损，后经专家鉴定，史籍无载，系首次发现。

　　内棺长 2.02 米，宽 69 厘米，通高 63 厘米，由一整块楸木挖空而成。棺内涂红漆，棺身涂黑漆，棺外面则用帛和绣锦装饰，奢华而神秘。这样修饰的棺材，在中国考古史上也是首次发现。

▲　内棺由一整块楸木挖空而成

　　打开内棺，出现在人们面前的是满满的一棺浸泡在棕黄色液体里的丝织物。经测量，液体大约有 20 厘米深，合 80 公升。在裹尸丝织物上面，盖有两层刺绣丝锦袍。考古人员小心翼翼地剥去这两层锦袍，再往下剥时发现，墓主人身上里里外外竟然裹了 20 层衾、衣、袍和麻布等衣物，外用九道丝带捆扎。所有适用于春、夏、秋、冬的丝绸品、麻织品，应有尽有。由于长期浸泡在液体中，这些丝织物的颜色尽管依然显得十分鲜艳，但质地保存状况较差，就像豆腐一样，绵软且糟，手一触就是一个洞。

　　除去最后一层衣物，一具女尸赫然出现在人们面前。女尸保存状态之完好，令在场的人们啧啧称奇。尸体的头、颈、躯干、四肢均保存有完整的外形，仰身，束腰，头朝北，脚向南。皮肤呈浅黄棕色，完整、光洁、有润泽感，用手按压还略有弹性。脸呈方圆形，颧骨较高，五官清楚。口内有完整的牙齿，但大都处于松动状态，部分牙齿磨损比较严重。右拇指和左小指尚有指甲。头部留有黑色真发，但比较稀疏。令人意想不到的是，真发下半部竟然缀连着假发，作盘髻状，发髻上插有三支梳形笄——看来，假发作为美丽装束，早在西汉时期就已经广为流行了。

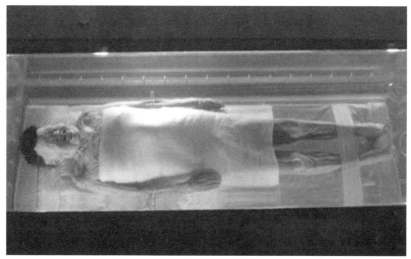

▲ 马王堆 1 号墓女尸 [156]

女尸脸部的前额、两眼和鼻梁上方都覆盖着长方形成束腰状的丝织物。女尸两手各握有一只香囊，两脚则都穿着青丝履。女尸的双眼球出土时已经脱出了眶外，口张着，舌头伸在外面，直肠也已脱垂。据科研人员分析，出现这种现象是因为尸体腐败，细菌在尸体内部滋生了一种气体，遇到尸体上有出口的地方，比如眼、口、肛门等，就会将体内一些内脏器官推顶出去。

史无记载：考古发现的中国史

考古人员后来还检测到，女尸血型为"A"型，头上的假发血型为"B"型。双眼、上臂、臂部等处的软组织较厚，肘、指等关节还可以活动。尸体身长1.54米，体重34公斤，年龄50多岁。考虑到人死后有缩水、缩体现象，如果恢复到她生前青年时的样子，身高在1.6米左右，体重百十来斤，活脱脱的一个美人儿。

由于马王堆女尸历经2000多年而不腐，这种现象举世罕见——闻名世界的古埃及木乃伊也只不过是制成干尸以后才保存下来，根本不能与之相提并论，马王堆女尸的出土因此很快就引起了世界的关注，在当时一度被誉为"世界第八大奇迹"。

马王堆1号墓中这具古尸的首次发现，也为考古新增了一种古尸类型，从此以后考古出土的类似古尸就被考古界和医学界归为"马王堆尸型"。

三

马王堆女尸的出土，也引起了时任国务院总理周恩来的高度关注。周恩来指示，要想办法将这具女尸再保存200年。

要想将这具女尸再保存200年，首先就得搞清楚马王堆女尸死亡之谜。为此，相关部门组织专家研究后决定，对这具女尸进行病理解剖。这种事情史无前例，在医学解剖史上绝无仅有。有关部门在经过精心策划和研究，并报经周恩来总理同意后，成立了一个医疗解剖小组。小组汇聚了北京、上海、武汉、广州和长沙等地当时国内著名的医学专家和权威人士，涉及眼科、耳鼻喉科、皮肤科、妇产科、口腔科、胸外科等各个领域。

据曾经主持马王堆1号汉墓的考古发掘工作的熊传薪回忆[157]，

▲ 马王堆1号墓女尸复原后的模样

1972年12月14日上午10时左右，专家们在湖南省博物馆临时搭建的解剖室内开始了解剖工作。首先进行的是开颅手术。女尸颅内脑组织保存基本完好，大脑分叶尚能分辨，甚至连分布其间的细小血管也清晰可见。随后进行的是开胸手术。女尸胸内各种组织、器官保存也较为正常，唯一的例外是，女尸的皮肤相比刚死亡的尸体显得更僵硬、脆弱一些。

后经组织学、细胞学、病理学、放射学、寄生学、微生物学、毒物学等方面专家检测，发现女尸生前可能患有动脉硬化、冠心病、多发性胆结石、血吸虫病等疾病，并且有过生育行为。

另外，从女尸的食胃肠道内还发现了138粒半饱满的甜瓜子，按医学常识推断，在死亡前不到一天的时间里，该女子曾经吃了大量甜瓜。因为她患有胆结石，食用太多甜瓜很容易堵住十二指肠口，引起胆绞痛。而她同时还患有严重的冠心病，72%的主动脉被堵塞，所以，该女子应该是死于胆绞痛诱发的冠心病，这在医学上属于猝死。

女子死因查明了，随即又有个问题被提出来：这具女尸何以能历经2000多年而不腐化？综合众多专家的意见，其原因可以概括为10个字：浴尸、深埋、密封、缺氧、灭菌。

据观察，1号墓主人死后，其家人首先对尸体进行了"浴尸"消

史无记载：考古发现的中国史

毒，接着用丝织物覆盖在额头和鼻子上，然后又用20层丝麻衣、裘、袍严密包裹，之后放入装着具有较强抑酶蛋白水解酶作用和微弱抑菌杀菌作用的中草药棺液的棺内，再在上面覆盖两层衣裘。其他有空气的缝隙也用丝织物填充，整个棺内因此被填塞得满满当当，棺内几乎不存在可容纳空气的地方。内棺的棺盖和棺身接缝处又用胶漆密封。在这样密封的环境中，尸体早期腐败与棺内其他物质氧化很快就耗掉棺内的氧气，从而形成了一种缺氧环境。

▲ 马王堆1号墓深达20.5米

1号墓深达20.5米，比一般墓葬深出不少。从上至下，又分别填放有白膏泥、黑木炭、椁室、四重棺椁。经过这样重重封闭后，就完全隔绝了氧气和光的侵袭，保持了相对的恒温恒湿。同时由于墓室中大批随葬物腐败而产生沼气，导致室内压力加大，需氧菌与厌氧菌相继死亡，尸体的腐败过程因此停止。这是一个综合作用的过程。

当然，其中那层厚厚的、密闭性能极佳的白膏泥应该还是起了最为关键的作用。明显的例证就是，在白膏泥中发现了上述那些翠绿的树枝和黄绿色的竹筐。如果白膏泥封闭性能不好，2100 年前的树枝和竹筐早就腐烂了。

不腐女尸家族隐秘史

马王堆一共出土了三座墓，均为西汉早期。考古工作者将那座女性墓编为1号，将另外两座男性墓分别编为2号和3号。其中，2号墓位于1号墓的西边，两墓东西并列，相距仅23米。3号墓位处1号墓南侧脚下。

相比于1号墓，2号墓的规模很小，墓坑的长、宽和深度都仅是前者的一半，墓壁只有三层台阶。因白膏泥堆积较薄，分布不匀，密封程度和墓内的保存情况都比较差。由于经历盗掘，密封性能被破坏殆尽，棺椁上层全部腐烂，仅底板保存完好，依稀可以辨别一共有两层，是很普通的外椁内棺结构。随葬品被洗劫走不少，只剩部分残损的漆器和陶器。幸运的是，在残存的随葬品中，发现了墓主人的三枚印章，都是阴文篆体，其中玉

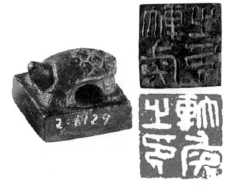

▲ 2号墓出土的"轪侯之印"[159]

质私印一枚，上书"利苍"二字；铜制明器官印二枚，分别是"长沙丞相"和"轪侯之印"[158]，这表明，墓主人是西汉长沙国的丞相轪侯利苍。

《史记·惠景间侯者年表》记载，汉惠帝二年（前193年），惠帝封长沙国丞相利仓为轪侯，食邑700户。高后三年（前185年），利仓死后，其子利豨袭爵位为侯豨元年。高后即汉高祖刘邦的夫人吕雉。孝文十六年（前164年），利豨子彭祖袭爵位为彭祖元年；之后，在利秩袭爵任东海太守时，于前110年，因"行过不请，擅发卒兵为卫"，按律当斩，后遇皇帝大赦天下，只剥夺了利氏家族的世袭爵位，废除了轪国之封。从第一代轪侯利仓至第四代轪侯利秩，总计经历了83年。

《汉书》与《史记》所记内容基本相同，有三处略有差异，一是将第一代轪侯"利仓"写成了"黎朱苍"，二是将第四代轪侯"秩"写成了"扶"，三是注明了前三代轪侯死亡时间，其中一代轪侯利仓死于惠帝八年（前186年）；二代轪侯利豨在高后三年袭爵后第18年死去，时为公元前167年。古代"仓"同"苍"，马王堆2号墓出土的"利苍"印章，与《史记》和《汉书》的记载可以相互佐证。

利仓担任丞相的长沙国，是西汉时期一个传奇般的存在。刘邦建立汉朝以后，先后分封了9个异姓诸侯王，大都落了个身首分离的下场，唯有吴芮好端端保住了长沙国。但刘邦对吴芮也凭信不过，就派了利仓去担任丞相，实际上是监视吴芮的行动。因为在汉初，各地诸侯的丞相基本是刘邦派去的。其目的有两个，一是帮助诸侯王处理诸侯国中的日常事务，另一个就是帮助皇帝监视诸侯王的一举一动。

有些历史学家推测，长沙王吴芮去世以后，二代长沙王吴臣上台。这个时候淮南王英布造反，吴臣在利仓的帮助下，诱杀了英布，因此利仓被汉皇封为了轪侯。

考古人员在马王堆 1 号墓中的一件漆套盒中，发现了一枚刻有"妾辛追"的印章，说明这位女性墓主生前名为辛追，因其墓穴位于 2 号轪侯"利苍"墓之东，也就是轪侯利苍墓的右首，按古代夫左妻右葬制，辛追应该是轪侯利仓的夫人。

▲ "妾辛追"印章

3 号墓位于 1 号墓脚下，结构与 1 号墓大体相同，但规模较小。两座墓共用一个大封土堆。在椁室中央的棺室里放有三层棺椁，比 1 号墓少了一层。出土时，三层棺都有裂缝，棺盖封闭不严，保存情况较差。覆盖和包裹尸体的衣服均已腐朽。尸体也只剩下散乱的骨架，经鉴定为男性，年龄 30 多岁。3 号墓出土了大量的丝织品、帛画、漆器、乐器和简牍，还出土了 38 件兵器。

2022 年 4 月，湖南博物院首次对马王堆汉墓出土后未拾掇的纺织品进行系统性清库整理，结果发现菱纹绮里有织入的文字。查底案，是来自 3 号墓西边箱竹笥里的褐色菱纹绮丝绵袍，衣面为菱纹绮，中间为薄薄的丝绵，里子为细

▲ 绣有"乐"字的褐色菱纹绮丝绵袍残片[160]

绢。目前已在 70 多片菱纹绮丝残片中找到 80 余字，均为"安乐如意长寿无极"字样，系成竖排列的篆隶体。这是目前已出土丝织品中发现的最早的成句文字，填补了相关研究领域的空白。[161]

除此以外，3 号墓还出土了一件纪年木牍，上写："十二年二月乙巳朔戊辰，家丞奋移主葬，部中移葬物一编，书到先撰，具奏主葬君。"[162]

家丞是官名，汉代规定食邑在千户以上的列侯设家丞，管理家政，相当于管家。"奋"是家丞的名字。"藏物一编"是藏于墓室的随葬品清单。"主藏君"是主持埋葬下圹仪式的人。"十二年"是指汉文帝十二年，即公元前 168 年。这件木牍记载了 3 号墓墓主人下葬的确切时间及有关事项。

▲ 3 号墓出土的纪年木牍

需要注意的是，3 号墓道被 1 号墓打破，两侧"偶人"却被有意保留，而且两墓随葬的漆木器和纺织品等都是同一时期的产品，说明 1 号墓的下葬年代稍晚于 3 号，但相距时间不会太长，也就数年而已，大概在公元前 160 年。如果按辛追即 1 号墓主人死时年龄为 50 岁的话，那么她的丈夫轪侯利苍于公元前 186 年去世时，她才 26 岁左右。

《汉书》记载利豨死亡时间与 3 号墓主人下葬时间基本相符，说明 3 号墓主人就是轪侯利苍和夫人辛追的儿子——第二代轪侯利豨。

从 3 号墓随葬的大量帛画、乐器、简牍

和兵器，可以约略推测出，利豨文武双全，酷爱兵法和读书，或许是牺牲在战场上，再运回来由家人重新予以安葬也未可知。因为他活在世上的这段时间，地处今天广州一带的南越国曾经发生叛乱，而长沙国首当其冲，是汉朝抵御南越叛军的前沿阵地。利豨作为第二代轪侯，应该在长沙国担任着一定职务，虽不一定像他的父亲那样任职丞相，但应该也是举足轻重的职位。这从他的诸多随葬品中可以看出来。

一是利豨随葬有大大小小各种兵器达 38 件，这不仅是利豨酷爱军事的表现，更应该是利豨率兵打仗的象征。

二是利豨随葬的帛书中有与军事内容相关的杂占图，其中天象等图形中有"如此战胜""不出五日，大战主人胜""军兴大败"等描述战争的文字。

三是利豨随葬的简文中有大量关于车骑、仆从的内容，其中简文记载墓主人所乘车辆主要是"驾六"。根据秦汉时期的车骑制度，只有至高无上的皇帝才能御驾六马，如《后汉书·舆服志上》讲到天子乘舆就说："所御驾六，余皆驾四"，说明利豨在世时有权有势，非一般人可比。

四是利豨墓中随葬有三幅地图，第一幅是长沙国南部八县的舆地图，第二幅是长沙国南部的驻军图，第三幅是一个县城的平面图，绘有城垣和房屋等。第一幅和第三幅有行政管理的性质，表明了利豨作为长沙国重要官员的身份；第二幅是军事地图，可能意味着利豨带兵作战的将帅身份。关于这三幅地图的详情，笔者后面有专文阐述，这里不再赘谈。

五是利豨墓发现有一幅关于阅军或誓师的帛画，专家称为《车马仪仗图》，长 212 厘米，宽 94 厘米，悬挂于棺室西壁，画有车马行列。

画面的左上方是一位佩剑将军，正威风凛凛地立于华盖之下，后面跟随一长列侍从，下面还有数十名全副武装的持盾士卒和其他人群。左下方有百余人组成的方阵。中间是鸣金击鼓的宏大场面。右上方是 4 列整齐的车队，右下方则是 14 行纵列的骑队，共百余骑。各路人马均面向墓主人。一般认为，这幅帛画是表现墓主人登临高坛检阅出征部队或出行的盛大场面，画中的那个佩剑将军就是墓主人利豨。

▲　利豨墓棺室西壁上悬挂的《车马仪仗图》

棺室东壁原来也挂有一幅帛画，遗憾的是出土时已残破不堪，只能显示出房屋、车骑、奔马、妇女划船等，反映的大概是墓主人生前生活的片断画面。[163]

从上述情况看，利豨上阵领兵作战也在情理之中。或许就是因为他阵亡很突然，家人没有足够的时间去做准备，以至于他的墓建造得很粗糙，不但封闭不严实，甚至墓穴里有一段都没有填满白膏泥。可惜他的尸体已经完全腐朽，只剩下几根骨头节，考古人员没有办法获知关于他更多更具体的死亡信息。

利豨是利苍和夫人辛追的儿子，又可能牺牲于战场上，他的墓葬

　　　　　　　　　　史无记载：考古发现的中国史

相对比较简陋可以理解，但为什么轪侯利苍的墓葬在规模和随葬品的质量、数量方面却也远远逊于他的夫人辛追呢？似乎于情于理都说不过去。具体情况，我们现在也无从得知，史料上没有更多的记载。不过，仔细考量，应该与利苍所处时代背景有关。

利苍去世时是公元前185年，乃汉高祖刘邦死后吕后掌权的第二年。时值汉初，战乱刚过，经济凋敝，民不聊生。据《汉书·食货志》记载，汉初的老百姓没办法在田地上生产，到处是饥荒，甚至有人吃人的现象，百姓死者几乎过半。就连皇帝都坐不上纯一色的四马车，将相们更是只能坐牛车出行。利苍虽然贵为轪侯，还是长沙国丞相，但也不能不受到大环境的影响，无法积累下更多的财富，家人只得因陋就简，对他实行"薄葬"。

利苍去世大约二十五六年以后，夫人辛追才驾鹤西归。这段时间，正是历史上著名的"文景之治"中兴时期。汉文帝实施"轻徭薄赋""与民休息"的政策，社会得以安定，经济得到发展，《汉书·食货志》记载，到景帝后期时，国家的粮仓丰满起来了，府库里的大量铜钱多年不用，以至于穿钱的绳子都腐朽了，散钱多得无法计算。

辛追墓中豪华奢靡的随葬品，一方面反映了当时的社会确实是经济发达、民安国富，另一方面也折射出当时的王侯将相等贵族阶层对汉文帝阳奉阴违，千方百计地搜刮民脂民膏的情况。因为按照轪侯的封地，只有700户人家供养其家族吃喝穿用，这个数字仅相当于现在一个比较大一点的村庄户数。就算上第二代利豨在长沙国任职的俸禄收入，如果他们不是恶意盘剥，或者采取其他经营手段，发了意外横财，辛追之墓无论如何也不可能建得如此富丽堂皇，其随葬品的品质和数量也不可能如此高贵，如此琳琅满目。

▲ 辛追墓内棺棺盖上长达2米"T"形帛画

从表面上看，在辛追墓1000多件的随葬品中，并不见金银珠宝，连历来盛行的青铜礼器也没了踪影。这是因为，汉文帝一直厉行节约，倡导薄葬，驾崩前还留遗诏给其子景帝："治霸陵皆以瓦器，不得以金银铜锡为饰，不治坟，欲为省，毋烦民……霸陵山川因其故，毋有所改。"（《史记·孝文本纪》）景帝遵文帝之命，将其从简葬在霸陵。汉文帝死于公元前157年，早辛追3年左右。皇帝下葬尚且如此简陋，作为一个小小的轪侯夫人，借她十个胆大概也不敢明目张胆地顶风作案。

不敢明目张胆地顶风作案，不意味着他们不敢顶风作案。辛追墓中虽没有金银珠宝和青铜礼器一类物品出土，但随葬的漆器、丝帛等贵重物品却数以百计。如覆盖在辛追内棺棺盖上的那幅长达2米、精工细作的T字形帛画，就是用来引导死者灵魂升天的所谓"铭旌"。画面上是天上、人间和地下的景象，画中，神话与现实交织在一起，构思精妙有趣。帛画色彩绚丽，内容丰富，其织绣水平出神入化，让2100年后今天的专家们都叹为观止，可以想见由此耗费的人力、物力何其巨大！

▲ 辛追墓出土的云纹漆钫和云纹漆锺

再如随葬的漆器，就达 184 件，无不制作精良，价值连城。有木胎、竹胎、夹纱胎等多种。装饰方法有漆绘、粉彩和锥画等。纹饰有几何纹、云气纹、卷云纹以及龙、凤、龟、猫、花草等。制作如此奢华精美的漆器，其耗费的人力、物力远在青铜器之上。按《盐铁论》的说法，其成本甚至达到了"一文杯得铜杯十"的程度，连汉桓宽都发出了"夫一杯棬用百人之力，一屏风就万人之功"的感叹。但漆器不在朝廷禁止之列，价值再大用于随葬也没有什么政治风险，所以，辛追死后，已经继任第三代轪侯的彭祖，才敢无视文帝"薄葬"的遗诏，肆无忌惮地为他的这位"太皇太后"举办豪华到奢靡的葬礼。

但辛追没有想到，她的儿孙也不会想到，仅仅 50 年后，他们的家族就从阳奉阴违的顶风作案发展到明目张胆地以身试法："行过不请，擅发卒兵为卫"，最后落了个被剥夺世袭爵位并"除国"的下场。正应了《桃花扇》里的那句唱词："眼看他起朱楼，眼看他宴宾客，眼看他楼塌了。"

一个西汉青年贵族的日常生活

一

帛书，也称缯书、素书，是中国古代采用丝织品即缣帛为书写载体的一种书籍，常与简牍并列称为竹帛。《墨子·明鬼篇》云："古者圣王，必以鬼神为其务，又恐后世子孙不能知也，故书之竹帛，传遗后世子孙。"

湖南长沙马王堆3号汉墓，也就是轪侯利仓和夫人辛追的儿子——第二代轪侯利豨的墓中出土了帛书42种和各种竹简、木牍近700枚。42种帛书总计有12万多字的内容，涵括政治、经济、哲学、历史、天文、地理、医学、军事、体育、文学、艺术等众多学科。其中与传世读本可资对比的有《老子》《易经》和《战国策》，其余都是经历秦始皇"焚书坑儒"后尚存，但已湮没2000余年的古佚书。

帛书，在此之前仅有长沙子弹库出土有战国一种，但实际上是图，与真正的书尚有不同。马王堆3号墓中简帛的出土，让我们第一次看到了古代帛书的具体样式，可谓空前重大的发现，为中国传统文献学科研究提供了十分丰富的实物及文献资料。[164]

按照《汉书·艺文志》分类法，马王堆利豨墓所出帛书可分为六艺、诸子、兵书、术数、方技五类。

六艺类帛书，有《春秋事语》《战国纵横家书》，以及《周易》的"经"和"传"。其中《周易·六十四卦》和《系辞》都是最古的抄本之一；《春秋事语》是记叙春秋时代历史的珍贵文献；《战国纵横家书》记录了战国时纵横家的游说之辞，许多久已失传，纠正了过去所传相关史实之误。

诸子类帛书，有《老子》甲本和乙本，又有《经法》《十六经》《称》《道原》四篇有关黄帝言论的古佚文献，抄录在《老子》乙本前面，称为《黄帝书》或《黄帝四经》，是佚失千年之久的有关汉初黄老思想的重要文献。

兵书类帛书，有《刑德》甲、乙、丙三篇，是汉初刑德理论的重要文献。

术数类帛书，有篆书《阴阳五行》、隶书《阴阳五行》《天文气象杂占》《五星占》《相马经》《木人

▲ 马王堆 3 号墓所出帛书《老子》乙本前的佚书《经法》[165]

占》六种，是研究我国上古时期阴阳五行理论与天文气象、占卜的珍贵文献。

方技类帛书，有《足臂十一脉灸经》《阴阳十一脉灸经》甲本、《脉法》《阴阳脉死候》《五十二病方》《养生方》《胎产书》《杂疗方》《阴阳十一脉灸经》乙本、《却谷食气》等十种，均系中医学弥足珍贵的古籍，反映了西汉及其之前的临床医学、方药学、养生学的发展水平。

这42种帛书除了《老子》乙本等外，其余大部分没有标题，均为当今学者所加。作为书写载体的缣帛有整幅和半幅两种。整幅的，宽48厘米左右；半幅的，宽24厘米左右，均系横放直写。整幅的每行60至70字不等，半幅的每行30余字。部分是先画"朱丝栏"，后再书写。字体有篆隶、汉隶和介于篆隶之间的古隶三种，书写的字体风格不一，有的洒脱不羁，有的工整秀丽，专家判断出自不同时期不同人的手笔。

根据不同的书写风格和避讳字的运用情况，我们大致可以推断出马王堆帛书一些种类的抄写时间。例如，《阴阳五行》甲篇、《五十二病方》《足臂十一脉灸经》等可能抄写于秦始皇在位时期；汉隶类帛书书写年代较晚，《春秋事语》《战国纵横家书》《经法》《十六经》《称》《道原》《老子（乙本）》《相马经》等可能抄写于汉高祖在位时期，而《五星占》的抄写时间应该晚到了汉文帝在位时期。因为其字体与书风的演进是一致的：秦初帛书字体偏篆书；秦汉之际至汉高祖时期，篆书构件减少，隶书构件增多；汉初书体的特点是，结字方正，横平竖直，波挑较明显，已具有八分体的雏形，但仍多多少少地显露出篆书构件的遗风。

需要提到的是，《阴阳五行》的运笔近似战国楚简，笔画轻盈弯曲，横画有明显向下勾回的动作。长沙乃"战国七雄"之一楚国的重镇，经济文化较为发达。20世纪70年代以来，大量楚墓及楚国文献的出土，印证了这一点。秦统一六国后虽然实行了"书同文、车同轨、度同制、行同伦、地同域"的政策，文字写法趋向统一，但各地的用笔习惯仍保留了下来。《阴阳五行》抄于秦始皇时期，距离楚亡不远，所以，带有传统的楚国笔法就很正常了。这与楚国传统的书法遗风是难以分开的。

马王堆帛书为我们呈现了波澜壮阔的隶书演变进程，还原了西汉及其以前先贤们真实的书写状态与风格。可以说，正是20世纪70年代以来，以马王堆西汉墓为代表的简牍、帛书等先秦至秦汉文献的大量出土，改写了中国的学术史和书法史。之前由金石铭刻构建起来的秦篆汉隶体系被进一步充实，书法史因而变得更加丰满，更有血肉，脉络也更清晰了。

马王堆简帛出土以后，很快就在书法界引起了一场复古临摹浪潮，据不完全统计，迄今为止，在国内已公开出版的马王堆竹帛书法临帖方面的书就有《马王堆汉墓帛竹简》《马王堆帛书艺术》《马王堆一号汉墓简》《马王堆三号汉墓简》《马王堆汉简·遣策》《马王堆帛书·老子》《中国书法全集（第5册、第6册）》《中国民间书法全集6》（简牍书法卷）《中国碑帖名品简帛书法名品》《马王堆汉墓帛》《长沙马王堆汉墓简帛集成》《马王堆汉墓简帛书法（合集）：简帛书法大系》等。除此以外，日本还出版有《马王堆帛书精选》《简牍名迹选》等相关图书。

二

与对书法史的影响相比，马王堆3号墓简帛对中国古代史研究的影响更为巨大，其中有些帛书不仅是早已佚失的孤本，今人闻所未闻，而且有不少记载与传统史学常识不符，甚至是完全相左，汉初及其以前的中国史因此变得更加丰富多彩。在此，仅以《老子》《五星占》《天文气象杂占》和《战国纵横家书》四部帛书为例做简要说明。[166]

《老子》传世版本很多，新出帛书《老子》又给了一种选择。流传本是道经在前，德经在后，而帛书《老子》正好相反，是德经在前，道经在后。《老子》乙本卷前的4篇古佚书《经法》《十六经》《称》《道原》，共1.1万多字，流传本不见。唐兰先生在其《司马迁所没有见过的珍贵史料——长沙马王堆〈战国纵横家书〉》[167]一文中认为，这4篇文章即《汉书·艺文志》所说的《黄帝四经》，如果属实，那我们就算是首次看到了"黄帝学"的本来面貌，其在哲学史和汉初黄老之学史料价值方面的重要作用，由此可想而知。

《五星占》记载了秦始皇元年至汉文帝三年，即公元前177年至前246年总计70年间，木星、土星、金星在天空运行的位置。所载金星的会合周期为584.4日，比现今所测583.92日，只多了0.48日。土星会合周期为377日，比现今所测只少了1.09日；土星的恒星会合周期为30年，比现今所测29.46年，只多了0.54年；木星会合周期为395.44日，比现今所测只少了3.44日；木星、恒星周期为12年，比现今所测11.86年只多了0.14年。

这些数据比成书稍晚的《史记·天官书》《淮南子·天文训》所记更为精确，反映了至迟在战国时期，我国天文学观测技术已达到相当高的水平，即便与今天相比，也不遑多让。

《天文气象杂占》中绘有各类天象图250幅，并附有简明扼要的说明文字，内容涉及天文学、气象学和占星术等方面。其中最为学界称道的是 29 幅彗星图，除翟星外，其余都绘有彗头和彗尾两部分。部分彗头内画有一个小圆圈或小圆点，专家认为，有可能是当时已发现了彗核的标志。"翟星"没有画出彗尾，或许意味着当时的人们已经知道有的彗星没有彗尾。

《战国纵横家书》共 1.1 万余字，有很多关于苏秦的内容，多与《战国策》《史记》抵牾，而且其中有 16 章不见于后者。《战国策》是关于战国时期纵横家言行的一本史书，系刘向在西汉后期对战国至秦汉之交众多策士编撰的各种文献整理而成。书中有诸多名称前后不一，内容不但铺陈夸饰，而且有相当一部分相互龃龉。这其中以关于苏秦、张仪的活动事迹记载最具代表性：前后矛盾，明显夸饰，甚至于有不少附会的成分在内。

《史记》对刘向编《战国策》前的各种战国文献大多采取的是直接采用的态度，据不完全统计，《史记》与《战国策》内容相同者在 90 条以上。马王堆汉墓简帛出土以前，历代不少学者就提出了怀疑，但也是仅仅从各种文献记载互相矛盾的情况下提出的，并没有涉及苏秦和张仪有无交集的问题。而《战国纵横家书》出土以后，人们发现，其中所记苏秦是死于公元前 284 年，而《史记》记载苏秦是死于公元前 320 年至前 314 年。也就是说，苏秦的卒年被司马迁整整向前推进了 30 年至 36 年。苏秦和张仪本来是两代人，这一下就变成了同代人，两人因此还联合上演了一番"合纵""连横"的战国七雄军事大对决，颇有"关公战秦琼"的味道，令人哑然。

《史记》所记六国合纵，在《战国纵横家书》中则是五国攻秦；《史记》所记苏秦的很多事迹，在《战国纵横家书》中全是苏秦之兄苏代所为。唐兰在《司马迁所没有见过的珍贵史料——长沙马王堆帛书

▲ 马王堆 3 号墓所出帛书《战国纵横家书》

〈战国纵横家书〉》一文中说，司马迁是把公元前3世纪初苏秦的事迹推到前4世纪末；把张仪、苏秦的时序改为苏秦、张仪……他的《苏秦传》就等于后世的传奇小说了。历史学家马雍发表《帛书〈战国纵横家书〉各篇的年代和历史背景》[168]一文，坦然指出："《史记》中有关苏秦的记载错误百出，其材料来源多出伪造，可凭信者十无一二……《战国策》中关于苏秦的记录较《史记》为多，但亦真伪参半，又往往将苏秦和苏代兄弟二人弄得混淆不清。"

除此以外，杨宽先生在其《战国史料编年辑证》[169]一书中经过考证后，得出结论说苏秦最早游说对象为秦昭王，《史记》《战国策》误作惠王。

当然，也有一些学者认为，帛书《战国纵横家书》只是一个关于苏秦、张仪记载比较早的版本，系后辈策士所记，其字体在篆隶之间，且避汉高祖刘邦名讳，应该是汉初抄本，或许有误亦未可知。书中二十七章，能够确认内容与苏秦有关者不足一半，其余或属苏代、苏厉事迹，断定其基本为记载苏秦的可靠文献证据尚显不足。

总而言之，马王堆简帛的出土，使得原来一个单调的、波澜不惊的历史画卷正逐渐变成一个多彩的、浪花飞溅的历史长河。而历史的真相往往就是无数浪花笼罩下的那道流深的静水。

三

马王堆3号墓帛书中存有3幅地图[170]，一幅是军事地图，学界一般称为《驻军图》，长98厘米，宽78厘米，采用红、黑、青三色绘画，出土时色彩艳丽。图中所绘主区位于今湖南南部宁远九嶷山与南岭之间，绘有山脉、河流、居民点，着重标出了9支军队的驻地、番号、防区界线、军事设施和行动路线。图上标示的周都尉军、徐都尉军和司马得军三支军队呈梯形布防。图幅中部的三角形城堡，是各支驻军的指挥中心。指挥城堡后面注有"甲钩""甲英"的地方是军队武器、粮草的集积地。《驻军图》比例尺为1：80000～1：100000。

一幅是汉初诸侯长沙国南部地形图，一般称为地形图，或舆地图，四方形状，边长96厘米，地图方位标示是上南下北，左东右西，同我们今天使用的地图方位正好相反。大致范围为：西到广西全州、灌阳一线，东达湖南新田、广东连县一线；北抵新田、全州一带，南至南海。地图的比例为1：170000～1：190000。这幅图的精确度相当高，主要河流、山脉和城市的方位，都同实际情况相符，尤其是潇水及其支流的流向和弯曲轮廓，都很接近于现代地图。

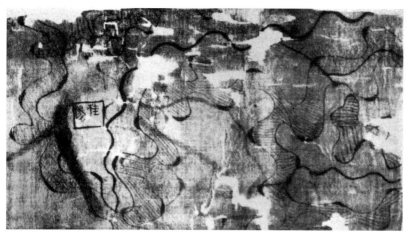

▲ 马王堆3号墓所出长沙国南部地形图（局部）

还有一幅是一个县城的平面图，一般称为《城邑图》。上面绘有城墙、街道和建筑物等。城门上的亭阁是用蓝色所画，街坊和庭院则是用红色标示。三幅地图记录的直接性、原始性是非常明显的。

史无记载：考古发现的中国史

汉代及其以前，驻军与筑城、守城往往是合为一体的，《驻军图》可印证这一点，图上不仅有城堡、城垣、望楼、门楼，还有一处标有"深平城"字样，从这个意义上说，《驻军图》《城邑图》也是西汉时期城市建设的图文记录，是难得一见的城建档案。这两幅地图可以说是目前中国，乃至全世界保存下来最早的城建档案图。

长沙马王堆汉墓帛绘地图的出土，在当时曾轰动了世界地图学界，因为这三幅地图是当时所见中国和世界范围内最早的地图实物，直到13年以后的1986年，才因甘肃天水放马滩战国晚期木板地图的出土，让出老大的位置。[171] 当然，由于时代远近不同的关系，放马滩战国木板地图比马王堆汉墓帛绘地图更显原始和古朴，两者虽然皆属区域图，但放马滩图所绘的范围仅战国秦邦县区域，属小区域图，相当于现在天水市秦城区天水乡范围，而马王堆汉墓帛绘地图却要大很多，说明经过三四百年的发展后，到西汉初年，远距离的地图测绘技术有了长足的发展。

放马滩战国木板地图和马王堆汉墓帛绘地图共同表明，战国晚期至汉初，中国的测量技术、地图绘制技术、符号设计和制图原则等都达到了很高的水平，二者的出土还改写了中国古代地图学史。魏晋时期地图学家裴秀在《禹贡地域图》序中说："汉氏《舆地》及《括地》诸杂图""不设分率，又不考正准望，亦不备载名山大川；其所载列，虽有粗形，皆不精审，不可依据。"从马王堆汉墓帛绘地图来看，裴秀的看法是错误的，汉代地图的绘制已经达到了非常详密和精审的程度。可能是由于汉末天下大乱，大量地图散佚，裴秀没能看到。但由于裴秀在中国地图史上的特殊地位，这种看法统治了中国地图史1700年之久。

3 号墓的随葬品除了帛书外，还有帛画、兵器、乐器、漆器、木俑、纺织品，以及陶器、竹笥（用以盛放衣物书籍等的竹制盛器）和"遣册"（随葬物清单）简牍等，总计 1000 多件，其中"遣册"简牍共计 410 支。[172]

"遣册"中有两支"小结"木牍记录："右方男子明童凡六百七十六人，其十五人吏，九人宦者，二人偶人，四人击鼓、挠、铎，百九十六人从，三百人卒，百五十人奴"，"右方女子明童凡百八十人，其八十人美人，廿人才人，八十人婢女"[173]。男、女明童合计 856 人。"明童"也称"亡童"，就是木俑——木制的人像。

根据简文记载，这"十五人吏"包括"家丞一人""谒者四人""家吏十人"。"小结"木牍提到的"百九十六人从，三百人卒"，分别执有长戟、短戟、弩、盾、长矛等兵器。

虽然墓内所出木俑总数仅为 104 件，与"遣册"所记数量相差甚远，但就这 104 件而言，与木牍所记类别，都能对应起来。

歌舞俑和乐俑也是这种情况，实际出土的有 17 件，但简文详细记载的则有数十人。这些歌舞俑和乐俑一律身着丝织衣服，有的在跳舞，有的在吹竽，有的在鼓琴鼓瑟，还有的在敲击 10 个 1 组的编钟和编磬……

琴、瑟、竽都有实物出土，其中琴在考古中是首次发现。这是一张七弦琴，弦的内侧和外侧都没有徽的痕迹。关于琴徽，东汉文献才开始有记述，暗示琴徽有可能是产生于西汉之后。

瑟在马王堆 1 号墓，即 3 号墓主人利豨母亲的墓中也有出土，是一件二十五弦瑟，相比于利豨墓出土的那件，保存得更好一些，是中国考古目前发现的保存最为完整的汉瑟，也是西汉早期瑟的首例标本，它有着十分重大的学术意义。瑟在汉代极为流行,"竽瑟之乐"是汉代具有代表性的音乐形式。瑟在后世为筝所同化,虽然屡见于后世文献,其形制实已成为筝的一种变体。

▲ 马王堆 1 号墓出土的二十五弦瑟[174]

"滥竽充数"的成语故事在中国可谓家喻户晓,但竽到底长什么样,今天没人见过,我们只能从东汉应劭的《风俗通义》和三国魏张揖的《广雅》等书中略窥一斑:竽似笙而大,36 管,后减为 23 管。竽到宋代时为笙所同化,从此不见了踪影。竽在 3 号墓和 1 号墓也各出有一件,3 号墓所出严重残损,但从中发现了 23 个簧片和 4 组折叠管。在个别完整的竽管上,还可看到出气眼和接孔。1 号墓所出则较为完整。1 号墓还与竽一同出土了 12 支竹律管,"遣策"称之为竽律,专家认为是古代一种用于调竽的定律器具。12 支律管可吹出 12 个音韵。竽律不见于古代文献,是一件不为后人所知的稀世珍宝。这是音乐史上的一大发现。

3 号墓出土的乐器还有木筑 1 件、竹笛 2 件、木编钟和木编磬各 1 套 10 件、奏

▲ 马王堆 1 号墓出土的竽[175]

乐仪仗图各 1 幅、乐简 18 枚、乐牍 1 枚。其中，木筑出土的意义更为重大。筑是战国时期出现在中原地区的一种新式击弦乐器，流行于燕、赵、卫、齐等国，但不知什么时候失传了。3 号汉墓的发掘，让我们有幸首次见到筑的实物。

从 3 号墓出土的木筑看，汉代的筑是一种用竹尺击奏的木质带柄的半板箱体五弦乐器。1 号墓的漆棺头档的中部，绘有一神怪坐于云间，持筑击奏。右下方另一神怪吹竽，与 3 号墓的发现遥相呼应，母子俩可谓同声相应，同气相求。[176]

▲　马王堆 3 号墓出土的筑[177]

3 号墓出土帛画，共有 3 幅。其中 2 幅分别悬挂在棺室东西两壁上，用来表现墓主人日常生活和誓师出征等内容，还有 1 幅是覆盖在内棺上的 T 字形帛画——用来引导死者灵魂升天的所谓"铭旌"，画面上是天上、人间和地下的景象，外加墓主人出行的壮观场景——戴冠佩剑，随从执戟矛。

除此以外，3 号墓中还随葬有 200 支医书简，和帛书放在一起。这些书简分为两卷，都是关于养生长寿札记一类。

简文涵盖肉食品烹调加工方法以及车骑、仆从、乐舞和兵器等方面内容，对于我们了解汉初有关的制度和礼俗也具有非凡的意义。

四

早在上古时期，人们就形成了彼岸世界的宗教思想，而墓葬则被视为灵魂在彼岸世界的居所。但彼岸世界无非就是此岸世界在想象中的翻版和延伸，所以"事死如事生""鬼神犹求食"一类思想便油然而生，厚葬风潮一代一代此起彼伏。马王堆3号墓的建筑设计、棺椁置放、随葬器物等，既可以看作是墓主生前生活的再现，同时也可以视作其彼岸生活的需要，是其"脚踏实地"与"仰望星空"完美融合的一个物质体现。[178]

从马王堆3号墓随葬品的存放位置来观察，简帛置于黑漆奁中，遣策放在椁箱，T形帛画覆盖于内棺之上，三者书写材料虽然一致，但性质却截然不同。遣策为随葬品清单，其中的纪年木牍等同轪侯家丞给阴曹地府随葬品放行的文书；T形帛画是死者通往仙界的"路牌"，二者均为"明死生之义"的明器。而黑漆奁中的简帛，将天文地理、历史哲学等各类文献汇聚一处，寓含天地人为一体的哲学奥义，是墓主生前和死后都要参悟的"天地万物之道"。

我们具体以墓室北椁箱为例，来看看生者是如何为墓主人布置或是还原他生前的生活场景的。北椁箱共随葬有167件（组）器物，按质地有漆木器、陶器、竹器、角器、丝织品；按功能则有家具、起居用具、兵器、乐器、木俑等。按照这些随葬物品放置的原始位置及其之间的相互关系来观察，我们会看到：这是一个经过精心筹划布置的起居室：四周挂的是帷帐，底部铺的是竹席，左端列有漆屏风，屏风前站有陪侍木俑。室南陈设书几。书几左边陈放着墓主的私人物品，如锥画狩猎纹奁、锥画六子奁、油彩双层奁等，右边放有一盏陶灯。

▲ 马王堆 3 号墓覆盖在内棺棺盖上的 T 字形帛画

室北正对着漆几的位置，陈设的是放满兵器的兵器架。书几前方漆案上陈设有食品和食具，而旁边则有一群歌舞俑正在翩翩起舞。与之相配套，室右陈立着木编钟、木编磬，还有漆钫、勺等酒具。

显然这就是这位青年贵族墓主人生活场景在墓中的再现：有美酒喝，有佳肴吃，有美人陪，有音乐听，还有舞蹈可供欣赏。烦了，读书写字沉静一下；累了，弹琴鼓瑟轻松一下；心劲来了，拿起兵器再演练一番。这样的情景无疑是一个汉代贵族富贵荣华生活场景的写照，但绝不是全部。贵族之所以是贵族，是因为他们不会平躺、内卷，而更在于其精神上的追求和享受。墓主人利豨，不仅是汉皇封的轪侯，更是一位具有家国情怀、胸藏文韬武略的将军。墓中的随葬品，尤其是竹简、帛书、帛画和兵器一类，无不体现着他的追求和思想。平常他可以品尝美酒佳肴，观赏音乐舞蹈，尽情享受生活的乐趣，但他更多的可能是读书和练武，一旦战场上有需要，他会勇敢地站出来，驰骋沙场，为国分忧。

利豨下葬时只有 30 岁左右，没有明确的证据说明他是阵亡。但从他的年龄，从随葬的兵书、兵器和绘有誓师出征内容的帛画看，一切潜在的证据都将他的死指向了战场。

2100 年过去了，通过考古，我们有幸目睹了这座千年难遇的藏书宝库，并通过其丰富的藏书和琳琅满目的随葬品让我们看到了利豨——一个汉初青年贵族真实的生活场景和内心世界，并通过他对汉初的贵族阶层有了一个更为具体更为清晰的认识。

尤其重要的是，利豨用他的藏书和随葬品在 2100 年之后，为我们展示了一个全新的西汉未知领域，西汉史因此变得更加丰富多彩起来。

一座西汉无名墓主的私人藏书

　　中国重大的考古发现大多具有偶然性，有的是因为盗墓而发现，有的是因为农民下地无意刨出文物而发现，还有的是因为施工挖出古墓而发现，山东临沂银雀山汉墓竹简的发现就属于后者。

　　据银雀山汉墓发掘者之一的刘心健先生回忆[179]，1972 年 4 月 10 日上午，他正在临沂文物组工作办公室整理有关材料的时候，临沂县城关建筑管理站一个叫作孟季华的老工人急匆匆跑来报告说，在地区卫生局基建工地所在的银雀山西南麓发现了一座古墓，让他们赶快去看看。刘心健和同事立刻就跟着孟季华赶了过去。到了目的地一看，发现古墓埋藏很深，距地表有两米左右，周围还有很多乱石，一时无法下手。于是他们就同工地负责人商量，请他们先帮忙清理一下现场，三天后他们再去。当时大家都认为，这就是一座普普通通的古墓，尽快挖完就是了，免得耽误人家正常施工。

　　三天后，刘心健与一同在临沂文物组工作的张鸣雪以及在临沂县图书馆工作的杨佃旭，一早就赶到了工地。因为当时没有照相设备，他们就按照野外考古工作的要求，请临沂东方红影院派人拍摄发掘现场的外景。发掘前，三人做了分工，张鸣雪由于已是古稀之年，就让他在上面负责看管工具和运上去的文物，刘心健和杨佃旭下坑挖掘。另请孟季华维持现场秩序。

挖掘进展顺利，很快就看到了放置在墓室中的棺材。由于棺材体型巨大，刘心健凭经验判断这副棺材是由内棺和外椁组成，也就是说内棺外面还套着一层木椁板。他们小心翼翼地揭开外面木椁顶板，椁室内的情况便一览无余：椁室东侧为棺木，西侧为放置随葬品的边箱，中间用一层薄板隔开。二人先清理的是西边箱里面的随葬品，主要有鼎、盒、壶、盆、罐等陶器和杯、盘、耳杯等漆木器，以前在汉墓中多有所见，研究价值不是很大。

惊喜来自下午 4 点半左右。他们在边箱北端发现了一个歪拱的椭圆型木兀，木兀上面还放有一只彩绘筒形漆耳杯，与一堆破烂竹片条儿粘在一起，没法单独取出。刘心健和杨佃旭当时都以为这些已经腐朽的竹片儿与边箱南端盛栗子、核桃的篓片是一样的东西，所以，为了取出那只漆耳杯，就将那些腐朽的竹片拆断了一些。后来，杨佃旭不经意间发现竹片和泡在水中的几枚铜钱上似乎都有字迹，就告诉了刘心健，并将手中的铜钱和竹片递给了他。刘心健接过仔细端详，发现这枚铜钱是西汉的"半两"钱。再回头看竹片，上面模糊不清，但隐约可以看到一些字迹。刘心健心里当时就"咯噔"了一下：这会不会就是古人写书用的竹简？这个念头一闪过，他就赶快从那堆腐烂的竹片中取出一根较长的，用清水慢慢地冲洗上面的淤泥和水锈，最后，奇迹真出现了，上面有字！

经过仔细辨认，竹片上的字是早期隶书："齐祖公间管子曰……"刘心健高兴极了，这可是一辈子都难以遇到的一次大发现。他赶忙对杨佃旭等人说，咱们有了重大发现！这是记载先秦史料的竹简，得马上停工，向上级报告。

山东省文物局接到消息后就连夜协调，请临沂军分区派了一个班的战士前往现场协助保护。停工待命一天后，山东博物馆派毕宝启等专家与刘心健他们一起进行墓葬的清理工作，总共用了两天时间，出土了大量的竹简和随葬品。随后，他们又在该墓西侧50厘米远的地方发现了另一座墓，依照发现时间先后顺序，分别将这两座墓编为1号墓和2号墓。

▲ 银雀山汉墓现场发掘照片 [180]

史无记载：考古发现的中国史

后经相关专家整理，1号汉墓共出土竹简及残片4900多枚，内容有《孙子兵法》《孙膑兵法》《六韬》《尉缭子》《晏子春秋》《管子》等先秦文献及《曹氏阴阳》《相狗经》《杂占》等13种。其中有很多都是古佚本，不见于传世文献，具有非常重要的学术价值；2号墓中出土的竹简较少，仅有32枚，内容为《汉武帝元光元年历谱》。

1号汉墓所出这批竹简中，有一个十分惹人注目的现象，那就是它的内容绝大部分是讲军事问题的著作，还有一小部分是其他先秦诸子书籍，但没有出现儒家经典著作。这种现象的出现应该与秦始皇统一天下以后"焚书坑儒"有关。《西汉年纪》记载："及至秦之季世，焚诗书，坑术士，六艺从此缺焉。"银雀山汉墓所在的临沂地区，在春秋后期属于鲁国，正是孔子的大本营所在，是儒家思想扎根发芽、影响最深的地方。《庄子·天下》记载："其在于《诗》《书》《礼》《乐》者，邹鲁之士，搢绅先生多能明之。"然而在这个地方出土的众多竹简中，偏偏没有发现儒家的经书。考虑到1号汉墓下葬时间距离秦始皇去世还不到100年，说明儒家信徒在秦代确实遭受了几近毁灭性的打击。

但这只是问题的一方面，从另一方面看，秦始皇"焚书"焚的只是儒家的经书，而并非像后世儒生所说那样，焚烧的是除法家、兵家之外的所有简书。1号汉墓出土的先秦诸子著作还有《墨子》《管子》《晏子》等，就是最好的说明。即使是儒家经书，也不是不问青红皂白，就全部付之一炬，焚毁的主要是民间藏书，而"博士官"一类人员所藏儒家经书，则不在此列。如《后汉书·天文志》就说："星官之书，全而不毁。"袁枚《随园诗话》卷五引清人黄石牧话也说："秦禁书，禁在民，不禁在官，故内府博士所藏，并未亡也。"

1号墓和2号墓发掘之后，考古人员又于1973年在银雀山发掘了四座西汉墓，但是均没有像 1 号墓那样有太重要的发现。

　　根据墓中所出竹简上的避讳文字、早期隶书演变痕迹及其他文物出土情况，考古人员大致确定，1 号墓的年代应为武帝元狩四年（前 119 年）至元狩五年（前 118 年），2 号墓的年代为武帝元光元年（前 134 年），3 号、4 号墓的年代下限为武帝元光元年（前 134 年），5 号、6 号墓的年代上限为宣帝本始元年（前 73 年）。也就是说，银雀山 1～5 号墓墓主人下葬时间均在西汉早期，6 号墓的年代在西汉晚期。[181]

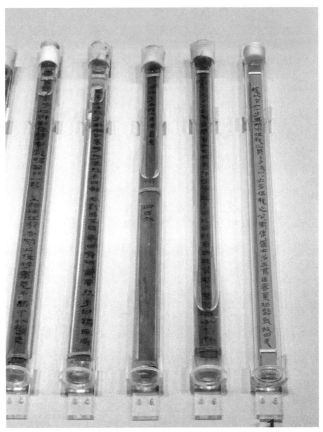

▲　银雀山汉墓出土的汉代简牍[182]

这几座墓葬中都没有发现明确的墓主人身份信息,虽然学界有不少推测,但众说纷纭,至今还是未解之谜。

1号墓中所出13种文献,大都是兵书一类,即便是《管子》,其中重点部分也是兵法一类内容,有学者认为墓主人是个高级军官,但墓中却没有出土哪怕一件象征高级军官身份的兵器,所以大多数学者认为,墓主人或者是从军的一个文职高参,或者是一个喜爱兵法的"发烧友"。

二

银雀山1号汉墓所出竹简中,最受社会关注、也最具有历史价值的是《孙子兵法》和《孙膑兵法》,两书同出解决了一件千年历史悬案。[183]

在此之前,最早记载《孙子兵法》的是《史记·孙子吴起列传》,明确记载孙武和孙膑是前后具有血缘传承的两代人,他们分别都有兵书传世,其中,兵法十三篇的作者是孙武。稍后,班固的《汉书·艺文志》问世,其中的"兵权谋家"下也载有《吴孙子》和《齐孙子》两书。但再往后,《齐孙子》就不见了踪影,各种书籍也都没有了相关著录。

由于历史上有两个孙子,而流传下来的只一部《孙子兵法》,而且这一部《孙子兵法》篇数与《汉书》所记《吴孙子》不合,就引起了后代学者对《孙子兵法》作者的争论。尤其是到宋朝时,竟发展到从根本上否认《孙子兵法》在历史上存在的地步,如生活在北宋年间的梅尧臣就认为《孙于兵法》系"战国相倾之说"(梅尧臣《孙子注》中的欧阳修《后序》),而南宋时期的叶适更以孙武事迹不见于《左传》,否认历史上有过孙武这个人,所谓孙子兵书根本就是春秋至战国初年那些山林处士假托而作。

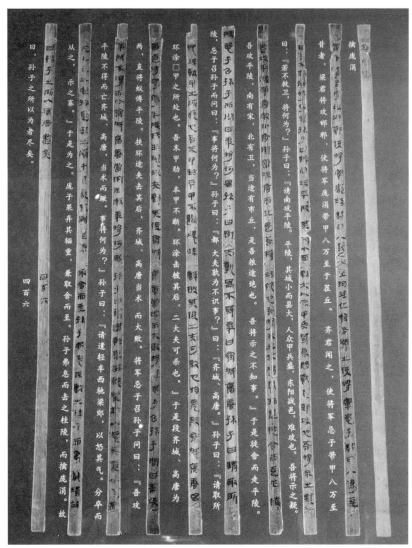

▲ 银雀山 1 号墓出土的汉简《孙膑兵法》[184]

此后更是聚讼纷纭、莫衷一是，一直绵绵缠缠延续到银雀山汉墓竹简出土为止。学者中有认为《孙子兵法》的作者是孙武的，有认为是孙膑的，有以为是奠基于孙武而成书于孙膑的，还有认为世传十三篇是经过曹操删削而成的，如此等等。

出现在银雀山汉墓中的《孙子兵法》和《孙膑兵法》显示系两个不同的孙子所作：一个是与吴王阖庐论晋国六卿兵制得失并以兵法试诸妇人的孙子，是为孙武；一个是与齐威王、田忌论兵并于桂陵之役擒获庞涓的，是为孙膑。两人间隔100余年，均有兵法传世：孙武的传世之作是《孙子兵法》，亦称《吴孙子》，孙膑的传世之作是《孙膑兵法》，亦称《齐孙子》。两部兵书各有其具体的内容和时代特色。

尤其需要提及的是，《孙子兵法》佚文《见吴王》篇中两处提到"十三篇"，正好能与《史记》所说孙武以兵法十三篇进见吴王阖庐相互印证。由于这部竹书比司马迁写《史记》的年代要早很多年，这就更能够说明《史记》关于孙子及其著述的记载是可靠的，《汉书·艺文志》关于《吴孙子》和《齐孙子》的著录也是有根据的。至此，这桩因《孙膑兵法》失传而产生的千年疑案，终因《孙子兵法》和《孙膑兵法》两部竹简在银雀山汉墓同时出土而顺利得以解决。

《孙子兵法》简书系用三道编绳将各简编联而成，简长27厘米，宽0.5～0.9厘米，厚0.1～0.2厘米。上留天，下留地。编绳虽多已腐朽，但仍然可以看出明显的痕迹。简上单行直书，每简一般30余字，也有超过40字的。

《孙子兵法》被发现时，编绳已经腐朽，竹简散乱一片，部分还和淤泥粘连在一起，残断情况非常严重。后经过精心冲洗，并根据书体、文义、编组痕迹和残简断口等，进行拼合、系联，最后才整理出了属于《孙子兵法》的十三篇整简和残简近300枚，总计有2600多字，比现在流行的宋本《孙子》多出1/3的篇幅。

另外，还发现有与《孙子兵法》相关的佚文5篇，总计1300余字。

正文和佚文加起来，这才是《孙子兵法》的原貌。

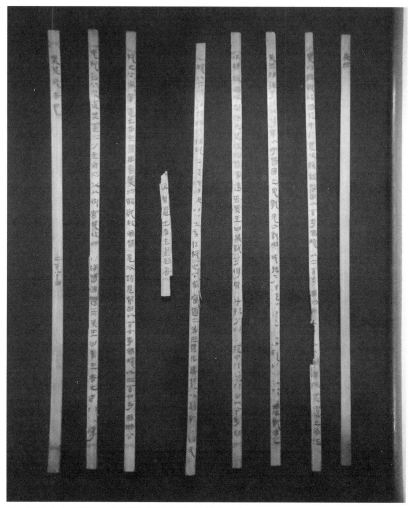

▲　银雀山1号墓出土的汉简《孙子兵法》（复制品）

　　古本竹书与通行本宋本《孙子》大同小异，但二者之间也有明显的差异。

　　一是竹书行文更加简约。如宋本《虚实》篇中"能因敌变化而取胜者谓之神",竹书是"能与敌化之谓神";宋本《九地》篇中"此谓巧能成事者也",竹书是"此谓巧事",如此等等。

二是竹书多用借字、古字。借字如胃和谓、皮和彼、立和位、冬和终、轻和经、视和示等,这类字大约有七八十个。古字如执和势、玻和驱、县和悬、惥和勇等。宋本没有这种现象,用的是本字或今字。

三是竹书没有避后世的皇帝名讳。如《虚实》篇中"兵无成势,无恒形","五行无恒胜",《九地》篇中"率然者恒山之(蛇也)"等,"恒"在流传宋本中作"常",是为了避汉文帝刘恒名讳所改;竹书《九地》篇中"四彻者衢地也","彻"是汉武帝的名字,为避讳,有的流传本作"达",有的作"通";竹书《军争》篇中"(鼓金)旌旗者所以一人之耳目也,民漫已传……","民"在流传本中作"人",这是为了避唐太宗李世民名讳所改。

就避讳现象而言,在同墓出土的其他竹书中,邦——汉高祖名、盈——汉惠帝名、恒——汉文帝名、彻——汉武帝名,都常常可以见到。雉——吕后名、启——景帝名二字偶有出现。虽然汉初避讳规制还不是很严格,但与同时期的其他文献相比,竹书不避讳的现象更为普遍,应该不是偶然的事情。考虑到竹书《孙子兵法》一类书写文字都是早期隶书,那么其抄写年代可能比马王堆帛书《老子》乙本还要早,或许是秦代甚至战国晚期也说不定。

总的来说,银雀山汉墓所出竹简意义重大,一是纠正了历史上一些错误的说法,还原了历史的本真面目;二是发现了一批古佚本,填补了历史文献研究的一些空白;三是为订正今本文字讹误提供了一个难得的样本。

海昏侯墓的惊世大发现

一

2011 年 2～3 月，江西省南昌市新建区大塘坪乡观西村一座叫"墎墩山"的山包上，不时就会出现一些陌生的身影。村里的狗也经常是在半夜里就莫名其妙地狂吠起来。有一天，村民们下地劳动，发现山上的一株杉树边隆起了一个很高的黄土堆，挨着土堆的是一个刚挖下的洞口，大约有 1 米长、0.5 米宽、10 米深。周围还发现有榔头、钢钎、手套等工具。"是盗墓贼！"几个村民立刻做出判断，并在随后报告了相关部门。

就在这几个村民向相关部门报告墎墩山出现盗墓情况前后，南昌市的古玩市场上突然冒出了一条纯金打造的金龙饰物。熟悉中国历史的人都知道，龙是古代皇帝特有的标志，是皇帝才能拥有的专属信物。一条纯金打造的金龙饰物突然从天而降，可能意味着盗墓贼在当地发现了一座帝王级别的墓葬，南昌市的古玩市场霎时掀起了一阵风波。文物贩子蠢蠢欲动，但又不敢轻易出手，因为谁都知道，这是一个烫手的山芋，搞不好还会将自己的身家性命搭进去。

很快就有人将此事报告了南昌市公安局，公安人员立即采取行动，以迅雷不及掩耳之势抓捕了非法倒卖金龙的文物贩子。审讯得知，金龙盗自新建区大塘坪乡观西村那座叫墩墩山的山包。

与此同时，江西省文物考古研究所正派研究员杨军等人往观西村赶去。让杨军他们忐忑不安的是，不知道墓穴是不是已被毁掉，文物是不是已被盗空，如果是那样，这个古墓将会变得一文不值。直到后来考古工作完全展开，他们才发现只有那座被确定为海昏侯夫人的墓葬被盗空，而海昏侯主墓尚安然无恙，这时，他们那颗吊到嗓子眼的心才放了下来。

墩墩山东临赣江，北依鄱阳湖，南距南昌市区约 60 公里。海昏侯墓和夫人墓间隔不远，是古代所谓的"同茔异穴"。但为什么海昏侯夫人墓被盗而海昏侯墓却能安然无恙呢？原来，海昏侯墓周围荆棘丛生，野草野树遍布"坟头"上下，一定程度上掩盖了"坟头"的实际高度和大小，让盗墓分子误以为海昏侯夫人墓的封土面积更大，再加上他们的历史知识有限，不知道汉代的墓葬制度是右者为尊，就以为位居左面、看似更为高大的海昏侯夫人墓是主墓，所以就先对这座墓葬下了黑手。等他们盗空了海昏侯夫人墓，正准备盗挖海昏侯主墓时，不

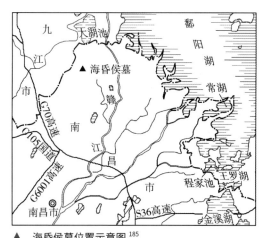

▲ 海昏侯墓位置示意图[185]

料被村民发现了。

事后，考古人员在勘察时发现，盗洞已打穿了 7 层封土和 5 层木板，再打穿一两层的话，就能发现直通主墓中央的那条甬道。如果村民们迟报告一天，海昏侯墓可能就要遭到洗劫，这个惊动世界的大发现或许就此化为泡影。

考古人员在后来试掘这两座墓葬时还发现，海昏侯墓早在 1000 多年以前，就被盗墓分子光顾过，因为在墓地西北角发现了一个时间久远的盗洞，里面摆放着一盏五代时期的灯具，不过没有得手而已。为什么海昏侯墓能躲过盗墓贼一次又一次的黑手呢？考古人员的解释是，在魏晋南北朝时期，豫章郡，也就是今南昌市，曾发生过几次大地震，鄱阳湖泛滥成灾，大量的湖水渗入地下，又渗入墓室之中。墓穴被水灌满，隔绝了氧气，大大压缩了微生物生长的空间。这一方面使得墓中的随葬品能够完好地保存下来；另一方面，也因为大量的积水阻断了盗墓贼的步伐，使他们无从下手，只能望洋兴叹。

其实，即使在考古技术日新月异的今天，对海昏侯墓的发掘依然显得困难重重。因为墓下的水位仍然是居高不下，考古人员只能采取打井的方法控制墓中的水位，每下挖一层就将水位下降一层。甚至当考古人员挖到墓底时，也不敢直接挖掘文物，而只能配备上低压氧舱，进入里面操作，因为文物埋在地下，长期处于一个密封的稳定状态，一旦进入充满空气的新环境，就极容易发生异变情况。

海昏侯墓发掘前，考古人员对墓葬周围 5 平方公里的区域进行了全面、系统的考古调查，发现了以紫金城城址、历代海昏侯墓、贵族和平民墓地等为核心组成的海昏侯国一系列重要遗存。其中海昏侯墓地由 2 座主墓、7 座陪葬墓、1 座车马陪葬坑以及道路、排水遗存组成，

史无记载：考古发现的中国史

占地面积约 4.6 万平方米。

2012 年，考古人员经过对海昏侯墓园及其周围进行勘察并试掘后，开始对海昏侯墓进行正式发掘，至 2016 年为止，历时四年揭示出一座轰动世界的地下宝库。[186]

二

先说一下那座车马陪葬坑。坑内发现有木质彩绘车 5 辆，分属安车和辎车。安车是古人乘坐的小车，一般供年老的高级官员及贵妇人乘用。高官告老还乡或皇帝徵召有众望的人，往往赐乘安车。安车多用一马，礼尊者用四马。辎车是一马驾那种轻便车。车马坑里这两种车辆都是将各种配件拆卸后，装入彩绘髹漆木箱内，放置在椁室的底板上。坑内有马匹约 20 匹，骨架已腐朽殆尽，仅能看到一些腐化的痕迹。

将这座车马坑里的车马文物组合起来，我们就可以看到一套完整的西汉王侯贵族出行车队：行驶在最前面的是作为导车的数辆辎车，之后紧跟着的是鼓车和金车，随即出场的即是主角——王侯乘坐的主车即驷马安车，后面跟着的是由数辆辎车组成的从车。击鼓车行；击錞于和编铙，车则停止。

陪葬车马坑，在汉代一般只有王侯及其以上爵位者才有资格享有，这是我国长江以南迄今所见唯一一座有真车马陪葬坑的墓葬，说明墓主人具有尊贵的身份和地位。

海昏侯墓在考古发掘时被编为 1 号墓。《汉书》记载，海昏侯名叫刘贺，是汉武帝刘彻之孙、第一代昌邑王刘髆之子。昌邑国原是西汉时期的封国，都城昌邑，即今山东省菏泽市巨野县大谢集镇巨野县大谢集镇昌邑故城遗址，是中华人民共和国国务院核定公布的第七批全国重点文物保护单位。

汉景帝中元六年（前144年），景帝封刘定为山阳王，建山阳国，治昌邑（今山东省巨野县城南昌邑村）。汉武帝建元五年（前136年），山阳国改为山阳郡。天汉四年（前97年），武帝再改山阳郡为昌邑国，封其子刘髆为昌邑王。刘髆在位11年，死后子刘贺继位，是为第二代昌邑王。彼时为公元前87年，刘贺5岁。

刘贺在昌邑王的位子上待了13年后，在元平元年（前74年），遭遇了一件意想不到的事情。那年，汉昭帝驾崩，因无子嗣，18岁的刘贺被权臣霍光拥立为帝，成为西汉第9位皇帝，但在位仅仅27天，霍光就以"淫乱"等罪名，将他废掉，并除国夺爵，赶回昌邑故地监视居住。这样度过了11年后，汉宣帝于元康三年（前63年），下诏将刘贺封为海昏侯，食邑4000户，让他到江南荒僻的鄱阳湖畔做一个贬谪贵族。刘贺时年29岁。然而不久，刘贺又因交友不慎，妄议政事发牢骚被告密而获罪，随后"销户三千"，一降而为侯爵等列中最低一层的千户小侯。

曾经贵为皇帝的刘贺，就在这种精神折磨中，背着千夫所指的"废帝"骂名，郁郁而终，享年仅33岁。《汉书》本传也只是用"后薨"两个字将其一笔轻轻带过，然后就没有了下文。

光绪版《江西通志》记载，刘贺去世后埋葬在他的封地海昏侯国，也就是今江西省南昌市，与墎墩山这座西汉古墓的规模和位置正好吻合。

了解了这段历史，再来看1号墓出土情况。[187]

1号墓封土高约7米，呈覆斗形状，与2号墓共建于墎墩山顶，东

西并列。封土下有方形大型夯土基座。封土基座共两层，下层基座与 2
号墓共用。另外，两墓还共用一个礼制性高台建筑。该建筑由东西厢
房、寝殿和祠堂共同构成，东西长 100 米，南北宽 40 米，总面积 4000
平方米。

　　墓向坐北朝南，平面呈"甲"字形。墓室口南北长 17.2 米，东西
宽17.1米，深8米。墓道南北长15.65～16.17米，东西宽5.92～7.22米。
椁室由主椁室、过道、回廊形藏椁、甬道和车马库构成，室内面积 400
平方米。椁室中央为主椁室，东西长 7.4 米，南北宽 7 米，通高 3 米，
面积 51.8 平方米。主椁室由木板隔墙，分成东、西两室，中间有一门
道。主椁室四面围绕有宽约 0.7 米的过道。过道之外，环绕有回廊形
藏椁。

▲　椁室正射影像图（上为北）

东藏椁是厨具库（"食官"库）；西藏椁由北向南分别为衣笥库、武库、文书档案库、娱乐用具库；北藏椁自西向东为钱库、粮库、乐器库、酒具库。主椁室和墓道之间有甬道。甬道上设置有乐车库，道东、西两侧还设置有车马库。

主棺位于主椁室内东室的东北部，有内、外两重棺，棺盖较完整，侧面有龙形帷帐钩。棺床高 0.26 米，下面还安装有 4 个木轮。外棺盖上有漆画痕迹，上面放着 3 把玉具剑。内棺盖上饰有彩绘漆画。漆画之间，可以很清楚地看到有纺织品碎片痕迹。内、外棺之间的南部放置有大量的金器、玉器和漆器。

内棺里墓主人的尸体已经腐朽，只存有遗骸痕迹，可以看出是头南脚北。头部被镶有玉璧的漆面罩覆盖，部分牙齿保存完整。腹部尚留食物残迹。头部南侧摆放有数个贴金漆盒。遗骸上整齐地排列着数件大小不等的玉璧，腰部放有一柄玉剑、1 把书刀、1 件带钩和 1 块佩玉等。遗骸下面垫有包金丝缕琉璃席，琉璃席下面又等距离地放置着 20 组金饼，每组 5 个。其中 4 个金饼写有"南海海昏侯臣贺元康三年酎金一斤"这样的题记。在墓主人残骸腰部，发现了 1 枚刻有"刘贺"名字的玉印。"南海海昏侯""刘贺"，正是本文主人公所在侯国爵称和姓名，说明墓主人就是海昏侯刘贺。

▲ "刘贺"玉印

除此以外，墓中还出土了 30 余件纪年款漆器、铜器和乐器，均属昌邑国之物。其中最晚的纪年是"昌邑十一年"，其余分别是"昌邑二年""昌邑三年""昌邑九年"和"昌邑十年"。

"昌邑十一年"系公元前87年，为武帝后元二年，正是刘贺父亲刘髆薨逝和刘贺即位昌邑王之年，刘贺那时只有5岁，尚是一少不更事的垂髫稚子。

有学者推测，刘贺墓中有如此多的"昌邑"字样出现，是刘贺思念故土的内心写照。在他心目中可能认为山东是"北昌邑"，海昏侯国是"南昌邑"，这或许就是"南昌"一名最早的出处所在。

墓主人的身份确定了，再确认海昏侯墓园剩余的1座主墓和7座陪葬墓就容易多了。同海昏侯墓东西并立的那座墓当然就只能是海昏侯夫人的墓了。其余7座祔葬墓可分为两组，分布在海昏侯及其夫人墓之南北两侧。南侧是一片面积达4000平方米左右的开阔平地，地面建有寝殿、祠堂以及东西厢房等四座祭祀性建筑。这组共3座墓，位于祭祀性建筑群的东面。根据汉代以右为尊的葬制，3座墓主人的身份应为刘贺的姬妾；两座主墓北侧这组，共4座墓，东西向一字排列，应是刘贺的子孙之墓。

▲ 带有"昌邑十年"题记的漆瑟

西汉时期实行封爵制，承袭的是战国时期秦国商鞅所创设的二十等爵制。彻侯是二十等爵中的最高等爵，为避汉武帝刘彻名讳，改称列侯，其地位仅次于诸侯王。终西汉一朝，仅始封王子侯的就 425 人，如果二十等爵都算上，整个西汉时期，列侯人数在千人以上。但由于文献缺载，考古挖出的一些西汉侯爵陵墓，大都被洗劫一空，或者是经历了严重的盗扰，没有充分的考古资料依据，使得西汉列侯丧葬制度长期以来就成为一个难解的学术课题。海昏侯墓的发掘，让我们看到了一个等级分明、布局有序的列侯墓园，为西汉列侯葬制研究提供了一个典型的规范标本。

三

海昏侯墓出土了大量的随葬品，包括金器、青铜器、铁器、玉器、漆木器、陶瓷器、竹编器、草编器、纺织品和竹简、木牍等，总计 1 万余件（套）。其品种之多，质量之高，世所罕见。其中很多都是史无记载或佚失很久的稀世珍品，填补了相关领域的空白。

在所有出土文物中，最为学界所关注的是木牍和竹简。木牍共出土约 200 版，包括遣策类的签牌和奏牍两种。签牌是系在竹木筒或漆箱上的标签，上面写有盛器编号及所盛物品的名称和数量等。奏牍是墓主人上奏皇帝、皇太后的奏章副本。海昏侯墓所出奏牍中有两版是刘贺和他的夫人在元康四年（前 62 年）分别写给汉宣帝和皇太后的奏折副本，不过只是开头一部分。

竹简出土约 5000 支。根据初步整理的情况看，大致有《悼亡赋》《论语》《易经》《礼记》《孝经》等多种儒家经典和《医书》《五色食胜》等养生、方术一类古籍。

《悼亡赋》是一篇汉赋体的文学作品，词句华丽，对仗工整，描写了时人花费数百万为一位列侯修建豪华墓室的过程。

《论语》中发现有《知道》篇，专家认为，很可能是《论语》的《齐论》版本。

《易经》的经文一开始是解释卦名，自《彖》传以下的内容与《日书》类似，虽然排序与传世《易经》相同，但内容与之相比却差别较大。

医书内容大多与养生和房中术有关。马王堆帛书《天下至道谈》中记述有"八道"，该竹简在此基础之上又增加了"虚"和"实"两道而成为"十道"。

《五色食胜》根据"五行"相生相克的方术类内容，记述了以五种颜色代表的五种相应的食物。

与上述儒家简牍相关的是，主椁室之西室墓主人床榻旁出土了1件儒家圣贤像漆屏风，因为上面的一幅主画像旁边备注有"孔子"，还写着孔子身高是9尺6寸，那无疑就是孔子的画像了。根据史料记载，西汉时期1尺相当于现在的0.23米，那么孔子的身高就达到了2米多。这是迄今为止所发现的最早的孔子画像。另外在其他几幅画像中，还有孔子的弟子颜回、子赣、子路、子羽和子夏等。

海昏侯墓还出土了大量黄金，总计478件，约115公斤。其中金饼285块、大马蹄金17件、小马蹄金31件、麟趾金25件、金板20片，另外还有其他金器约100件。这是到目前为止整个东亚大陆考古出土黄金量最大的一次。这些黄金主要

▲ 题有"南藩海昏侯臣贺元康三年酎金一斤"字样的金饼

出土于主椁西室、内外棺之间和内棺中的金缕琉璃席下。

前已述及，四件金饼上题有"南藩海昏侯臣贺元康三年酎金一斤"字样，表明这些黄金是刘贺生前准备向宣帝进献的"酎金"。酎是经过两次或多次复酿的醇酒，系帝王祭祖指定用酒。西汉规定，每年8月，皇帝在高庙举行祭祖大礼时，已被封田赐地的诸侯和列侯必须根据封户人数多少，向皇帝进献黄金和酎酒予以助祭。如果所献黄金重量不足或成色不好，就可能遭到王削县、侯免国的严厉处罚。《史记·平准书》记载，汉武帝元鼎五年（前112年），一次因"酎金罪"失侯的列侯就超过了100人。这一由文帝创始的制度，称作酎金制。海昏侯墓中出土的这批黄金说明，直至宣帝时期，西汉的酎金制度仍在强力执行。

但接下来一个问题是，为什么这批黄金没有进献给宣帝而是留在了海昏侯墓中？一般认为，这是因为元康三年（前63年），刘贺虽被重新徙封为海昏侯，但随后又接到"不宜得奉宗庙朝聘之礼"的旨令。就是说，刘贺满怀希望，辛辛苦苦准备了大量黄金准备进献时，却被告知，不许进京参加宗庙祭祖大典，无权再向皇帝进献酎金。

▲　海昏侯墓出土的马蹄金（左）和麟趾金（右）

　　　　　　　史无记载：考古发现的中国史

西汉葬制规定，列侯死后，朝廷会派官员前往处理，其家人无权自行处理丧事。神爵三年（前 59 年），刘贺死后，汉宣帝没有为刘贺立嗣，还除却了海昏侯国。根据西汉的法律，当时的贵族家庭只有继承了上一代的爵位、身份，才能继承财产。刘贺因为没有爵位继承人，所以就无法将这笔巨额财产留给子孙后代，只能埋进他的墓里，让他在天国独自享用。[188]

与这批黄金遭遇共同命运的，还有出自北藏椁钱库中的 200 万枚五铢钱。五铢钱是西汉流通的一种铜制货币，因上有"五铢"二篆字与其实际重量一致，所以就用了这个名称。200 万枚五铢钱出土时，是分别用绳子串联起来，整捆整捆整整齐齐码放在一起的，高达 1.8 米，重有 10 多吨。

我国古代实行"千文一贯"钱币校量的货币制度，文和贯都是货币重量单位名称，"千文一贯"就是说以 1000 文为 1 贯，这一制度在史料中可以追溯到宋代。海昏侯墓 200 万枚五铢钱的出土，将这一纪录推到了西汉，整整向前推进了 1000 多年。

专家认为，这批铜钱极有可能是汉宣帝为刘贺助丧的赗赠钱。汉代高级官吏和诸侯王、列侯死后，按规制，皇帝要赐钱赐物给予助丧，这种制度称为赗赠制或赗赗制。但具体数量，史无记载。海昏侯刘贺墓中这笔五铢钱在一定意义上，填补了这个领域的空白。[189]

北藏椁的酒库出土了 1 件蒸馏器，由釜、蒸馏筒和天锅三部分组成，是海昏侯墓中所见最大的青铜组合器物。圆形釜与蒸馏筒有子口相接，蒸馏筒为双层，底部有箅子，外有对称的龙形双流。圆形筒内发现有芋头等物残迹。发掘者对器内出土物品进行分析后认为，可能与蒸馏低度白酒有关。关于蒸馏器和蒸馏酒的记载，最早来自元代成

▲ 海昏侯墓出土的蒸馏器

书的《饮膳正要》。海昏侯墓发现的制酒蒸馏器，将我国的蒸馏酒历史提早了将近1400年。

东藏椁内出土了铜籍田鼎和铜籍田灯各一件。籍田鼎刻有铭文："昌邑籍田铜鼎，容十斗，重卅八斤，第廿。"籍田灯上也刻有"籍田"字样铭文。籍田是指古代天子、诸侯征用民力耕种的田地。籍田礼早在西周时期就开始施行了。就是每年开春时节，天子都要到都城边上的籍田里躬耕劳作，在京的百官贵族也要亲自参加，意在"祈年""劝农"，起表率作用。根据史籍记载，东汉时期，不但天子要举行籍田礼，各郡国也都要举行籍田礼，但西汉是否如此，史料缺载。这两件籍田铜器的发现表明，西汉时期各郡国、侯国，同样要举行隆重的籍田礼。

北藏椁乐器库是墓葬最核心部位，出土了两架青铜编钟和一架铁编磬，同时出土的还有二十五弦漆瑟、笙、排箫和36件伎乐木俑。铁编磬是我国考古第一次出土。编钟组件中，有甬钟10件、钮钟14件、铁编磬14件。其中5件甬钟刻有"宫、商、角、徵、羽"五音，出土时完整地悬挂于钟架之上。钟架系彩绘木质，两端镶嵌有方形青铜饰件，编钟架上还彩绘有精美动物纹饰。三组悬乐器之外还配置有4件钟簴和2件磬簴。簴是古代悬挂钟磬的立柱。36件伎乐木俑作为弹奏舞蹈者，与这些编钟、管弦乐器共同组成了一支完整的宴享乐队。

▲　海昏侯墓北藏椁乐器出土情状

　　乐器库还出土了一件漆瑟，上书"昌邑十年"题款，暗示上述乐器是第一代昌邑王刘髆在今山东昌邑国主政时所用的一套礼制乐器。

　　有关西汉诸侯王、列侯的用乐制度，史籍没有明确的记载，海昏侯墓出土的这套礼制乐器，多多少少地还原了当时诸侯王和列侯的用乐仪规。

　　海昏侯墓主椁室中发现有漆木盒装的虫草、五味子等草药，尽管漆木盒被水浸泡，但盒内虫草被泥浆包裹，基本保存完好。附近还发现有一件用来捣制中草药的铜药杵臼，反映了刘贺生前由于屡遭重大打击而身患严重疾病的史实。

　　上述出土文物仅是海昏侯墓中随葬品的一小部分，其他还有青铜器 3000 余件（套），大都是日用器、乐器、兵器、车马器、印、铜镜和铜钱等；漆木竹器约 3000 件，主要是耳杯、盘、奁、笥、樽、盒、几案、托盘、床榻、仪仗架、围棋盘等一些日常用具和乐器、彩车、模型乐车等；玉器 500 余件（套），主要是璧、环、玉人、韘形佩、羽觞、带钩、剑饰、印章、琥珀、玛瑙、绿松石等；陶瓷器约 500 件，有日用器皿和建筑材料等。总体来说是品种多、数量大、品质高，可谓琳琅满目，丰富多彩。

侯的规格，王的规模，帝的痕迹，这就是海昏侯墓独有的魅力所在。它形象地再现了刘贺在经历王、帝、侯、平民 4 种身份后的日常生活和精神世界，反映了西汉时期高等级贵族的生活场景，填补了历史、艺术等领域的多项空白，具有极高的历史价值、艺术价值和科学考古价值。

一代废帝刘贺的无声自白

一

在正史记载中，西汉海昏侯刘贺是一个"淫乱"祸国、任人唯亲的昏君，是一个被千夫所指、屡教不改的"废帝"，然而，海昏侯墓葬的发掘让人们看到的却是一个酷爱读书、喜欢音乐、满腹经纶的儒家君子，是一个谨遵礼法、日省三身、崇尚节俭的青年贵族。[190]

一般而言，古代王侯一类墓葬的布局和随葬品都是死者生前的生活场景在地下的还原和再现，是古人"事死如事生"丧葬原则的具体实践体现，它如实地反映了死者生前的社会地位、身份及其兴趣爱好、理想抱负等，比史书记载来得更真实，更客观。

海昏侯墓室里出土了包括《论语》《礼记》《易经》等儒家经典在内的 5000 枚竹简，说明刘贺自小就受过良好而系统的儒学教育，是一个忠实的儒家信徒。《汉书·霍光传》记载，刘贺在宫廷政变被废时，随口就说了一句"闻天子有争臣七人，虽亡道不失天下"，来痛责阴谋政变的霍光之流。这句话出自《孝经·谏诤章》，说明他对儒家经典已经烂熟于心。

出土的大量竹简中，有一篇《悼亡赋》，是汉赋体的文学作品，描绘时人花费数百万为一位列侯修建豪华墓室的过程。刘贺死后还要将这部简书随葬于他的墓中，说明他对世态炎凉已经看透看淡，甚至对死亡有了一定的畅想，同时也暗示着他对文学艺术也情有独钟，具备一定的文学素养。

▲ 海昏侯墓出土的孔子及其弟子像复原[191]

主椁室西室墓主人的床榻旁出土了一扇画有包括孔子及其众弟子颜回在内的儒家圣贤群像漆屏风，暗示刘贺时时都在面对着圣贤像反躬自省，闭门思过，表明他是一个敬惟慎独的谦谦君子。与那扇儒家圣贤群像漆屏风一同出土的还有石砚和墨碇，这意味着刘贺自幼就受过儒家六艺中"书艺"的严格训练，深谙书道真谛，并终身研习不辍。《汉书》中也记载刘贺有"簪笔持牍"去见客的情景，与此可以互相印证。

刘贺墓内藏椁出土的漆围棋盘、漆琴以及北藏椁乐器库出土的三组悬乐器和36件伎乐木俑，反映了他作为列侯享有礼乐制度所规定的侯爵待遇，也体现了他对"六艺"中的乐艺有着独特的感悟和实践技能，用今天的话来说，就是一个典型的音乐"发烧友"，说不定还是一个内外兼修的音乐高手呢。

吴军行、唐震刚在《星海音乐学院学报》2016年第3期刊发《海昏侯刘贺与音乐》一文，认为刘贺出身于音乐世家，自幼受到过系统的音乐教育，这从海昏侯墓出土的琴、瑟、笙、排箫等乐器就可略窥一斑。因为墓中还出土了大量的古书竹简、屏风、砚台、围棋等文化用具，推测刘贺是一位具有一定文化修养、爱好音乐艺术的年轻贵胄。

　　刘贺墓内藏椁还出土有剑、戟、甲胄等武器装备，说明刘贺不仅是对琴棋书画充满兴趣，还喜好习武健身，是一位遵守"六艺"行事的标准儒家信徒。

　　刘贺可能还是一个喜欢结交朋友、讲义气的豪侠之人，他的墓中出土了大量的铜、漆和玉质酒具，如壶、罍、尊、案、盘、杯一类。这可能与他出生在今山东省巨野县城南昌邑村一带的昌邑侯国有关。山东自古以来的民风就是淳朴、剽悍、豪爽、仗义，且豪饮、善饮。《汉书·王吉传》记载，刘贺"好游猎，驱驰国中"，"久与驺奴宰人游戏饮食"，"曾不半日而驰二百里"。

▲　海昏侯墓北藏椁酒具库出土情状

《汉书》记载，权臣霍光将他从帝位上废掉的一个主要原因就是他重用从昌邑国带来的 200 多旧人。这些人被处死的时候，竟然没有一个跪求祈生，还大喊："当断不断，反受其乱"，这也从侧面反映了刘贺"豪侠义气"的一面，尽管这种豪侠义气还可以被解读为重用亲信、以私义废国家大义一类。

另外，刘贺可能还是一个节俭之人。我们在上文《海昏侯墓的惊世大发现》中介绍过，海昏侯墓中出土了 30 余件纪年款漆器、铜器和乐器，均属昌邑国之物。其中最晚的纪年是"昌邑十一年"，其余分别是"昌邑二年""昌邑三年""昌邑九年"和"昌邑十年"。"昌邑十一年"系公元前 87 年，为武帝后元二年，正是刘贺父亲刘髆薨逝和刘贺即位第二代昌邑王之年，刘贺那时只有 5 岁，尚是一少不更事的垂髫稚子。这些东西显然都是刘髆所置。

海昏侯墓中还出土了 478 件约 115 公斤的黄金，但并非都是刘贺置办，而是他和父亲刘髆以及他的奶奶李夫人（刘髆的生母）三代人累积的结果。戴志强、李君在《中国钱币》2016 年第 5 期刊文《从西汉刘贺墓说到中国古代的金银钱币》指出，海昏侯墓出土金器中，金饼和金板属于实用器。马蹄金、麟趾金不是正式流通的货币，应属纪念币（章）的性质。至于这些器物的来源，他们推测是其祖上遗物，或是汉武帝赏赐给李夫人的，或是赏赐给刘髆的。因为马蹄金、麟趾金上刻有"上""中""下"，是不同铸金作坊的代号，用于记录不同作坊所在地的方位。

黄今言在《史学月刊》2017 年第 6 期刊文《西汉海昏侯墓出土黄金的几个问题》指出，刘贺墓中的黄金主要来源于继承的家产和赏赐、市租、关税课"金"，另外，利用地区优势就地开采黄金铸存金板也是刘贺黄金的一大来源。

总而言之，就学界研究结果看，海昏侯刘贺墓蕴藏的巨额财富，是多种因素共同积累的结果。在西汉时期，上至皇帝，下至诸侯王、列侯都是依照"事死如事生"的原则来营建墓葬，尽管汉文帝一再倡导薄葬，并且以身作则，但厚葬奢靡之风仍然狂刮不止。

刘贺得以厚葬，还同他有帝、王、侯的特殊身份经历有关。他后来虽然在政治上失势，然而社会地位特殊，至少在生活层面上，宣帝仍予以厚待，死后也获得了实际高于一般列侯乃至在某些方面超过诸侯王的礼遇。

财富量很大，却没有消费出去，说明刘贺为人处世一贯秉持的是简朴低调的风格，这或许也正是当年霍光拥立其为帝的理由之一。

二

对埋在墓葬中的刘贺有了一个基本的认识以后，我们再来看看正史是怎样描述他的。

刘贺的事迹主要集中在班固撰写的《汉书》中。班固生于东汉初年，曾任兰台令史、典校秘书等史官一类职务。需要说明的是，早在班固年轻的时候，就曾因修正父亲班彪所著《史记后传》被人诬告私改国史而下狱。这一点非常重要，因为他的经历和职位决定了他写《汉书》的态度，只能是站在统治者立场上来发表自己的意见。

《汉书》没有专门为刘贺立传，而是散见于其中《霍光金日磾传》《武五子传》《宣帝纪》等篇章中，其中绝大多数都还是讨伐一类的"檄文"。综合起来，大致情况如下。

刘贺的父亲刘髆在汉武帝刘彻的六子中排行第五，母亲是倾国倾城的李夫人，舅舅是抗击匈奴的名将李广利。公元前91年，由于发生了"巫蛊之祸"，35岁的太子刘据不堪受辱，愤而自尽，1万多人遭受连累死于非命，西汉帝国权力框架中太子职位的暂时空缺导致诸皇子蠢蠢欲动，暗中开始了新一轮的较量。

在诸皇子各自的阵容中，昌邑王刘髆的后援可谓最强。这不但是因为刘髆有位高权重的舅舅李广利坐镇，更是因为当时的丞相刘屈氂也坚定地站在了刘髆的一边。二人合谋立刘髆为太子。然而天有不测风云，谁也料不到，一个小小的意外却在不经意间改变了历史的走向。

刘屈氂的妻子因对汉武帝不满，在暗中祷告神灵咒武帝早死。这事儿被宦官郭穰听到，就报告给了武帝。武帝龙颜大怒，立即下令拘捕刘屈氂，并处以腰斩的极刑。刘李同盟随之败露，李广利兵败匈奴后就地投降，武帝灭其满门，诛尽宗族。刘髆的太子候选人资格也被一笔勾销，武帝少子刘弗陵晋升为太子。受此打击，刘髆一蹶不振，两年后郁郁而死。时为公元前88年（一说为前87年）。

刘髆死后，年仅5岁的儿子刘贺即位为第二代昌邑王。父王刘髆留下的是"谋逆"的阴影，以舅舅李广利代表的外家势力又全军覆没，刘贺瞬间沦落为诸皇孙中最没有存在感的一个。海昏侯墓中显示的他酷爱读书、崇尚节俭、处事低调的形象与此应该有很大的关系。

福者，祸之所伏也；祸者，福之所倚也。这句古话用在刘贺身上可谓恰如其分。一个意外的事件让消失了13年的刘贺走到了历史的前台，并从此彻底改变了他的命运。

元平元年（前74年），在位13年的汉昭帝刘弗陵突然驾崩，享年只有21岁，没有子嗣。昭帝兄弟6人中只剩广陵王刘胥还在，众大臣在廷议中都主张立广陵王为帝，但时为顾命大臣、权倾朝野的霍光感到不妥。《汉书·霍光金日磾传》给出的理由是，广陵王因为行为有失道义，不为武帝所重用。后世一些学者认为这一理由比较牵强，真正让霍光感到不妥的是，广陵王太强势，一旦入京，其法统只能直承武帝，而上官皇太后是他的弟媳，那时要对他加以完全控制，几乎没有可能。

就在霍光思谋良策应对大臣建议的时候，有郎官上奏说："周太王不立长子太伯而立幼子王季，周文王舍弃伯邑考而立武王，只在于适当，即使废长立幼也是可以的。广陵王不能承继宗庙。"这真是瞌睡给了枕头，霍光顺水推舟，将他的奏书送给丞相杨敞等看，并立刻提拔那个郎官做了九江太守。紧接着，皇太后当天就发出诏令，派遣代理大鸿胪、少府史乐成等前往山东，迎接昌邑王刘贺即位。

但奇怪的是，史书并没有给出霍光选择刘贺即位的理由，毕竟汉武帝还有其他众多子孙。后世许多学者推测，这种情况的出现应该与刘贺酷爱读书、崇尚节俭、处世低调的形象有关，史书之所以在这个问题上失语，是因为刘贺在后面被废掉皇位，不能提及，否则会给霍光和朝廷增添负面影响。

天上掉下一个大馅饼，一下砸到了刘贺头上，估计是砸得有点晕。《汉书·武五子传》记载，刘贺当天中午接到诏书，一直都没有动静，直到第二天中午才动身赶往长安，但一动身就是追风逐电的速度："贺发，晡时至定陶，行百三十五里，侍从者马死相望于道。"晡时是下午的三点至五点。也就是说，一两个小时，刘贺一行就赶了 135 里路，随行人马甚至出现了累死在道上的情况，由此可见当时的刘贺奉诏进京时的急切心情。

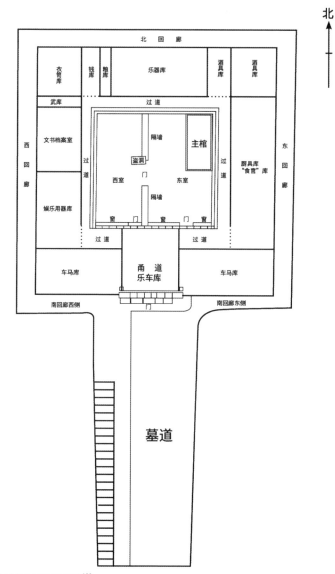

北

▲　海昏侯墓平面示意图 [192]

《汉书·霍光金日磾传》记载，刘贺抵达长安以后，顺利即位，但由于上位以后行为"淫乱"，霍光又担忧又气忿，便单独找老部下大司

史无记载：考古发现的中国史

农田延年讨主意。田延年说："将军是国家的柱子和基石，看这个人不行，为什么不向皇太后建议，另选贤明立为皇帝呢？"

霍光说："现在想这样，古代有过这种例子吗？"

田延年说："伊尹任商朝的丞相，放逐太甲而保全了王室，后世称道他忠。将军如果能做到这点，也就是汉朝的伊尹了。"

田延年的话正中霍光的下怀，霍光于是就引荐田延年当了给事中——这一职位非常重要，在汉朝时可以出入宫廷，辅助皇帝处理政务并监察六部，纠弹官吏。

之后，霍光又暗里与车骑将军张安世谋划，召集丞相、御史、将军、列侯等一班人，在未央宫开会讨论。会议一开始，霍光就直奔主题，亮明态度："昌邑王行为昏乱，恐怕要危害国家，怎么办？"

众大臣都惊得变了脸色，但没人敢开口说话，只是唯唯诺诺而已。田延年见状，立刻站起来，走上前，手按剑柄，对着霍光说："先帝把年幼的孤儿托付给将军，把大汉的天下委任给将军，是因为将军忠诚而贤能，能够安定刘氏的江山。现在下边的议论像鼎水沸腾一般，国家可能倾覆，况且汉天子的谥号常带'孝'字，就为长久保有天下，使宗庙祭祀不断啊。如果汉皇室因此断了祭祀，将军就是死了，又有什么脸在地下见先帝呢？"说完这些，田延年转脸扫视了一下大家，立马变得杀气腾腾，"今天的会议，不准转过脚跟去不表态。诸位大臣有回答得晚的，我请求用剑把他杀了。"

霍光趁机说："九卿指责霍光指责得对。天下骚扰不安，霍光应该受到责难。"

看到这番阵势，那些参加会议的大臣哪敢说一个"不"字？一个个"扑腾腾"就都跪了下去："天下万姓，命都在将军手里，只等大将军下令了。"

霍光随即带领众大臣一起去觐见皇太后，列举刘贺不能继承宗庙的种种不是。上官皇太后身份比较特殊，她不但是汉昭帝的第二任皇后，还是霍光的外孙女，彼时只有 14 岁，搁到现在，就是一个刚上初中不久的腼腆小女生，所以，对于霍光自然是百依百顺。她按照霍光的意思，坐车驾临未央宫承明殿，下诏各宫门一会儿不准放刘贺众臣子进入，然后又返回她的后宫。

刘贺刚入朝，中黄门的宦者就把门关上了。刘贺惊愕："干什么？"

霍光跪下答："皇太后有诏令，不准放入昌邑众臣。"

刘贺说："慢慢的嘛，为什么要这样吓人！"

霍光命人把昌邑的臣子们全部赶出去，安置在金马门外面。车骑将军张安世随即带着埋伏在附近的羽林骑，把刘贺手下毫无准备的昌邑旧臣全部给绑起来，送到廷尉和诏狱看押。然后又命令过去做过汉昭帝侍中的内臣看好昌邑王。

霍光下令左右："值班警卫要仔细，昌邑王如果发生什么意外自杀身亡，会叫我对不起天下人，背上弑君的罪名。"

刘贺不知道自己要被废黜了，还天真地对左右众人说："我过去的臣子跟我来做官有什么罪，而大将军要把他们全抓起来呢？"

不一会儿，有皇太后的诏令送来，要召见昌邑王。刘贺听到皇太后要召见自己，心中着慌，脱口而出："我有什么罪要召见我啊！"

皇太后身被珍珠短袄，盛妆坐在武帐中，几百名侍御都拿着武器，期门武士执戟护陛，排列在殿下。众大臣依次上殿，召昌邑王伏在殿前听诏。

史无记载：考古发现的中国史

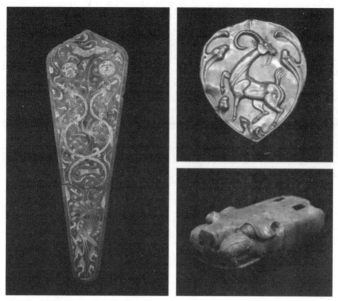

▲ 海昏侯墓车马坑出土的错金银车马器 [193]

　　尚书令首先宣读了霍光同各位大臣一起联名奏劾昌邑王的奏章。奏章给出的罪名是"荒淫迷惑，失帝王礼谊，乱汉制度"，共计 20 余条，"凡千一百二十七事"（《汉书·霍光金日磾传》）。刘贺从即位到被弹劾，总计只有 27 天，如果按照奏章上所说干了 1127 件坏事的话，那就意味着他每天要干 40 件坏事，如果每天减去 10 个小时的休息时间，平均每个小时要干差不多 3 件坏事。荒唐得有点离谱了。

　　这些坏事主要是，昌邑王做了昭帝的继承人穿上丧服后，却没有悲哀的意思，而且还弃礼义于不顾，在路上不吃素食，派遣随从官吏抢掠女人，用遮蔽的车子把她们弄到他所住的驿馆；从刚到达京城谒见太后被立为皇太子起，就经常私下买鸡、猪来吃；驾着皇帝出行专用的车马，车上蒙着虎皮，插着鸾旗，驱车跑到北宫、桂宫，追野猪，斗老虎；又召来皇太后用的小马车，叫官奴骑乘，在嫔妃居住的掖庭中嬉笑娱乐；同孝昭皇帝的宫人蒙等行淫乱之事，还下诏对掖庭令说，有敢泄露外传的人就要处以腰斩之刑，等等。

实际上，奏章中所列罪行都是鸡毛蒜皮的小事，有很多根本经不住推敲，给刘贺安上一个"荒淫迷惑，失帝王礼谊，乱汉制度"的罪名，目的在于让其一辈子都不能翻身。因为自汉武帝"罢黜百家，独尊儒术"以后，人伦和孝道就成为西汉治国的灵魂，一个人一旦在这上面犯了错误，就等于跌进了十八层地狱，再没有翻身的机会。

刘贺之所以遭到霍光的废黜，根本原因在于他重用了昌邑国的旧臣，直接威胁到了霍光的权势和地位。《汉书·霍光传》记载，刘贺手下那200多昌邑旧臣被绑起来送到廷尉和诏狱后，很快就被处死："昌邑群臣坐亡辅导之谊，陷王于恶，光悉诛杀二百余人。出死，号呼市中曰：'当断不断，反受其乱。'"

一句"当断不断，反受其乱"透露出了无限玄机，极有可能是刘贺手下这些人曾给他提议，应该尽快除掉或削弱霍光的势力。这可能就是霍光不顾常理，在刘贺即位仅27天的情况下，竟敢冒天下之大不韪，自我否定，迫不及待要把刘贺拉下马的根本原因。

奏章最后说："高皇帝因为创建汉朝基业，所以称汉太祖，孝文皇帝因为仁慈节俭被称为太宗，如今陛下继承孝昭皇帝之后，行为放纵不合法度。……宗庙比君王更重要，陛下没有到高庙接受大命，就不可以继承上天的意旨，奉祀祖宗宗庙，统治天下万民。应当废黜。"

尚书令宣读完弹劾奏章后，皇太后下诏说："准奏。"霍光叫刘贺起身下拜接受诏令，刘贺愤而说道："闻天子有争臣七人，虽无道不失天下。"

霍光不屑一顾："皇太后已诏令废黜，哪来的天子！"随即抓住刘贺的手，夺去玉玺并解脱掉他的绶带，捧给皇太后，请刘贺下殿，出金马门。众大臣跟着送行。

刘贺向西拜了一拜，自嘲道："我又笨又傻，干不了汉朝的事。"然后起身上了皇帝车驾从车。

霍光亲自送刘贺到住所，临别时又表演了一番："王的行为自绝于天，臣子等无能而胆怯，不能杀身以报恩德。臣子宁肯对不起王，不敢对不起国家。希望王能自爱，臣子今后长时期内不能再见到尊敬的王上了。"说罢，竟哭泣而去。

三

墙倒众人推虽不能说是真理，但在大多数情况时都是如此。这边刘贺刚被废黜，那边就有很多大臣进奏，要将昌邑王刘贺发配到汉中郡房陵县去，不让他接触朝政。

皇太后斟酌一番后，诏令把刘贺送回昌邑旧地，废除昌邑侯国，将原来昌邑侯国领地划为山阳郡，另赐给刘贺私邑二千户，作为生活来源。

刘贺一被送回，即软禁于昌邑王宫之内，在严密监控下，既不得与外人接触，更无法迈出大门一步。

从王到帝，再到被废黜监视居住，还不到一个月的时间，这对于一个18岁的少年来说，是一个不能承受之重。刘贺很快病倒了，精神上也变得有些恍恍惚惚。

《汉书·武五子传》记载，山阳太守张敞在刘贺被废黜的第8年，也就是地节四年（前66年）九月，奉宣帝诏令去探听刘贺的情况。在给宣帝的报告中，张敞对刘贺的身体状况做了这样的描述："臣敞入视居处状，故王年二十六七，为人青黑色，小目，鼻末锐卑，少须眉，身体长大，疾瘘，行步不便。"疾瘘，古代又称风痹疾，就是风湿病。按照传统中医理论，因风或风湿而引起的疾病，当脸上或身上呈现青黑色时，就说明是肝和肾受到了损害。

张敞还在报告中写道："察故王衣服言语跪起，清狂不惠。"也就是说，刘贺不仅是一名生理上的"病夫"，在精神或智力上也开始出现了问题。

▲ 海昏侯墓出土的"大刘记印"玉印

海昏侯墓主椁室棺外曾出土了一枚龟钮玉印，印文为"大刘记印"。这种印既非官印，亦非私印，在汉代极其罕见。它既然放在主椁室中，说明这枚印确为刘贺所用；但又置于棺椁之外，说明它与刘贺最后的身份也不太符合。学者普遍认为，这枚奇怪的玉印，折射的应该是刘贺被废后囚禁于昌邑王故宫 11 年间，非王非侯非庶民这一不伦不类尴尬身份的真实写照。

汉宣帝为什么在即位第 8 年时才派张敞前去摸昌邑王刘贺的底细呢？说起来有点话长，简而言之就是，当年刘贺被废黜以后，武帝的重孙、太子刘据的长孙刘病已被拥戴上位，这就是汉宣帝。刘病已因受"巫蛊之祸"影响，自幼生长在民间，经历了诸多磨难和人间不平，这种特殊的生活阅历成就了他的少年老成。而刘贺 27 天即被废黜的严酷现实更使他明白了他这个皇帝也就是个傀儡而已，不能同掌有朝廷实权的霍光对着干，所以他虽然年龄比刘贺还小一岁，但他有更为远大的目光，一切都顺着霍光的意思去做，实际上是潜伏隐忍、韬光

史无记载：考古发现的中国史

养晦。

地节二年（前 68 年）霍光病逝，宣帝经过两年的运筹帷幄后，觉得时机已经成熟，便于地节四年（前 66 年）七月开始清洗霍氏家族政治势力，先是将霍光之子、大司马霍禹逮捕，定为谋反罪，腰斩；接着又在八月，将霍光之女、皇后霍氏废黜。霍光家族势力顷刻间灰飞烟灭。

或许是宣帝感觉霍光家族势力覆灭以后，废帝刘贺还是他潜在的政治对手，所以紧接着就在九月派山阳太守张敞去昌邑王宫探察刘贺的虚实。

张敞报告的刘贺身体状况应该是让宣帝较为满意的，《汉书·武五子传》载，宣帝"由此知贺不足忌"。但"不足忌"，也总还是个麻烦，万一有天昌邑王东山再起呢？宣帝于是在三年以后，下诏给刘贺："盖闻象有罪，舜封之，骨肉之亲，析而不殊。其封故昌邑王贺为海昏侯，食邑四千户。"

汉宣帝这一招挺狠，表面说得冠冕堂皇，还给刘贺在原来 2000 户食邑基础上又增加了 2000 户，但谁都明白，以刘贺当时糟糕的身体状况，从北方迁往人烟稀少、鸡犬不闻的豫章郡海昏县（今江西省南昌市新建区），无异于将他扔进了死亡的深渊。毫不客气地说，这种分封其实包藏着置刘贺于死地的政治祸心。《史记·货殖列传》记

▲ 海昏侯刘贺相貌复原画像 [194]

载当年的江南是"卑湿，丈夫早夭"，这种状况一直持续到三国时期才有所改变。

刘贺被"发配"到豫章不久，有一次与一个已经退休、名叫孙万世的太守聊天，孙问他："先前被废黜时，为什么不斩掉大将军霍光，坚决守住不出宫，却反而听任人家把玉玺给夺去了呢？"

刘贺说："你说得对，是我错了。"

孙万世认为刘贺将来会被封为豫章王，不会长期为列侯。刘贺说："是快这样了，但不应该说出来。"

这事儿不知道怎么就传到了扬州刺史柯的耳朵里，柯就写奏章将此事上报了宣帝。宣帝令有关官员调查，结果属实，这些官员便奏请逮捕刘贺。宣帝下令，削去食邑三千户。刘贺再次遭受重击，不久后，就病死在豫章，时为公元前59年。这时距他迁徙到豫章才刚刚四年。

豫章太守廖趁机来了个落井下石，上奏说："舜当年把象封在有鼻，象死之后就没再为他立后，认为暴戾昏乱之人不应该做封国之始祖。海昏侯刘贺死后，上报官府的继承人是他的儿子刘充国；刘充国死了，又上报其弟刘奉亲；刘奉亲也死了。这是老天在断绝他的后嗣！陛下圣明仁慈，对刘贺恩惠甚厚，就是舜对于象也不过如此。应该遵照礼制结束刘贺的爵封，以遵行天帝之意。请求下交有关官员商议。"

有关官员商议结果是，不应为刘贺立嗣，海昏侯的封国因此废除。

刘贺短暂的一生经历了王、帝、侯和平民四种身份的生活，在中国历史上极其罕见。但他到底是不是"荒淫迷惑，失帝王礼谊，乱汉制度"，自古以来就不断有人予以质疑，而自从2016年海昏侯墓出土以后，这种质疑的声音更是达到了前所未有的地步。

在帝制集权社会中，像刘贺这种具有极其敏感身份的特殊人物是没有话语权的，即使冤枉也没有可以诉说的权利和地方，所幸他留下一座完整的大墓，让后人看到了一个和史书记载完全不一样的儒家君子形象。

这是他无声的自白，中国历史的天空为此又增添了一抹不一样的云彩。

居延简牍：汉代戍边百科全书

一

　　居延简牍，又名居延汉简、额济纳汉简等，是发现于居延遗址的汉代竹简和木牍的总称。居延遗址不是一处遗址，而是一个庞大的遗址群，位于额济纳河流域，南起今甘肃金塔毛目，北至今内蒙古苏古淖尔南端的宗间阿玛，全长250余公里。迄今为止，已经在这一区域内发现青铜时代遗址1处、先秦至元代不同时期城址18处、墓葬区6处、汉代烽燧遗址百余座。居延简牍主要就发现于这百余座汉代烽燧遗址之中，总计约3万余枚，是我国目前出土汉代简牍最多的地方。[195]

　　烽燧就是俗话讲的烽火台，又称亭燧，以候望举烽报警而得名，是边塞防线上的最小建制单位。居延在先秦时称"弱水流沙"，《尚书·禹贡》记大禹治水，曾"导弱水，至于合黎，余波入于流沙"。"弱水"一般认为就是今天的额济纳河，"合黎"可能是河西走廊以北的合黎山，"流沙"是指当时位居这一带的诸多湖泊沼泽。

"居延"一名最早出自《史记·匈奴列传》："（霍去病）击匈奴，过居延，攻祁连山"，一般认为是匈奴语"天池"的译音，有"幽隐"之意。但也有人认为，匈奴曾经有一个叫作驹衍的部落在此游牧，居延乃驹衍的音译名称。驹衍是气候温暖、水草丰美的意思，适于牲畜繁殖。历史上，居延一带曾是波光粼粼的水域，其面积最大时有720平方公里之广，比鄱阳湖还大，汉称"居延泽"，唐称"居延海"。

▲　居延汉简

　　当两汉之时，汉帝国的主要威胁来自北方的匈奴，居延恰好处在两军交战的前沿阵地，因此汉政府特别重视对居延地区边塞防务的建设。汉武帝元狩二年（前127年），卫青率军收复"河南地"——今乌加河以南鄂尔多斯河套地区。随之，又对秦代蒙恬所修长城进行修缮和加固，大致范围是从乌兰察布的集宁东南，循阴山南麓向西，直至乌兰布和沙漠边缘。公元前102年，汉朝又在阴山以北修筑长城，武帝"遣光禄勋徐自为筑五原塞外列城，西北至卢朐"。（《汉书·武帝纪》）两道石筑长城相距5公里至50公里不等。不过，考古人员近些年经过调查发现，这两道长城均未完工，是典型的烂尾工程。

为彻底阻断匈奴侵袭汉朝必经的河西之路，汉武帝还在这一年派伏波将军路博德远征西北，深入沙漠，沿弱水岸修筑长城，置居延塞，史称"遮虏障"（《汉书·地理志》），居延塞遂成历代屯兵设防重镇。之后，汉廷还在今内蒙古自治区额济纳旗东南约17公里处设置居延县，为张掖郡太守管辖之下的都尉治所。

居延都尉下面又设有多个军政机构和候官，如甲渠候官、肩水候官、珍北候官、卅井候官、广地候官等。从公元前102年直至公元30年，屯戍在这里的军队源源不断。现在所说的居延汉简，大都是这一时期屯于此处的汉军写在竹木简牍上的文书、档案、书信等。

二

居延简牍大规模发现总共有三次。[196]

第一次是在20世纪30年代。事情还得从一个名叫斯文·赫定的瑞典人谈起。斯文·赫定是一名探险家，在19世纪末20世纪初，曾多次到我国西北地区进行考察，携走不少有价值的文物。1926年，他再次来到北京，与当时的北洋政府签订了一份考察、发掘西北地区文物的协议，引起全国文化界、学术界的集体抗议。北京大学考古学会、清华研究院、历史博物馆、故宫博物院、古物陈列所等十几个学术团体为此联合成立了"中国学术团体"，与北洋政府进行交涉，斯文·赫定和北洋政府迫于压力，宣布协议无效。

1927年4月26日，在经过与斯文·赫定几度磋商后，双方在北京大学举行了成立"西北科学考察团"的签字仪式。古物陈列所所长周肇祥和斯文·赫定分别代表中外双方在协议书上签字，达成了一项包括19条内容的新协议。主要内容有：考察团在中国学术团体领导之下，由中外科学家共同组成，北京大学教务长徐炳昶教授任中国团团长，斯文·赫定任包括瑞典、德国、丹麦等国在内的外国团团长；参加考察团的中外科学家各占一半；禁止将文物携往海外，采集品必须留在中国；本办法的解释，以中文为准。

1927 年 5 月 9 日，考察团从北京出发，开启了中外科学家西北科考之旅。同年 10 月 24 日，时为北大教授的黄文弼和助手庄永成在居延一土堡内发现了一枚汉简，次日又在同一个地方发掘出三枚，这是西北科学考察团发现居延汉简最早的一次。

不过，居延汉简大规模发掘并具有重大学术价值的发现，是来自瑞典考古学家贝格曼率领我国采集员靳士贵在额济纳河流域的考古发掘。贝格曼后来在《考古探险手记》一书中回忆了当时发现居延汉简的场景："在一个强侵蚀山顶的烽燧和旁边房屋废墟下面，我发现有院墙的痕迹。当我测量这个长方形墙体时，钢笔掉在了地上。当我弯腰捡钢笔的一刹那，意外发现钢笔旁有一枚保存完好的汉朝硬币——五铢。于是，我开始仔细四处搜寻，不一会儿发现了一个青铜箭头和另一枚五铢……第二天从最东边开始挖掘，很快就发现了窄条的木简。这个发现使我激动不已。我们带着极为兴奋的心情又开始四处搜寻起来。果然，不一会儿就找到另几块保存更好的木简。其形状大致与斯文·赫定在楼兰古城找到的写有一篇手稿的木简一样。斯坦因也在甘肃西北部和新疆发现过这种东西。"[197]

就是从那时起，居延汉简开始被源源不断地发掘出来。从 1930 年 4 月至 1931 年底，贝格曼领导的团队先后在额济纳河流域的破城子、大湾、地湾、肩水金关等遗址中，共出土汉简 1 万余枚，轰动了整个世界。

▲ 居延破城子遗址[198]

　　这一时期发现的居延简牍，绝大部分属于西汉武帝末年至王莽、刘玄时期，东汉时期的只有一小部分。纪年最早者为汉武帝太初三年（前102年）简，最晚者为东汉建武六年（30年）简。简牍内容主要是文书类，也有少量书籍、历谱、书信等。这次由西北科学考察团发掘发现的简牍后来被学界称为居延旧简，现全部藏在台湾"中央研究院"历史语言研究所。

　　居延简牍大规模发现的第二次是在20世纪70年代早期。由于1968年至1978年，国家进行行政区划调整，内蒙古东三盟划归东北三省，西三旗划归甘肃和宁夏，额济纳旗成为甘肃省的行政区域，于是，甘肃文物考古部门于1972年至1974年，组织考古专家对破城子的鄣坞、甲渠第四燧烽台和肩水金关关城等遗址进行了考古发掘，总计出土19637枚汉简，其中包括70多册比较完整的简书。考古界将这一时期发掘的简牍称为居延新简，现藏于甘肃省文物考古研究所。

　　这批简牍中最早纪年为西汉昭帝始元时期（前86～前81年），最晚至西晋武帝太康四年（283年）。

▲ 居延肩水金关遗址 [199]

第三次是在 1999~2002 年，由内蒙古文物考古队发掘，总计出土各类汉简 500 余枚，其中以王莽时期的册书最为重要。

三次发掘，共出土各类汉简超过了 3 万枚，成为世界考古史上的一个奇迹。

从居延简牍的纪年来看，所涉及的时间跨度，从汉武帝天汉二年（前 99 年）一直延续到了西晋武帝太康四年（283 年），总计近 400 年。

从出土简牍遗址地点的性质看，有烽燧、部候、候官、都尉府、关口五类，这些部门和单位都属于都尉府及其以下各级单位，其中烽燧有 20 多处，部候有 3 处、候官有 5 处、都尉府有 2 处，关口有 1 处。

三

居延汉简内容十分广泛，可以说是包罗万象，涉及汉代社会的政治、经济、军事、文化、科技、法律、哲学、宗教、民族等众多领域，不仅记录了居延地区屯戍活动的方方面面，而且还保存了一批从西汉中期到东汉初年的官方文书，其中有许多不见于传世文献，具有非常重要的历史价值，是研究汉代历史的第一手文献资料。[200]

譬如关于汉代的养老制度，《汉书·高帝纪》只是记载了刘邦称帝不久，即下诏令："举民年五十以上，有修行，能帅众为善，置以为三老，乡一人。择乡三老一人为县三老，与县令丞尉以事相教，复勿徭戍。以十月赐酒肉。"但这一诏令具体是怎么实施的，史书并没有详细的记载。居延汉简一定程度上弥补了这一缺陷，居延旧简 126.41 号简就明确记述："月存视其家，赐肉卅斤，酒二石。甚尊宠，郡太守、诸侯相，内史所明智也。"

譬如关于汉代的俸禄制度，虽然史籍也有提及，但不系统也不全面，尤其对生活比较艰苦的边塞地区，更是鲜有记载。俸禄就是我们现在说的工资。居延汉简《建武三年居延都尉吏奉》弥补了这方面的缺陷，完整地记载了窦融出任河西五郡大将军期间颁发的居延官吏俸禄文书。其中，居延都尉"奉谷月六十石"，居延都尉丞"奉谷月卅石"，居延令"奉谷月卅石"等。"石"是古代一种计量单位，1 石等于 10 斗，1 斗等于 10 升，1 升 =0.001 立方米。"奉谷月六十石"就是说，月薪是供给 6 立方米的谷粮。书简者如实记载了服役人的籍贯、身高、肤色、戍卒巡逻距离、部队武器数量、官员升迁时间、家属探访口粮数量、治病所用药方、钱物交易额度，以及服役者需自备车马等情况……巨细无遗，记录精准。不完全统计，居延汉简中有名有姓的戍边士卒就达上千人，分别来自全国 20 个郡中的 65 个县，包括南阳、汝南、汉中、淮阳等多个地方。

再譬如关于烽火台的具体运行情况，汉代的史籍大多语焉不详，只有笼统的说辞，但 1974 年在甲渠候官遗址出土的《塞上烽火品约》17 枚木简，却在这方面给我们提供了翔实的资料。"品约"是汉代用于同级衙署之间签订或互相往来的一种文书形式。《塞上烽火品约》是居延都尉下属的殄北、甲渠、三十三井这三个要塞共同订立的联防公约，包括临敌报警、燔举烽火、进守呼应、请求驰援等内容。其中对在匈奴入侵的不同部位、人数、时间、意图、动向以及天气变化异常等情况下，各塞燧燔举烽火的类别、数量、方式，以及如何传递、应和，发生失误，又如何纠正等，都做了详细地规定和说明。

▲ 居延汉简《塞上烽火品约》

居延汉简大多是西北边塞烽燧亭鄣的文书档案。根据简文记载，汉廷为了军事防御，在居延地区设有居延都尉和肩水都尉。其中肩水都尉府所在就是今天的大湾城遗址。都尉为汉代高级武官名称，相当于今天的军分区司令员，专管本郡军事戍防，其治所别立，置官属，在郡中与太守并重，有时代行太守职务。都尉有都尉府，都尉府属官有都尉丞、候、千人、司马及其他僚属。都尉驻地称城，候官所在称鄣。城尉下属有司马、千人、仓长等。都尉府下属军事机构称候官，候官的下一级军事机构是部，部的下一级是燧。一般说来，一个烽火台即为一燧。燧有燧长，下面管辖戍卒，少则三四人，多则30余人不等，这是最基层的瞭望防御组织。

候燧是边防军的最前线，也是记载戍卒事务的最基层单位。候史和燧长作为候、燧的书记官，是居延汉简书写者的主体，这种情况成就了居延汉简最大的一个特色，那就是这些汉简在无形之中，对汉朝底层戍卒和居民的生活做了一个全方位的记录，填补了史书在这一方面的空白。如《甲渠候君书》就从一个甲渠候兵吏的角度记载了一次匈奴进犯、士兵们准备以及出兵等详细情况。

《书功将名籍》记载了将士具备的才能和获取功劳的情况。这些才能和所获功劳一般由戍吏自己填写上报，再经逐级核实，直至太守府批准后，即可进入戍吏的个人档案。

《斥免简》是记录对《塞上烽火品约》学习情况的简牍。此简记载了一个叫郭始的万岁燧长因为不学习《塞上烽火品约》等规定，不爱护兵刃弓弩等武器而被免职的情况。看来，汉代时对将士的学习也是有严格要求的。

《官衣简》一类记载的是官兵衣服、食物的储备及运输情况，由此我们得知，地方政府在戍卒出发时，是需要将戍卒自备的衣服、食物送到戍卒所要前往的目的地的。

《廪盐名籍》规定了给不同戍吏的食盐配给量，文中有"十一人斗三升"字样，意思是每人每月合计有360毫升的消费指标。360毫升约重780克，远超我们现在人的食盐摄取量。

还有一些简牍是完全记录戍卒个人情况的，如《生病简》就记载了一个士兵的生病过程。先是腹泻，后又转成伤寒，病情加重；《习字

史无记载：考古发现的中国史

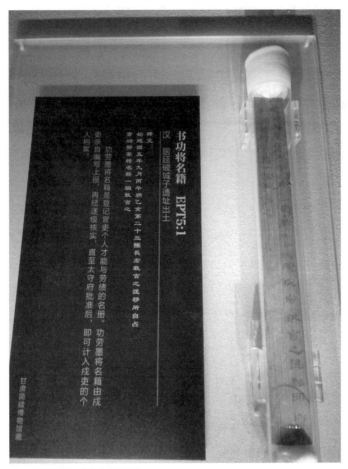

释文：

始建国五年九月丙午朔乙亥第二十三隧兵定数言之谨移所自占书功将军将名籍一编敢言之

功劳墨将名籍是登记官吏个人才能与劳绩的名册。功劳墨将名籍由戍吏书写上报，再经逐级核实，直至太守府批准后，即可计入戍吏的个人档案。

书功将名籍 EPT5:1

汉 居延破城子遗址出土

甘肃简牍博物馆藏

▲ 居延汉简《书功将名籍》

简》是一个士兵练字的草稿，如此等等。

除此以外，居延汉简还有大量关于屯田组织、农事系统、屯垦劳力、田仓就运、田卒生活以及科技运用等情况的记载，仅就科技运用而言，就涉及日书、历谱、地图、建筑、气象、五行、占卜、方技、数术、算术、农业、医典、药方、保健、相马等诸多方面。由此可见，居延汉简的确是一部名副其实的戍边生活百科全书。

考古揭开精绝国的神秘面纱

一

精绝国在中国历史上是一个神秘的所在，史籍对它的记载很少，而且多是片言只语，只有《汉书·西域传》的记载相对详细一些，但也不过是寥寥数语：

> 精绝国，王治精绝城，去长安八千八百二十里，户四百八十，口三千三百六十，胜兵五百人。精绝都尉、左右将、译长各一个。北至都护治所二千七百二十三里，南至戎庐国四日行，地阸陜，西通扜弥四百六十里。

从这几句话来看，汉代的精绝国与塔克拉玛干盆地周边的众多小国一样，地处丝绸之路要冲，距离当时的汉都长安 8820 里，国内只有 480 户、3360 人，常设军队 500 人，官吏也仅设精绝都尉、左右将、译长各一人。但它一度"商贾云集，繁华富庶"。这么个弹丸之国，在国人脑海中是无足轻重的，再加上关于精绝国的记载在魏晋以后彻底消失掉了，因而长期以来，人们都认为历史上根本不存在精绝国这一说，只是一个美好的传说而已。

事情的转折点来自1901年一个叫斯坦因的匈牙利探险家一次对西域的探险之旅。斯坦因曾先后在奥地利的维也纳大学、德国的莱比锡大学和图宾根大学专攻东方学，并获得图宾根大学哲学博士学位。后来又赴英国伦敦大学、牛津大学和剑桥大学从事博士后研究工作，主攻东方语言学和考古学。斯坦因完成学业以后，远赴印度，出任旁遮普大学注册官和拉合尔东方学院院长，还在英属殖民地印度政府中担任西北边地总视学，并在印度考古学调查所实地做了一段时期的考古工作，可以说是一位地地道道的东方学家。

斯坦因对中国新疆地区产生兴趣，得追溯到1888年，那年他24岁。年轻的斯坦因前往英属印度担任公职，接触到了英国情报军官鲍尔在中国新疆发现的古文书——《鲍尔古本》。自此，到新疆探险就成了斯坦因的毕生追求。

1901年1月，斯坦因第一次来到亚洲腹地——新疆和田一带进行考古调查。在从克里雅到达尼雅巴扎的途中，他偶尔听到他雇佣的驮夫说，尼雅河下游沙漠深处有一座古城，有人在那儿捡了一些写有字迹的小木板，上面的文字谁都不认识。驮夫还告诉他，巴扎上一个农民手中就有这样两块小木板。斯坦因预感这是一个重大发现，就赶紧让驮夫带他过去找那位农民。

斯坦因见到那两块小木板上的文字时，十分震惊，因为木板上的字是他多少有点了解的佉卢文。这是一种公元前1世纪至公元1世纪流行在中亚地区的文字。目前所知，佉卢文最早的遗迹，是印度孔雀王朝阿育王统治犍陀罗（中心在今天巴基斯坦北部的白沙瓦地区）时颁布的摩崖法敕，汉代时曾一度流传到了当时的洛阳城。后来随着贵霜王朝的灭亡，佉卢文也变成了"死文字"，直到1837年才被英国学者普林谢普破解。而现在，佉卢文竟出现在中国塔里木南缘的沙漠中，斯坦因感觉其中定有不寻常的古迹可寻，当即便买下这两块木板，并邀请这位农民当他们的向导。斯坦因对这位农民说，如果他能够将他们顺利带到发现木板的地方，就会付给他一笔优厚的报酬。

尼雅河是由喀喇昆仑山的雪水汇聚而形成的一条季节性河流，很早以前就断流了。斯坦因彼时所到达之处，正是他当时、也是现在人们常说的尼雅绿洲，就是今新疆民丰县城及其附近一带，距离尼雅遗址近140公里。

斯坦因一行先是穿过红柳树与野白杨林，路过一个专为礼拜者设置的避荫之所，又穿越寥廓的低沙丘地带，经过连续几个昼夜的艰难跋涉后，最终在一片地势较为开阔的地方，见到了那座饱经沧桑的佛塔和一些古代的居址废墟。

他把营地扎在佛塔附近，全面开始搜寻有文字的木板。斯坦因后来在他的考察日记中说，他们刚到尼雅，在上废墟斜坡时，他就捡到三块有字的木板。到了坡顶，他在一处居室内发现，到处都是散弃的佉卢文木板……仅在第一天，他就得到了当时古文字研究者所见过的所有佉卢文的总和。

从斯坦因留下来的考察日记和图片资料看，这些房址保存还不错，尽管因为年代久远，各个房屋内堆满了沙子，但所有的东西似乎都保持着原先的模样：房屋的立柱、门板、窗户以及屋外的栏杆，都保持在原来的位置上。屋内的那些生活用品，如陶器、铜镜、钱币等，也

史无记载：考古发现的中国史

都摆放得整整齐齐，有条不紊。

▲ 尼雅遗址出土的佉卢文木牍 201

令人不可思议的是，有些住址的储藏室里还堆放着厚厚的谷子。那些佉卢文书，还有一些汉文竹简，一整摞一整摞地码放在屋内的墙壁边。

斯坦因怀着兴奋的心情，在这里花了整整半个月的时间整理这些东西，并测绘了遗址的遗迹分布图和一部分房屋遗迹平面示意图。这次探险之旅，斯坦因总共获得了 595 件佉卢文、汉文简牍和皮革文书，还有大量的木、铜、陶、金、玻璃器和纺织品。他装了整整十几个箱子，全部运往英国。因为这片废墟位于尼雅下游河畔，斯坦因就按照考古遗址就地命名的原则称之为"尼雅遗址"。

斯坦因发现尼雅遗址多少有些运气的成分，前期工作做得不是很足，所以，当他运走这些文物并返回英国后，总觉得还遗留下不少文物，于是就在 5 年后的 1906 年 10 月，再次进入和田地区，对尼雅遗址进行了发掘，又收获了一大批文物，其中包括321件佉卢文和11件汉文简牍。同时，斯坦因重新测绘了尼雅遗址和一些重要遗迹的平面图。

▲ 斯坦因探险队1906年在尼雅遗址的合影

1913年至1916年间，斯坦因第三次来到尼雅遗址，又掘得51件佉卢文简牍，还有部分石器、木器、陶器、铜器、铁器、玻璃器和角器。

斯坦因还不满意，在1930~1931年第四次来到尼雅探险。这次探险遭到了中国政府和学者的坚决反对，但由于彼时的中国四分五裂，政府软弱无能，斯坦因还是想方设法进入新疆，在尼雅遗址停留一周，搜寻了他以前保密的那批遗址，并新发现一处遗址，总共获得26件汉文简牍。其中一个最大的收获就是，发现了一枚写有"汉精绝王承书从……"的汉文简牍。熟悉中国历史的斯坦因当然知道，这意味着他先后四次探险挖掘的尼雅遗址就是《汉书·西域传》里记载的那个精绝国。

斯坦因对尼雅遗址的四次考察，总计调查和测绘了 45 处遗迹（群），并从 34 处房屋遗迹群中，发掘出 920 件佉卢文书和 91 件汉文文书。佉卢文书包括木牍和皮革文书两种，汉文文书都是木牍。[202]

斯坦因在中国尼雅河流域的成功探险，引起了其他冒险家的注意。美国地理学家亨廷顿在斯坦因第一次探险尼雅遗址后，于 1905 年也闯到这里，掘走了 6 件法卢文木简。

日本探险家橘瑞超随后于 1908 和 1911 年两次到达今民丰县城一带，而且作了短暂停留，也许是不知道尼雅遗址的确切位置，最终并没有到达那里，只是到了距尼雅遗址不远的大麻扎一带就返了回去。

此后，一直到 1959 年，新疆博物馆才打破尼雅遗址几十年的沉寂状态，组织一支考古队对尼雅遗址进行了调查和发掘，一共清理出 10 处房址和 1 座东汉合葬墓，出土了一批木器、陶器、石器、铜器、铁器、玻璃器和纺织品毛、丝质等遗物，另外还发现了 66 件佉卢文简牍。另外，在一座东汉合葬墓中出土了一枚炭精刻"司禾府印"——汉代西域屯田官印，桥纽方形，煤精质地，篆书体。通高 1.7 厘米，边长 2厘米。

这之后，相关部门也组织过几次非专业性的调查，据说也采集过佉卢文简牍，但遗憾的是，均无考古报告发表。

1988 年和 1990～1997 年，中国联合日本组成中日尼雅遗迹学术考察队对尼雅遗址开展了连续的调查和发掘。由于斯坦因在之前的四次探险发掘中测绘

▲ 1959 年出土的"司禾府印"[203]

了尼雅遗迹的平面图，并发掘出920件佉卢文文书和91件汉文文书，事实上是在一定程度上构成了研究尼雅遗址的基础，所以中日尼雅遗迹学术考察队的主要工作，便集中在对出土文书的释译方面。

这段时间的调查和发掘探明了尼雅遗址的覆盖范围：南北长25公里，东西宽7公里，遗迹沿着尼雅古河道呈细长形状分布，面积175平方公里，其中包括170个遗迹点。如此大规模的遗址面积，在整个塔里木盆地再无遗址可以与之相提并论。

从现有资料观察，遗存内容的丰富性和多样性也是世所罕见，如房屋、寺庙、墓地、手工业作坊、农田、城址、桥梁等都差不多完整地保留了下来。其中既有来自中亚、西亚的文化因素，也有来自中原地区的文化因素，二者完美地融合在当地文化之中。

纵观这些遗存，主要呈现出以下几个特点：一是遗迹规模大，二是分布集中，三是内容丰富，四是保存状况相比其他遗址要完整。[204]

二

尼雅古城很小，却五脏俱全，应有尽有。遗址沿尼雅河古道向南北方向展开，东、北、西三面都有百米左右的低矮沙梁拱卫，南面则是一片面积广大的胡杨林。[205]

胡杨林里隐藏着一座土墙围筑的小城，推测应该是城中居民用来藏身的碉堡。万一遇到强敌入侵，他们就可能会去那里躲避。斯坦因在他的考察日记中说，初次步入尼雅遗址的人，如果没有向导的指引，一旦走进这片枯死的胡杨林中，就像走进迷宫，很容易迷失方向。

古城呈椭圆形，南北长185米，东西宽150米，周长约530米。城垣南部有宽3.2米的城门遗迹，似是一过梁式的木构门洞。城墙是由泥块垛积而成，大多已风蚀殆尽，现残存高度 0.5～0.25 米。《汉书·西域传》记载精绝国在后期即凯度多州时期也有城，而且不止一座。从出土的佉卢文简牍看，有至少 11 枚提到了城，如"城内所有官府""余等将对城内居民进行清查""从汝城带至空旷之地""在城内调查""汝处城镇官府现已征税""送往城""进城"，如此等等，另外，还明确记载，有一座名为毗陀阿瓦纳。

穿过胡杨林，是一座木桥。桥架在近 40 米宽的河道上，是入城的必由之路。走过木桥，就可以看到住址，当年的尼雅居民就集中住在这里。可惜，这座桥大都被沙子淹没了，现在人们能看到的，只有从河岸伸向河心的两根原木，形似独木桥状。

佉卢文简牍中曾多次提到这座桥，如"看桥人""桥旁祭牛"等，推想在某一个时期，桥是精绝古国的南界，即是精绝国人外出的主要交通路口，也是有人守护的军事堡垒。

尼雅遗址中最惹人瞩目的遗址是居住建筑，在目前所发现的这 170 处遗迹中，居住遗址就占到了 70% 以上。这些居住遗址不像中原那样相互连接起来，而是各自单独建在一个个的台面上。居址规模大小不一，保存好坏程度也不一样。从那些规模较大、保存也较好的住址看，大多是由多间住室和过道组成，住室之间有门道相通，是一个住室相连的组合式套房结构。

从室内残留的建筑遗迹以及出土文物分析，室内建有土炕或炉灶的应该是居室，只建造炉灶的应该是伙房或厨房，出土有公文简牍的应该是官署。有的居址内还建有小型寺庙，出土了佛像壁画等佛教文物。有的房屋地面上铺有枯树枝、麦草、骆驼刺和杨树叶等柔软物品，一般认为是储藏室或"冰窖"。这些房址大都有院墙环绕，有院门、院落。各房址中间或外面还发现有圈栏、涝坝、林带、果园等。居民都是用红柳、芦苇制作篱笆、栅栏来构筑围墙、圈栏等。涝坝是居民用来储存水的池子，周边种有胡杨和柳树。

▲　尼雅遗址残留的木结构建筑[206]

　　尼雅遗址建筑的最大特点是木结构建筑。虽然简单却很牢固，即便经过近两千年的风沙侵蚀，至今仍然保存完好，像那些梁架、立柱，一眼望去，一片片依旧矗立在那里，让人叹为观止。

　　遗址附近还发现有几十处窑址，里面散布着烧结的铁块、矿石、矿渣等，说明这里可能是一片手工业区。

　　尼雅遗址的代表性建筑是矗立在遗址中心的佛塔，虽然历经73万个日夜的时光磨蚀，至今仍然屹立在广阔无垠的沙海中，向古来今往路过此地的客商诉说着此地往日的繁华。因为这座佛塔是尼雅遗址中唯一的一座高层建筑，所以它后来成为各方考古工作者记录尼雅各遗迹方位坐标的基点，像当年第一次来到这里的斯坦因一样，许多考察队都把营地安扎在这里，早出晚归好辨清方向，以防在茫茫沙海里走失。

▲ 斯坦因19世纪初拍摄的尼雅佛塔

　　佛塔附近有10多米高的红柳沙包和一些被沙子淹没的篱笆墙，考古人员在这里挖掘出了一处佛寺遗址和一些佛教文物，如四尊木雕菩萨，刻画简洁，线条柔和，体现了佛教早期的艺术风格和当地特色，表明西汉以后，佛教就成了尼雅地区最主要的宗教信仰。

　　尼雅遗址处于塔克拉玛干沙漠南部、尼雅河尾的三角洲上，是汉朝时期丝绸之路南道上的一个重要绿洲城邦聚落。彼时在世界文明的舞台上，西方有古罗马帝国，亚洲腹地有贵霜王朝，西亚有安息帝国，东亚有大汉王朝，各种文化在此汇聚，形成了包含有草原游牧文化、海洋文化和农业文化等多种文化的杂糅性文化特点。

　　根据已经发现的文物以及史料分析，当时的尼雅（精绝）居民按照当地的自然地理条件，开展了农牧业、园艺果蔬的生产，还经营着制陶、皮革、酿酒、毛棉纺织、房屋土建、金属冶炼加工、装饰品制造等手工业。其中，农业种植是他们主要的生活来源，农作物主要有小麦、大麦、粟米等；畜牧业主要是饲养骆驼、马、牛、羊等。考古人员曾在一座王墓中发现，一只木盆上放置着一条羔羊腿，意味着羊肉可能是他们平时重要的肉食来源之一。

尼雅古墓群里还出土了不少杏、桃、李、葡萄等果核和果干，在遗址南部还发现了一处面积有1500平方米的葡萄园遗迹。另外，在不少房屋遗址中还发现了一些盛酒的陶瓮。从佉卢文简牍看，有催缴酒税的文字记录。一件文书记载说，有一个管收酒税的官员居然把收回来的酒税实物都偷偷地喝完了。令人忍俊不禁。

根据现有资料观察，尼雅（精绝）居民已经普遍掌握了农业灌溉技术，这很可能是经由丝路传来的尼罗河流域耕作经验。新技术带来了大丰收，多余的粮食被妥善贮存在储藏室中。这引起了老鼠的注意，为此，尼雅（精绝）居民也像中原人一样使出了解决"硕鼠之忧"的杀手锏，就是在储粮的地方安置捕鼠夹。斯坦因在他的考察报告中，就描述了那些捕鼠夹及其旁边风干成木乃伊的老鼠情景。

从尼雅遗址出土的简牍看，主要是源自犍陀罗的佉卢文——当时流行于西域的城邦国家当中，也是尼雅地区所广泛使用的文字。但佉卢文并不是尼雅居民唯一使用的文字，汉字也是其中之一。这从上述尼雅遗址出土的91件汉文简牍也可见一斑。另外，从尼雅遗址发掘出的大量木器、织锦、棉布、枕头等物品上，也有不少写有汉字，如1959年调查时发现的那枚炭精刻"司禾府印"，如在后来大规模考古发掘中发现写有"延年益寿大宜子孙"字样的锦鸡鸣枕、写有

"德""宜""子""生"字样的锦帽、写有"元和元年"字样的锦囊、写有"王"字的陶罐，当然还有那件声名赫赫的"五星出东方利中国"的锦护臂等。

▲ 尼雅遗址出土的锦鸡鸣枕 [207]

鸡在中国古代有"吉祥"的寓意，在墓葬中放置根据鸡形状制作的鸡鸣枕，在汉晋时期的丝绸之路沿线是一种流行风俗，除了尼雅遗址外，新疆其他地区也有出土。

出土了"五星出东方利中国"护臂的墓葬里，墓主人胸前还佩戴着一枚玻璃制品的"蜻蜓眼"。玲珑剔透，只有手指肚那么大。这个具有神秘色彩的饰物，源自埃及，是埃及文化风格的代表。在古埃及人看来，这小小的珠子是天神的眼睛，拥有无穷的力量，可以驱散恶魔，带来永生。

尼雅遗址还出土了一对木雕椅腿，左女右男，雕刻有人首、翅膀和马蹄足，是典型的西域风格。尼雅文化杂糅性特点，在官方文书的封泥中也有充分的体现。斯坦因在尼雅遗址北部一垃圾场中发现的200多件木牍文书中，有很多都是用封泥加密的完整原件。这些封泥上，不但有篆文汉字刻制的行政长官印章，还有雅典娜、伊洛斯、赫拉克勒斯等雅典众神形象。

因为足够开放，所以尼雅也就成为彼时各种肤色人种的汇集之地。尼雅城的管理者为了方便管理这些流动人口，给他们颁发了汉文和佉卢文的护照文书。出土的简牍记载，有个黑人名叫"支柱"，来自月氏国，他路过精绝，是为了去更远的东方打工；有个珠宝商人，名叫異，留着髭须，50岁。他与经常往来大漠的黄色面孔不同，是位"苍白色"的白种人。

这些流动人口中，有不少是来自中原地区的汉商。他们与习惯用粮食、牲畜和织物交换贸易的当地土著不同，大都是用汉代通行的货币支付，这从尼雅多个墓葬里发现的五铢钱等中原货币可窥一斑。从出土的简牍看，来到尼雅的这些汉商也入乡随俗，取了颇具西域风情的名字，如色迦尸（Sgasi）、阿罗耶沙（Aryasa）等。如果不是文书中特意标注他们是汉族，我们根本无法分辨他们的真实身份。[208]

总之，由于尼雅遗址处在中西方交汇的丝绸之路枢纽上，这里就成了古中国、古印度、古希腊等多种文明交融的中心地区之一

三

由于精绝国是大汉帝国的附属国，与汉人来往较多，汉文化也就成为精绝国民从上至下钟爱的文化之一，这从尼雅遗址墓葬中出土的简牍文书和大量精美的丝制品中可以略窥一二。[209]

一件佉卢文记载，精绝国王曾经收藏过一件丝料制作的短上衣，视如珍宝。但不幸的是，有一年精绝国遇到了灾荒，颗粒无收，无奈之下，国王就拿出这件珍贵的丝织品与客商换取粮食，最后换得近16弥里码的谷物。按照专家推断，16弥里码相当于现在的600多斤，由

此可见珍贵丝织品在精绝国受欢迎的程度。

尼雅遗址出土的贵族墓葬中，主人的衣物大多是丝绸一类，或锦，或绢，或绫，或绮，不一而足。每一款都有不同的花色和纹样，丰富多彩，琳琅满目，其中数量最多的是织锦。

织锦是精绝国上流社会独享的奢侈品。尼雅遗址 1 号墓和 3 号墓是一对合葬墓，夫妻二人身上都覆盖着色彩斑斓的织锦——"锦衾"，也就是锦被。上面绣着舞人、茱萸纹和云纹。织工繁复精细，图案系典型的汉文化风格，更重要的是在花纹之间还绣着汉字隶书："王侯合昏千秋万岁宜子孙"，这是精绝国王合婚时汉天子赐给他们的新婚礼物？还是精绝国王公大臣在国王合婚时仿照汉人习惯送给他们的新婚祝福？现在已经无从知晓，不过，他们进入另一个世界时，还将它庄重地放在胸前，可知他们是如何喜爱这件珍贵的织锦了。

▲ "王侯合昏千秋万岁宜子孙"锦被 [210]

这座墓中还出土了一条锦裤，也是用"王侯合昏千秋万岁宜子孙"铭文锦纺织而成。由于这两件绣有特殊字样织锦的出现，一般认为这座墓葬是精绝国王及其夫人的墓葬。

前已简略提及，尼雅墓地还有另外一座夫妻墓出土了后来名扬世界的"五星出东方利中国"织锦。[211] 这是发生在 1995 年 10 月的事情。当时，中国和日本尼雅遗址学术考察队成员在尼雅一处墓地上例行考古挖掘，然而几个月来，一无所获。失望中，他们挖开了一座两人合葬墓。合葬的两人身上套穿着一件又一件的丝织品衣物，最引人注目的是，其中一人右臂上就绑着这件色彩鲜艳的织锦。"五星出东方利中国"几个字绣织在色彩绚烂的织锦中间，特殊的文字寓意和诡秘的花纹样式，立刻让所有的在场人员为之精神一振。

"五星"织锦被做成了护臂，略有残损，呈圆角长方形，长18.5厘米，宽12.5厘米，织锦中间部分为面料，边上以白绢镶边，两个长边各缝缀有3条长21厘米、宽1.5厘米的白色绢带，其中上下有3条出现了残断现象。

后经纺织专家鉴定，这件织锦是用五组经线和一组纬线交织而成的五重平纹经锦，经密为每厘米220根，纬密为每厘米48根。平纹五重经的织纹技术较为复杂，也比较罕见。根据汉晋时期的织锦幅宽"二尺二寸"来计算，就相当于50～51厘米，说明这件护臂织锦料只是整幅织锦的一半。

从这幅护臂织锦的纹样来看，有凤凰、鸾鸟、麒麟、白虎等瑞兽

▲ "五星出东方利中国"护臂织锦[212]

和祥云瑞草，"五星出东方利中国"的文字巧妙列置其中，表达了汉文化祈佑祥瑞的特别寓意。吉祥语与祥云、瑞花、瑞草、瑞兽、瑞禽组成一个上下宽约7.2厘米的图案，沿经线方向循环重复。这类题材和风格的图案，在目前已

知出土的汉锦中尚属首次。

与这件护臂织锦同时出土的，还有一件"讨南羌"织锦残片。经考古人员比对，是从护臂织锦上裁下来的一部分。这样一来，原来的织文就可连续读为："五星出东方利中国讨南羌"。显然，这句织锦文字是汉王朝为了祈祝讨羌战役顺利成功，而将天象占辞与"讨南羌"的宏愿结合起来的一句激励性的政治口号。

"五星出东方利中国"是一句吉祥语，常见于我国古代的星占用辞。《史记·天官书》就载有类似的句子："五星分天之中，积于东方，中国利；积于西方，外国用兵者利。"《汉书·天文志》也有相似的说法："五星分天之中，积于东方，中国大利；积于西方，夷狄用兵者利。"这是古人在观天象、审辨吉凶祸福的过程中，通过对五大行星的星占学考察，逐渐总结、归纳出来占辞术语。像阴阳五行学说、"天人合一"思想、"天人感应"理论，都与此有密不可分的关系。

"五星"是指水、火、木、金、土五大行星；"东方"是指大汉王朝在星占术中特定的天穹位置，"中国"是指黄河中下游流域所在的中原地区。"五星出东方利中国"，意含一旦出现五星共见东方这样的天象，中原大国对外进行军事征伐一类大事就会非常顺利。

由于五大行星各自的形状、大小、亮度、颜色，以及经过或停留于二十八星宿或其他星官处的位置和聚合，都有所不同，于是就被占星家赋予了特殊的星占学意义。更由于五大行星围绕太阳公转周期性时间不同，出现会合、会聚天象的概率极小，所以五星聚合这一天象就被赋予了更为重要的星占学意义。

《汉书·赵充国传》记载，在西汉王朝发动对西羌讨伐的一次战争中，汉宣帝就将"五星出东方利中国"这句星占术语用在了督促、鼓励将士和相关附属国对羌人作战的诏书里，这从一个侧面说明，彼时的汉王朝从上至下，都对这句带有吉祥性质的星占术语深信不疑。

也可能是当时的精绝国饱受羌人欺凌，精绝国王对羌人恨之入骨，汉王朝恰好派出远征军西征羌人，精绝国王在内心深处笃信"五星出东方利中国讨南羌"，于是也派兵配合汉师讨伐羌人，汉天子特意赐他这副护臂织锦表示鼓励。但不幸的是，他"出师未捷身先死"，死前专门要求继任者给他佩戴上这副织锦护臂，意在提醒精绝国人要继续配合汉师作战，直至取得最后的胜利。

要知道，由于中国古代星占和天文历法是由皇家史官专门掌管，中央王朝对历法和天象拥有绝对的解释权，因此，只有皇家织造官府才能够使用这些星占术语作为织锦吉祥语，所以从这个意义上讲，这件"五星出东方利中国"织锦大概率是出自大汉王朝的皇家织造官府。

之所以做出上述推测，还因为护臂的主要功能就是引弓射箭时起保护臂部的作用，而在"五星出东方利中国"织锦出土时，作为随葬品的弓箭、箭箙、短剑鞘等物品也一起放在墓主人身旁。

四

精绝国只有 3360 人口，但是因为地处丝绸之路南道，就使它有了得天独厚的战略意义，因而成为汉代"西域三十六国"之一。不过"西域三十六国"，不纯粹是 36 个国家，而是汉代对西域各国的总称，包括龟兹、楼兰、乌孙等国。

精绝国后来是怎样灭亡的？精绝国故地后来为什么又变成了一片废墟？虽然史无记载，尼雅出土简牍也没有这方面的说明，但是仔细阅读史料，并结合出土资料，我们还能大概窥探出个一二。[213]

首先是战争。从史籍记载来看，精绝国的周围分布有像楼兰、且末这样的"大国"，精绝国随时有被它们吞掉的危险。至东汉末年，由楼兰变身而来的鄯善国逐渐强大，开始向周边扩张，先后吞并了且末、小宛、戎卢等国，建立起了一个西至尼雅河、东至敦煌的庞大王国。面对这样一个有巨大体量的国家，彼时的大汉王朝无暇东顾，精绝国遂沦为鄯善人统治下的一个州。后来随着鄯善国的覆亡，精绝也于公元 5 世纪左右在史籍中彻底销声匿迹。

从尼雅遗址出土的汉文书纪年看，最晚是魏晋南北朝时期，这同传世文献中对精绝国记载的绝迹时间基本同期。曾经无比繁华热闹的尼雅城，仿佛突然之间就从人间蒸发掉了。

新疆民丰县千百年来一直流传着一个关于精绝国消失的传说：精绝国的小公主爱上了一个外国的首领，但精绝国王却想把宠爱的女儿嫁给本国的一个勇士，战争与残杀因此而起，而且是无休无止。老天爷看到精绝国血流成河，勃然大怒，于是一场前所未有的沙尘暴从天而降，霎时就将整个尼雅城掩埋……传说虽然是传说，但传说绝不可能凭空产生，是在真实基础之上的一种演绎和夸大，所以，这则传说至少给我们传达了精绝国灭亡的两个信息，一是人为的战争，一是自然的沙化。

尼雅遗址出土的简牍上也屡有精绝国人对有关战争片言只语的记载，如：

"环绕两城至死……"

"有来自苏毗人之危险，汝不得疏忽，其他边防哨兵，应迅速派遣来此。"

"现来自且末消息，有来自苏毗人之危险，兵士必须开赴，不管有多少军队。"

苏毗人是生活在今青藏高原北部及西北部一带的游牧民族，能征善战，十分骁勇，于南北朝时逐渐壮大起来。这个时候，精绝国已经变成了鄯善国的一部分，也正是鄯善国灭亡前夕。这些令人惊慌的文字，可能是鄯善国传达给精绝人的情报和命令。

鄯善国在史书上一般称作鄯善王国，王国和帝国不同，王国是由很多相对独立的小"诸侯国"组成的一个"联邦"制国家，各"诸侯国"都有相对独立的人事和财政大权，如夏商周三代就是这样。从这个意义上讲，鄯善国吞并精绝国以后，应该是将它作为一个"诸侯国"完整地保留了它的存在，包括精绝国"王"的称呼，这在尼雅遗址出土的隶书汉文馈赠礼品的木简和个别陶罐上也有一定的体现。在这些收受礼品的精绝国上层人物中就有"王""大王""且末夫人"等字样，这里的"且末夫人"指的是精绝王来自且末国的夫人。

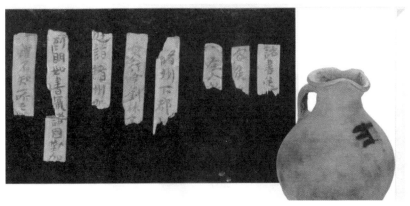

▲ 写有汉字的木牍和写有"王"字的陶罐

由于侵略者的力量过于强大，所以精绝人可能没做太多抵抗就逃之夭夭了。逃走前夕，他们把没法带走的东西匆匆掩埋，试图将来

史无记载：考古发现的中国史

回归故园以后再挖出来。但没有了战争的威胁，沙漠却席卷了他们的故园……

关于沙漠化的问题，精绝人其实是已经意识到了的，他们甚至制定了目前所见世界上最早的"森林法"。有学者称，精绝城可能是世界史上最大的一个木结构城市：居民房屋的主要框架是用粗大的胡杨木搭建而成；房屋的四堵墙是以木为房屋的基柱，用红柳枝编成篱笆，内外抹草泥为墙；院墙是先以芦苇、红柳条编织，然后再在上面薄敷泥土成墙，有的还在院墙外又造一个篱笆墙。精绝国几乎所有的建筑都是木结构的，包括前述那座桥梁，也是如此。正是这种无节制的随意砍伐，造成精绝国树木日益减少，直接导致了河水流量的锐减，风沙随之漫天飞舞起来。

尼雅遗址出土的第368号文书记载，由于河渠已无水可用，致使耕地得不到灌溉，国王不得不亲自出面干涉水的分配。第482号佉卢文书记载，精绝居民出现了砍树风波，国王得悉，特意下了一道制止砍树行为的敕谕："活树严禁砍伐，违者罚马一匹；哪怕只砍了树的枝杈，也要罚母牛一头。"

尽管如此，但为时已晚，尼雅河水量减少，绿洲赖以维系的灌溉水源渐渐枯竭。精绝国就在这种情况下被风沙吞噬，最后永远地消失了。

200年后，唐代著名僧人玄奘（600～664年），就是《西游记》中那个唐僧的原形，在前往印度取经回国途中，路经西域时，曾目睹了一个叫"尼壤"的古城，他在《大唐西域记》中如此写道："行二百余里至尼壤城，周三四里。在大泽中。泽地热湿，难以履涉。芦草荒茂，无复途径。唯趣城路，仅得通行。故往来者，莫不由此城焉。而瞿萨

▲ 布满木料残迹的尼雅遗址

旦那（于阗、和田）以为东境之关防也。从此东行入大流沙，沙则流漫，聚散随风。人行无迹，遂多迷路。四远茫茫，莫知所指，是以往来者聚遗骸以记之。”

文中的"尼壤"，一般认为就是现在尼雅的原称，因为尼雅遗址出土的佉卢文书中，反复提及"nina"这个词，有专家考证，"nina"就是"尼壤"在于阗语中的佉卢文译音，现在的"尼雅"一词，由"尼壤"演变而来。

前已述及，斯坦因第四次到尼雅遗址探险，曾获得一枚汉文简牍，上书"汉精绝王承书从……"，学者们由此推断，1300年前玄奘看到的那片荒凉之地，就是现在的尼雅遗址，也就是曾经的精绝古国。只不过，昔日繁盛的沙漠之国，已经沦变为"芦草荒茂，无复途径"的荒凉废墟了。

虞弘墓和长眠在山西的粟特人

虞弘墓位于山西省太原市晋源区王郭村南面一条东西向的土路上，1999 年 7 月被该村一村民在修路时发现。山西省考古研究所得悉后，很快就联合太原市考古研究所和晋源区文物旅游局组成考古队，对该墓葬进行了发掘清理。[214]

虞弘墓所在的王郭村坐落于太原盆地西北、悬瓮山东麓，海拔 800 多米，附近有汾河、晋祠泉水环绕，居高临下，风光妖娆，在古人眼里是个风水景色俱优美的地方，因此这一带自古以来就是古人营建墓冢的首选之地——虞弘墓西南 600 米处，就是北齐东安王娄叡墓所在。

虞弘墓为单室砖墓，墓顶已毁。墓向是坐东北向西南，现存墓葬由墓道、角道、墓门和墓室几部分组成。由于在墓室底部和石椁顶部发现有唐"开元通宝"铜钱和唐后期白瓷器圈足碗，发掘者判定，该墓应该早在唐末就已被盗扰。

葬具仅存一具汉白玉石椁，安放在墓室中部偏北处。石椁外观呈仿木构三开间、歇山顶式殿堂建筑，由长扁方体底座、中部墙板和歇山顶三大部分组成，每一部分又由几块或十几块汉白玉石砌成，总长近 3 米，宽 2.2 米，高 0.51 米。

　　根据以往考古的经验，隋唐时期，仿照歇山顶式建筑的墓椁仅出现于当时皇室成员的墓中，一般使用的也只是当地较普通的石材。然而这座石椁竟然采用了上等的汉白玉，可是太原一带又不出产这种高级石材。后来考古人员在仔细研究后，推测这种石材应该运自河北沧州。从数百里外运回十几吨重的石料为墓主人制作如此高规格的石椁，说明墓主人在生前享有特殊的身份和地位。

▲　虞弘墓石椁外观呈仿木构三开间、歇山顶式殿堂建筑 [215]

　　令考古人员更为惊诧的是，整个石椁的外壁精雕细刻 50 多幅画案，但所表现的内容全都是异域风情，其中的人物虽然千姿百态、飘然若仙，但没有一例是中原人，均为深目高鼻的地中海高加索等中亚人种。

　　这些图案内容丰富，题材多样，大致可分为宴饮、乐舞、射猎、家居、行旅等几大类。其中狩猎图中多为骑马、骑象、骑骆驼搏杀狮

　　　　　　　史无记载：考古发现的中国史

子一类，人狮搏斗的场面气势磅礴、激烈壮观。图中人物深目、高鼻、黑发，其服饰、器皿、乐器、舞蹈以及花草树木等，也都呈现的是波斯与中亚诸国风格，典型的如带绶鸟、带绶马、"胡腾舞"和带端为扇形的飘带等，波斯、中亚文化色彩极其浓烈。

为什么在传统文化比较深厚的山西会出现这一幕不可思议的现象呢？接下来的发现揭开了这个谜底。

或许是由于被盗窃的缘故，墓中出土的随葬品不是很多，总计有80余件，除了石椁外，还有八棱汉白玉石柱、石质人物俑、残陶俑、白瓷碗、石灯台、铜币等。其中铜币是唐晚期之物，发掘者怀疑系唐代盗墓分子在墓破坏后所弃。

墓内没有发现棺木和任何木器存在的痕迹，也不见有棺钉。只有零碎的人骨散见于椁内、墓室和椁座盖板下。考古人员由此推测，墓主人没有使用内棺——这种情况也有悖于传统中国人使用木棺的丧葬礼仪。这些零散的人骨后经鉴定为一男一女。

在清理墓室底部时，发现了两方细砂石质墓志，一方位于石椁前方，系墓男主人虞弘墓志；另一方位于石椁右侧，是虞弘夫人墓志。虞弘墓志盖完整无缺，为盈斗方形，边长73厘米，厚8厘米。志盖顶中部阳刻有"大隋故仪同虞公墓志"九个篆字。

墓志右下缺一角。志文共25行，每行26字，除了右下角缺25字外，保存还比较完整，

▲ 虞弘墓志盖

有 625 字，分志与铭两部分。志文为隶书，铭文为楷书。结合背景史料，专家给出了一个相对完整、清晰的墓主人简历：

虞弘，字莫潘，中亚粟特地区的城邦国家——鱼国尉纥麟城人，出生于 533 年。隋开皇十二年（582 年），卒于晋阳，享年 59 岁。虞弘出身祆教徒外交官世家，曾随父辈寓居柔然。13 岁时代表国家出使波斯、吐谷浑等国，沟通国事、外交、经济，才干杰出。19 岁时来华出使北齐，后久居晋阳（今太原），在此期间除进行商贸活动外，还在北齐、北周、隋三朝为官，历任直突都督、轻车将军、直斋都督、直荡都督、使持节都督凉州诸军事、凉州刺史、射声校尉、假仪同三司、游击将军、使持节仪同大将军、仪同三司等职，最高官职居正五品。入北周后曾任"检校萨保府"，主管来华胡人相关事务。[216]

由此可知，虞弘曾为中原对外开放和繁荣发展作出过卓越贡献，是一个经历和身份均比较特殊又受到北齐、北周、隋三朝皇帝宠信的鱼国籍官员。

遗憾的是，虞弘夫人墓志残缺较多，这给专家们的释读造成了一定的困难。据该残文看，她似乎是下葬于"八年"，由于在隋开皇十七年（597 年）与"八年"之间有字迹脱落，所以这个"八年"就成了一个不明年份。隋代，与开皇十七年（597 年）相近的"八年"有开皇十八年（598 年）和隋大业八年（612 年），墓志上说她"卒于开皇十七年"，据此推测，她与丈夫合葬时间最有可能是开皇十八年。

至此，考古人员才彻底搞清楚石椁外壁 50 多幅浮雕画面的深刻涵义：当一位行将 60 岁的老人客死他乡的时候，他仍然放不下他遥远的故乡、少年时的精神寄托和那里的风土人情……

这里特别要说一下位于椁室后壁居中部位的一幅宴饮图。这幅浮雕高 0.96 米，宽 1.15 米，画面正对着椁门，是所有图案中面积最大、人物最多的一幅图案。画面上部大约占了总画面的 2/3，下部占 1/3，均呈横放的长方形状。

上部图案结构复杂，出现了众多人物形象，从上至下构图排列，呈现为一个较大的画面。上部两角雕绘有葡萄叶蔓，枝蔓上吊着成串的葡萄。叶蔓之间，还立着三只小鸟。图案中部绘有一大毡帐内部的后半部分，帐内后部正中是一装饰华丽的亭台。亭为尖顶，双层翘檐。檐下有两根立柱，柱间从上往下有联珠装饰。柱下搭建有一向前延伸的平台床，床的边线上也有横向联珠装饰。

亭前平台上，对坐着一对深目高鼻、衣着华贵的男女，似为夫妻。男的头戴高冠，冠后有两条长达臂肘的飘带。右手端着一只碗，举于胸前，温和地平视着对面的女子。女子头戴花冠，身着半臂裙装，正转身对着男子，害羞似地略低着头，盘腿坐在平台上。右手举着一只高足杯，左手放于左膝，似在与男子对饮。

男女二人中间，放有一盛满食物的大盘。二人左右侧，各站着两名男女侍者。主人和侍者前面，有六名男乐在进行乐舞表演，其中一人在中央，脚踏圆形小地毯，飞快旋转，衣带飘飘。这不由会使人想到其时颇为流行、源出中亚细亚塔什干的"胡腾舞"。整个场面洋溢着一种热烈、欢乐的祥和气氛。

显然，这幅欢乐宴饮图表现的是墓主人生前节日宴会等特殊场景，蕴含着子女们对两位逝去老人的怀念和美好祝愿。

墓志中的"鱼国"一般认为属于粟特。粟特是中世纪中亚一带伊朗语支居住地区的名称，古希腊、波斯、印度等东西方文明等都曾在此汇聚。其地理位置大致在今塔吉克斯坦和乌兹别克斯坦境内泽拉夫

▲ 虞弘墓椁室后壁居中部位宴饮图摹本

善河一带，唐代人称之为"那密水"。不过，粟特并非一个统一化的国家，而是由多个小国或部落组成的联邦，如同我们今天说的阿拉伯地区，在不同的历史时期，其组成部分和区域也有一定的变化。

虞弘墓发掘者张庆捷先生认为[217]，"鱼国"可能是粟特"昭武九姓"之一。所谓"昭武"是指汉代张掖郡昭武县，《隋书》记载，"昭武九姓"本是月氏人，原住祁连山北昭武城，被匈奴击退，西迁至中亚河中地区繁衍生息，支庶各分为王，于是就有了康、安、曹、石、米、史、何、穆等九姓，因皆以"昭武"为氏，故称"昭武九姓"。

粟特人善于经商，居所不定。南北朝时期，由于胡人大规模进驻中原，并建立了北魏等政权，粟特人也随之来到中国内地，参与了当时的政治、经济和文化建设，尤其是从北齐、北周至隋唐时期，粟特、波斯等大批西域人群活跃于丝绸之路东西交通要道上，扮演着沟通中西文明使者的角色，对促进东西方文明的交流起了极为重要的作用。

　　更重要的是，这些西域人不仅仅是以民间文化交流使者的身份进入内地定居，还有很多人成为当时政府任命的重要官员，譬如虞弘墓墓志铭提到虞弘在进入北周后就曾任职于"检校萨保府"。学界普遍认为，"检校萨保府"就是北朝以至初唐时期由朝廷任命的管理胡人聚落事务并兼及其内部宗教活动的政府机构，其"一把手"通常由汉化或内附的胡人首领担任。

　　可以证明这一点的是，1984年10月出土于太原市北郊区小井峪村东的龙润墓志铭，其中记载，墓主人龙润曾任并州萨宝府长史，时间为唐朝初年。龙姓在汉文史料中是西域焉耆王国居民东迁中原以后所用姓氏，因此龙润应是焉耆后裔。而其夫人何氏，则应当是出于"昭武九姓"中的何国。

　　另外一例是，近年在山西汾阳发现的一方唐代粟特人曹怡的墓志，也有类似记载："君讳怡……祖贵，齐壮武将军；父遵，皇朝介

▲　虞弘墓椁壁浮雕之一

州萨宝府车骑都尉。"曹恰是粟特"昭武九姓"之一。

虞弘墓志铭说"大象末，左丞相府，兼领并、代、介三州乡团，检校萨保府"，可能意味着，当时的并州、代州和介州住有大量的粟特人，所以政府才设立了"检校萨保府"这一机构，由粟特人在政府的领导下进行自治管理。

其实，在山西不止并、代、介三州住有粟特人，在雁北大同地区也有他们活动的踪迹。2000 年，在山西应县西南约十公里的桑干河畔东岸栗家坊村，发现了唐石善达墓志。从墓志得知，石善达，姓石名善达，乃粟特"昭武九姓"之一。其夫人安氏，则是"昭武九姓"中的安国人。他们的儿媳何氏、康氏、史（氏），则分别来自"昭武九姓"中的何国、康国和史国。这些情况说明，初入中原的粟特人，除个别外，大都在粟特族内通婚，还没开放到与当地土著结亲这一步。

粟特人在太原居住一直延续到五代时期，但他们仍然是自成聚落，其中也有部分人和当地土著通婚，但相当一部分仍然恪守着族内通婚的原则。山西省艺术博物馆保存有一方名为"大晋何公"的墓志，据说出土于太原北部，但出土的时间、确切地点和伴出的随葬品均不清楚。

"大晋何公墓志"是何敬万兄弟为纪念其父母所刻立。墓主人何君政是"昭武九姓"中的何国人，夫人姓安，是"昭武九姓"中的安国人。何君政在后唐"长兴三年"（932 年），殁于代州横水镇；女主人安氏在"天祐年"（904 年），殁于京宅内。其二儿子"随驾兵马使充左突骑十将，天祐年十二月廿四日从庄宗帝于河南胡柳陂为国战劾身殁"；三儿子"随驾兵马使充左突骑副将，敬千，同光年四月廿三日身殁封坟"；长男何敬文则在政府中担任重要官职，先后任"北京押衙充火山军使、银青光禄大夫、检校工部尚书兼御史大夫、上柱国"。

天祐是后唐昭宗李晔开始使用的年号，时间为904～907年，后来的几任后唐皇帝，乃至前蜀王建、南汉刘隐、南吴、晋李克用等割据政权一直沿用至919年。

从该墓志可以看出，墓主人何君政夫妇几个儿媳——"长安氏、次康氏、次康氏"，都是粟特人后裔。这意味着这些粟特人还是聚族而居，自成一体，施行的还是内部通婚，并没有与汉民族完全融合为一体。

▲ 虞弘墓椁壁浮雕之二

南北朝直至隋唐五代时期是中华民族大融合时期，数不清的粟特人都通过"丝绸之路"进入中原并定居下来，长期以中原为家。虽然传世典籍对他们具体生活情况没有详细的记载，但近百十年的考古却逐一揭开了他们的生活场景及其繁衍生息情况。像西安安伽墓、史君墓、康业墓、李诞墓，以及甘肃天水马坪石棺床墓、宁夏固原史氏家族墓等都是粟特人墓葬，这些墓葬的出土为我们今天研究粟特人在中国的具体情况提供了难得的第一手资料。

山西北部之所以能发现这么多粟特人墓葬，主要原因有两个，一是这里在古代属于游牧民族和农耕民族交融地带，是粟特人来到中原的第一站；二是太原曾是北朝几个割据政权所在地；隋初，晋王杨广又在这里经营多年；之后，李渊出任太原留守，并在此起兵反隋；唐朝建立后，太原又被敕定为大唐北都，连续几个世纪都是内地难得的繁华大都市。

上官婉儿墓碑搅起唐史波澜

上官婉儿在中国历史上可以说是个很特殊的人物，尤其是前些年与她有关的电视剧的热播，更是将她推到了家喻户晓的、人人耳熟能详的地步。不过，不管是正史中的上官婉儿，还是电视剧中的上官婉儿，都反映的可能不是真实的上官婉儿。

综合《唐会要》《上官昭容集序》《景龙文馆记》《旧唐书》《新唐书》《资治通鉴》等史籍，上官婉儿的生平事迹大致如下。

上官婉儿出身显赫，其高祖是北周幽州太守上官贤，曾祖是隋朝江都宫副监上官弘，祖父是唐高宗时期的宰相上官仪。

麟德元年（664 年），就在上官婉儿呱呱坠地的时候，祖父上官仪因替唐高宗起草废武则天的诏书而招致弥天大祸，他与儿子上官庭芝，也就是上官婉儿的父亲，一起被武则天斩杀。还在襁褓中的上官婉儿随母亲郑氏被贬黜到宫中妃嫔所住的掖廷为奴。

或许是由于郑氏贤淑勤快颇受一众嫔妃喜爱的缘故，郑氏有了充足的时间精心培养上官婉儿，使上官婉儿受到了良好的教育，不仅熟读诗书，还能吟诗为文。上官婉儿小小年纪就通晓政治，明达吏事，显得聪敏异常。

仪凤二年（677 年），也就是上官婉儿 13 岁那年，武则天听闻上官婉儿聪达敏慧，才华横溢，就下旨召见，当场出题对她进行考较，结果上官婉儿"援笔立成，皆如宿构。"（《景龙文馆记》）武则天看后大为高兴，当即免除了母女俩的奴婢身份，请高宗赐封上官婉儿为才人，并让其掌管宫中诏命起草一类事宜。

上官婉儿聪敏机灵，对武则天精心侍奉，曲意迎合，颇得武则天宠爱。武则天称帝以后的诏敕大多是经上官婉儿之手草拟而成。后来，上官婉儿因违忤旨意，罪犯死刑，武则天爱惜其才华而特别予以赦免，将死刑改为黥面，就是在脸上刺字、涂墨。

▲　上官婉儿墓志盖 218

上官婉儿犯罪后反而更得武则天欢心，通天元年（696 年），武则天称帝，上官婉儿受命处理百司奏表，参决政务，成为武周权力中枢不可或缺的一员悍将。

神龙元年（705 年），张柬之等发动"神龙政变"，武则天退位。唐中宗复辟，上官婉儿继续受到重用，中宗御封上官婉儿为昭容——就是仅次于皇后的嫔妃，正二品。还封其母郑氏为沛国夫人。

上官婉儿再次挤进权力中心后，与当时的权势人物韦皇后、安乐公主"勾结"在一起，"轻弄权势"，以至于"朝廷畏之矣"（《景龙文馆记》）。后来又给韦皇后引荐武三思，使武三思得以飞黄腾达，权倾朝野，不可一世。

在此期间，上官婉儿专秉内政，祖父上官仪一案也因此得以平反，上官仪被追赠为中书令、秦州都督、楚国公，父亲上官庭芝则被追赠为黄门侍郎、岐州刺史、天水郡公。

上官婉儿还多次奏请中宗，大量延揽昭文馆学士，广召当朝词章之士，宴吟游乐，赋诗唱和。每次诗会，上官婉儿都代中宗、韦皇后和安乐公主作诗，数首并吟，悱恻缠绵，华丽工整，时人广为传诵。唐中宗还旨令她对词臣之作进行评定，名列榜首者，给予金爵一类赏赐。上有所好，下必甚也。朝廷内外，吟诗作赋，一时靡然成风。

客观而言，上官婉儿的诗作也并不见得有多么高的水平，她在大唐中宗时期的文坛领袖地位，多半是由其特殊的政治地位造成的。她一生作诗无数，但现在流传下来的，仅有收录在《全唐诗》中的32首，也多多少少说明了个中缘由所在。

唐中宗李显对上官婉儿恩爱有加，还特意命人在上官婉儿府邸穿池筑岩，大肆雕饰，并亲自招呼大臣前往纵酒宴乐，上官婉儿因而成为众臣眼里的权势明星人物，都纷纷暗送秋波，争相与之交结，有不少人因此获得高官要职。其中最著名的一个就是中书侍郎崔湜，他在上官婉儿外宅与上官婉儿私通，由此被引荐给中宗，开始青云直上，先后改任吏部侍郎、中书侍郎、同中书门下平章事。后来，崔湜在主持铨选官员时，徇私舞弊，被御史李尚隐弹劾，贬为外州司马。上官婉儿就与安乐公主多次上奏中宗，力谏崔湜"清白"，崔湜又得以改授襄州刺史，不久又升任尚书左丞。

上官婉儿知悉安乐公主有想做皇太女，将来好当女皇的心思，就和武三思私通，鞍前马后地为韦皇后和安乐公主效劳，甚至在她起草的诏令中为安乐公主上位皇太女制造舆论，让太子李重俊十分气恼。

李重俊忍无可忍，于景龙元年（707年）七月假传圣旨，联合左羽林大将军李多祚率羽林军300余人，冲入武三思的府第，杀掉了武三思及其子武崇训。随即又引兵闯进肃章门，搜捕上官婉儿。上官婉儿慌忙逃至唐中宗和韦皇后的寝宫，称太子是要先杀上官婉儿，然后再捕弑皇后和陛下，奏请中宗弹压太子。中宗和韦皇后怒不可遏，立即命令右羽林将军刘景仁率飞骑2000余人，屯太极殿前，闭门自守。李重俊最终兵败被杀。

景龙政变后，太平公主的势力开始崛起，上官婉儿又暗中倒身依附太平公主。景龙四年（710年）夏初，中宗忽然驾崩，朝政大权尽落韦氏之手。上官婉儿与太平公主遵韦皇后之命，起草了一份遗诏，立李重茂为太子，李旦辅政，韦皇后为皇太后摄政。宰相宗楚客、韦温表示反对，劝韦皇后更改诏书，效仿武则天，登基称帝。

时为临淄王的李隆基得知这一消息后，第一时间找到太平公主商量并达成协议，决定内外联合发动政变。7月21日，李隆基发动"唐隆之变"，率禁军攻入宫中，杀死韦后、安乐公主以及所有韦后死党。

上官婉儿得知李隆基率军杀入宫中，赶紧率宫人出门迎接。看到迎面而来的羽林军杀气腾腾的样子，上官婉儿担心会遭不测，就急忙将她与太平公主替中宗所拟遗诏拿给羽林军首领刘幽求观看，以此证明自己和李唐宗室属于一个阵营。刘幽求拿着遗诏找到李隆基为上官婉儿说情，恳求开恩，但李隆基不许，刘幽求遂将上官婉儿斩于旗下，一代才女就此香消玉殒，时年47岁。

《唐会要·谥法》仅记载上官婉儿死后次年，"以其有功"，"赠昭容上官氏"为"惠文"。李隆基继位后于开元初年，收集上官婉儿遗作编辑成书，"令中书令张说亲为其序"。但对于上官婉儿死后下葬于何时、何地以及以何待遇归葬等诸般事宜，再无提及。

上官婉儿死后1308年，即2013年，由于西安西咸新区空港新城要修建一条园区内的道路，陕西省考古研究院按常例在6月对这项尚未开工的道路进行考古勘探，结果在路基正中发现了一座大型墓葬。该墓设有斜坡墓道和5个天井，墓室还是砖券而成，根据墓葬形制，考古人员初步判断，是一座高等级的唐代墓葬。这里出现唐代高等级墓葬也不奇怪，因为这块地方原来叫洪渎原，是北朝至隋唐时期长安城以北的高等级墓葬区，埋着不计其数的王公贵族、皇亲国戚。

发掘工作从8月正式开始[219]，先发掘的是墓道和天井，墓道东、西壁面上都涂刷有白灰浆水，说明这是一座精心修建的墓葬。墓壁上还凿有4个壁龛，里面放置着没有彩绘的陶俑和陶动物，共170余件，体型不大，种类也不多。

随后发掘的是甬道和墓室。令考古人员诧异的是，从4号天井开始，该墓北半部分遭到了严重的人为破坏：一个形状不太规则的大坑垂直向下，将4号、5号天井打破，在接近天井底部的位置又平行向北深入下去，将砖券甬道的拱顶和墙壁破坏后，又毁掉了墓室：顶部已完全塌掉，四面砖墙最高处只剩1.3米，墁地砖也全部被揭走。墓室西部棺床所在位置被彻底铲平，墓室里空空荡荡，一件随葬器物也不见，

▲ 上官婉儿墓中随葬的陶俑和陶动物

其至连棺椁和墓主人的遗骸也都不翼而飞。

根据多年的考古经验，发掘者判断，这种情况极大可能是"官方毁墓"的结果。因为在唐代出于政治目的而由官方出面毁墓是司空见惯的现象。最著名的一个例子就是，武则天当年因徐敬业反叛而直接毁掉了徐敬业的祖父李勣之墓。长安是大唐的都城，陕西考古工作者

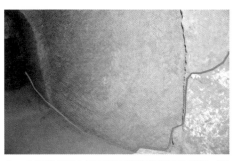

▲ 上官婉儿墓5号天井西壁的典型扰动情况（画线以上是扰坑，以下是墓葬原始结构）

以前经常遇到类似的情况。

不幸中的万幸是，墓中的墓志铭还在，而且保存完好，字迹清晰。墓志所用石材是用高质量的青石制作而成，正面呈正方形，高、宽均为75厘米左右。墓志盖

史无记载：考古发现的中国史

面和志石四侧都刻有牡丹、忍冬、瑞兽、十二生肖等花草鸟兽，刻工细腻，线条流畅。专家认为，在唐代墓志线刻装饰图案中属难得的上乘之作。墓志盖顶面篆刻有"大唐故昭容上官氏铭"9个大字。墓志正文总计982字，简短叙述了昭容上官氏的一生，给其以极高的评价。志文措辞讲究，辞藻华丽，铺排工整，情理并茂，字体也是丰腴流美，婀娜婉转，极尽秀美之能事，十分符合当时流行的书体风格。

墓志序文中没有名讳，只说"婕妤姓上官"，结合"大唐故昭容上官氏铭"来看，墓主人就是上官婉儿。因为在史籍和唐代的官方文档中，对上官婉儿的称呼一直是"上官氏"。终唐一朝，上官氏女性中做到婕妤、昭容的就只有上官婉儿一人。"婉儿"是两唐书本传中记载的名字，或许是上官昭容的乳名也未可知。

墓志记载了上官婉儿的籍贯、身世、简要生平、死因、享年等信息，大体同正史上的记载相符。不同的地方在于，志文在叙述上官婉儿对待"逆党"韦皇后和安乐公主的态度上，是始终保持立场并与之做了坚决的斗争：

神龙元年，册为昭容。以韦氏侮弄国权，摇动皇极。贼臣递构，欲立爱女为储，爱女潜谋，欲以贼臣为党。昭容泣血极谏，扣心竭诚，乞降纶言，将除蔓草。先帝自存宽厚，为掩瑕疵，昭容觉事不行，计无所出。上之，请擿伏而理，言且莫从；中之，请辞位而退，制未之许；次之，请落发而出，卒为挫衄；下之，请饮鸩而死，几至颠坠。先帝惜其才用，慜以坚贞，广求入滕之医，纔救悬丝之命，屡移晷魄，始就痊平。表请退为婕妤，再三方许。暨宫车晏驾，土宇衔哀。政出后宫，思屠害黎庶；事连外戚，欲倾覆宗社。皇太子冲规参圣，上智伐谋，既先天不违，亦后天斯应，拯皇基于倾覆，安帝道于艰虞。昭容居危以安，处险而泰。且陪清禁，委运于乾坤之间；遽冒铦锋，亡身于仓卒之际。

将这段话翻译成现代文，大意是说，神龙元年（705 年），册封婕妤为昭容。此时韦庶人（韦后）玩弄君权，动摇皇位，指使奸佞之臣接连挑拨，想要先帝立爱女勃逆宫人（安乐公主）为皇太女。勃逆宫人也暗中谋划，想自立为帝，封贼党为臣子。昭容十分悲伤，极力进谏，表达自己的忠诚，乞求先帝发布诏令，除掉乱党。先帝心存宽厚，为妻女掩盖罪过。昭容感到事情无法实行，无计可施，于是，就请求揭发乱党罪行并治罪，但她的话无人理会。之后，昭容请求辞去昭容之位而隐退，先帝阻止她，不允许。再后来，昭容又请求削发出宫为尼，但没能成功。最后，昭容饮鸩自杀，结果几乎葬送掉性命。先帝怜惜昭容聪敏而坚贞的才华和能力，广求名医挽救昭容奄奄一息的生命。过了好几个月，昭容才慢慢痊愈。昭容上表请求自降为婕妤，再三请求，先帝方才准许。等到先帝驾崩，天下人都沉浸在悲痛之中。此时，政令出自后宫，韦庶人想要残害百姓。篡位之事牵涉到韦氏家族，逆党想要颠覆李唐的宗庙社稷。皇太子李隆基抓住时机，谋划诛逆大计，用智慧挫败逆党的阴谋，位跻圣人之列。太子的做法既顺应了天命，也符合臣民的愿望，在即将亡国之际挽救了帝王基业，在艰难时世中安定了帝王之位。昭容身处危难，却泰然自若。姑且在宫中陪侍逆党，以作内应，把自己命运交给天地神明。却不料遽然之间被刀剑所杀，死于政变的混乱之中。

▲ 上官婉儿墓志拓本 [220]

　　这段叙述中，除了"遽冒锐锋，亡身于仓卒之际"这句话可以与《唐会要·谥法》所谓"上官……以草本呈刘幽求，幽求言于元宗。元宗不许，命杀之"互相对应之外，其余正好截然相反。一个是刚正不阿、为捍卫正义不惜献身的忠良形象，一个是甘愿屈膝下拜、与谋逆分子狼狈为奸、共同为非作歹的奸贼嘴脸。

　　一般来说，墓志一类属第一手资料，比起后人记述的历史来得更真实一些。但墓志属于纪念性质，其特点是"事真而情虚"，所以也就不能不加分析地完全相信。从这篇墓志文面上看，请托人是唐中宗的继任者唐睿宗，而实际的葬礼资助者是当时说一不二的太平公主："太平公主哀伤，赙赠绢五百匹，遣使吊祭，词旨绸缪。"这意味着，上官婉儿和太平公主是站在一条战线上的"同志"，有学者据此认为，上官婉儿的礼葬完全是出于太平公主游说唐睿宗的结果。

李隆基与太平公主不共戴天是众所周知的史实：延和元年（712年）八月，唐睿宗传位于太子李隆基；第二年，也就是先天二年（713年）七月，太平公主就被唐玄宗李隆基以谋逆罪名赐死。由此我们可以明白，为什么李隆基发动政变时，不为上官婉儿和羽林军首领刘幽求恳请所动，而要坚决杀掉上官婉儿，其目的就是要破解太平公主与上官婉儿的联手，使其无法威胁到自己今后的地位。

历史是胜利者书写的，从这个意义上讲，上官婉儿在正史中的形象也就在情理之中了。但胜利者书写的只能是纸面上的历史，真正的历史是谁也无法抹杀的，作伪者总有露出马脚的那一天，哪怕像上官婉儿这样，在地底下整整埋藏了1300年之久。

太平公主倾尽心血请人撰写《唐昭容上官氏墓志》，等于彻底暴露了她和上官婉儿属于同一个政治阵营的秘密，所以，等李隆基以唐玄宗的身份赐死太平公主的时候，上官婉儿的墓葬被毁也就成为历史的必然——不要忘记，靠着上官婉儿引荐才飞黄腾达起来并将坏事做绝的武三思，其墓葬就是被李隆基他爹唐睿宗毁掉的："以三思父子俱有逆节，制令斫棺暴尸，平其坟墓。"（《旧唐书·外戚列传》）其背后的逻辑正如发掘者所言："在八世纪的初叶，毁墓和建新墓似乎成了掌权者发泄怨愤和表达态度的极端方式，这种行为背后的政治因素纠缠着几代人对绝对权力的欲望。"[221]

附：

大唐故婕妤上官氏墓志铭并序

　　夫道之妙者，乾坤得之而为形质；气之精者，造化取之而为识用。挺埴陶铸，合散消息，不可备之于人，备之于人矣，则光前绝后，千载其一。

　　婕妤姓上官，陇西上邽人也。其先高阳氏之后。子为楚上官大夫，因生得姓之相继；女为汉昭帝皇后，富贵勋庸之不绝。曾祖弘，随〔隋〕藤〔滕〕王府记室参军、襄州总管府属、华州长史、会稽郡赞持、尚书比部郎中，与毂城公吐万绪平江南，授通议大夫。学备五车，文穷三变。曳裾入侍，载清长坂之衣冠；杖剑出征，一扫平江之氛祲。

　　祖仪，皇朝晋府参军、东阁祭酒、弘文馆学士、给事中、太子洗马、中书舍人、秘书少监、银青光禄大夫、行中书侍郎、同中书门下三品，赠中书令、秦州都督、上柱国、楚国公，食邑三千户，波涛海运，崖岸山高，为木则揉作良弓，为铁则砺成利剑。采摭殚于糟粕，一令典籍困穷；错综极于烟霞，载使文章全盛。至于跨蹑簪笏，谋猷庙堂，以石投水而高视，以梅和羹而独步，官寮府佐，问望相趋，麟阁龙楼，辉光递袭，富不期侈，贵不易交。生有令名，天书满于华屋；没有遗爱，玺诰及于穷泉。

　　父庭芝，左千牛、周王府属，人物本源，士流冠冕。宸极以侍奉为重，道在腹心；王庭以吐纳为先，事资喉舌。落落万寻之树，方振国风；昂昂千里之驹，始光人望。属楚国公数奇运否，解印褰裳，近辞金阙之前，远窜石门之外，并从流迸，同以忧卒。赠黄门侍郎、天水郡开国公、食邑三千户。访以荒陬，无复藤城之榇；藏之秘府，空余竹简之书。

婕妤懿淑天资，贤明神助。诗书为苑囿，捃拾得其菁华；翰墨为机杼，组织成其锦绣。年十三为才人，该通备于龙蛇，应卒逾于星火。先皇拨乱返正，除旧布新，救人疾苦，绍天明命。神龙元年，册为昭容。以韦氏侮弄国权，摇动皇极。贼臣递构，欲立爱女为储，爱女潜谋，欲以贼臣为党。昭容泣血极谏，扣心竭诚，乞降纶言，将除蔓草。先帝自存宽厚，为掩瑕疵，昭容觉事不行，计无所出。上之，请擿伏而理，言且莫从；中之，请辞位而退，制未之许；次之，请落发而出，卒为挫衄；下之，请饮鸩而死，几至颠坠。

先帝惜其才用，慜以坚贞，广求入腠之医，纔救悬丝之命，屡移胐魄，始就痊平。表请退为婕妤，再三方许。暨宫车晏驾，土宇衔哀。政出后宫，思屠害黎庶；事连外戚，欲倾覆宗社。皇太子冲规参圣，上智伐谋，既先天不违，亦后天斯应，拯皇基于倾覆，安帝道于艰虞。昭容居危以安，处险而泰。且陪清禁，委运于乾坤之间；遽冒铦锋，亡身于仓卒之际。时春秋四十七。皇鉴昭临，圣慈轸悼，爰造制命，礼葬赠官。

太平公主哀伤，赙赠绢五百匹，遣使吊祭，词旨绸缪。以大唐景云元年八月二十四日，窆于雍州咸阳县茂道乡洪渎原，礼也。龟龙八卦，与红颜而并销；金石五声，随白骨而俱葬。其词曰：

巨阀鸿勋，长源远系，冠冕交袭，公侯相继。

爰诞贤明，是光锋锐，宫闱以得，若合符契。（其一）

潇湘水断，宛委山倾，珠沉圆折，玉碎连城。

甫瞻松槚，静听坟茔，千年万岁，椒花颂声。（其二）

敦煌遗书：流散的中古图书馆

一

　　说起敦煌遗书，还得追溯到 100 多年前一个姓王的道士。[222] 王道士原名王圆篆（1850～1931），湖北麻城人。清朝咸丰、同治年间，麻城一带遭遇旱蝗灾害，太平天国趁机占领，百姓流离失所，几无立锥之地。王圆篆小小年纪便被迫逃往他乡，长大后流落酒泉，在肃州巡防营中当兵谋生。时当清末，盗贼蜂起，世道混乱，王圆篆心生厌世思想，遂在退伍后"受戒"于盛道法师，成为一名道士。光绪二十四年（1898 年）王道士云游至敦煌莫高窟，在下寺建立了一座太清宫，自任住持。

　　王道士入主下寺后，香火渐盛，于是就雇请了敦煌当地秀才杨河清做帮手。有一次，杨河清在莫高窟第 16 窟甬道北侧休憩时，用一把干草作火媒点燃旱烟，吸完后就准备将熄灭的干草插在身后墙壁的裂缝中，但奇怪的是，长长的干草插入裂缝时，竟然探不到头。杨河清疑惑，就用手拍打墙壁，根据传出的旷音，他判断里面是个空洞，便找到王道士说出了自己的疑惑，他还特意强调，说不定里面是一个藏有金银宝贝的密室呢。

▲ 道士王圆箓

事不宜迟，两人当夜就趁无人之机，用铁锹、锄头打开了那道墙壁，结果真发现有一个大洞。洞里是间泥封的复室，大约丈余见方。不过，洞中并没有他们想象中的金银财宝，映入眼帘的全是用白布包裹起来的一包包堆积如山的古旧书籍、佛画和一些铜塑佛像之类。两人霎时就没有了兴趣，在取出几件经卷、佛画和铜佛像后，就又连

史无记载：考古发现的中国史

夜将洞口封砌起来。一切就绪，天色已经放亮。是为光绪二十六年（1900年）五月二十六日凌晨。

王道士和杨河清文化程度不高，自然不懂得这些古旧书籍的价值，但王道士也知道这个发现不同寻常，所以就在第一时间拿了些经卷和画像送给了敦煌县知事汪宗瀚。汪虽然读了不少书，但也是个只知其一不知其二的半吊子货，他把这些东西仅当作可以鉴赏的古董，拿着去官场上到处送人。

直到两年之后的某天，时任甘肃学政（相当于今天的省教育厅长）的叶昌炽从汪宗瀚那里看到几卷古书和几幅画像时，才知道敦煌石窟发现了藏经洞。叶昌炽明白这批古旧经卷的价值，就建议当时的藩台（也称布政史，是主管一省行政和财赋出纳等事项的官员）衙门把这些经卷运到省城保管。藩台衙门算了一笔账发现，要将这些古物从敦煌打包装车运到省城，需要花费几千两银子。他们感觉太不划算，就没有采纳这个建议，而是例行公事地给敦煌县衙下了一纸公文："经卷佛像，妥为封存。"县衙接到公文，又照猫画虎地给王道士下了一纸公文，责成王道士"妥为封存"。这样兜兜转转一圈后，又把球踢给了王道士。

眼见从县到省都没人把这些古经卷当回事，没有多少文化的王道士当然就觉得这些东西没有什么太大的价值。他可能还不死心，就又挑选了一箱完整的经卷，亲自到酒泉呈送给了时任安肃道道台的满人廷栋，希望能得到道台大人的赏识。但他不知道，廷栋更是一肚子草包，竟然认为这些缮本经卷的书法不如他的好，所以就将这箱经卷当作不值钱的古物随便送人把玩。

此后不久，嘉峪关税务司有个比利时人正好任满回国，去向廷栋辞行，廷栋顺手就送了他几套缮本，还傻呵呵地告诉对方，这些缮本是在敦煌莫高窟发现的。比利时人也不懂得这些古书的价值，在与廷栋辞行回国，路过新疆时，将这些古书分赠给了新疆的道台和其他人。这样一传十、十传百，敦煌藏经洞遗书发现的事情就不胫而走，传了出去。

清末，清政府腐败无能，中国成了任人宰割的羔羊，西方的那些所谓学者、传教士、考古学家和探险家等都纷纷进入中国腹地，以传教布道、测绘地图、勘察地质、调查民俗等为名，肆无忌惮地进行文化掠夺。在这种背景下，靠一个根本不懂得敦煌遗书价值为何的王道士去看护这批无价之宝简直就是羊入狼口，可它却真真实实地发生了。

洋人的魔爪很快就伸了过来。第一个出现在敦煌石窟的洋人身影是俄国人奥布鲁切夫，时为 1905 年 10 月。他是从哪里得到消息，怎么来的敦煌，又是如何从王道士手里骗走了大量的敦煌经卷，都是一团谜。我们现在只知道的是，圣彼得堡东方研究所珍藏的大约 1 万多件敦煌经卷遗书，绝大部分都来自奥布鲁切夫对王道士的收买和骗取。

第二个出现在敦煌石窟的洋人身影是匈牙利人斯坦因。斯坦因是个梵文学者，又是个冒险家，曾经在英属殖民地印度政府中担任西北边地总视学，后又转入印度考古学调查所做考古调研。长期在印度工作的经历使他对中国历史文化情有独钟，并对当时中国混乱的局势了如指掌。当他从那个比利时人那里得知敦煌遗书发现的消息后，便做了充分的准备，于 1907 年 5 月赶到了敦煌。斯坦因不懂汉语，于是在当地雇了一个姓蒋的师爷来帮助他骗取王道士的信任。

▲ 20 世纪初的敦煌石窟

斯坦因后来在他的《西域考古记》一书中叙说了他初次进入敦煌藏经洞的情景："从王道士所掌微暗的灯光中，我的眼睛忽然为之开朗。经卷紧紧地一层层地乱堆地上，高达 10 英尺左右。据后来的观察，将近有 500 立方英尺。小室约有 9 英尺见方。"除了缮本经卷外，还有"无色坚韧的画布作包袱的一个大包裹，打开之后，全是古画……颜色调和，鲜艳如新"[223]。

斯坦因在敦煌莫高窟待了 7 天，从王道士手里骗买走了 1 万多卷经卷，另外还骗走了大批纸质绘画、刺绣和绢画。其中就包括后来举世闻名的唐代木版雕刻印刷的《金刚经》，经卷上绘有栩栩如生的佛像，这是迄今为止所见世界上最早的有明确纪年的一部印刷品。而斯坦因付给王道士的价钱只有区区 14 块马蹄金。这批无价之宝在 16 个月后，摇身一变，成了大英博物馆的珍藏品。

1908 年 3 月，法国人伯希和闻讯后接踵而至。伯希和是一个汉学家，精熟汉语，对中国的传统文化也比较了解。他的注意力主要集中在传统的经、史、子、集和非汉文文献上。他进入藏经洞时，洞中还有较为完整的遗书 2 万多件。他以每天 1000 件的速度进行查阅，选取的都是比较完整、带有题记、抄写精美的文本，可以说全是藏经洞里的精华。像有关道教、儒家经典的卷子就几乎全被他掳掠走了，他自己后来在《伯希和敦煌石窟笔记》中也自诩："洞中卷本未经余目而弃置者，余敢说绝其无有。"[224] 伯希和历时 3 周，仅用一个 50 两重的元宝就骗购了总计 6000 余卷的经卷和大量的绘画、书籍，后整整装了十大车，堂而皇之地运往巴黎。

▲　伯希和在藏经洞翻检经卷

继奥布鲁切夫、斯坦因、伯希和之后，日本人大谷光瑞和俄国人奥登堡等又先后于 1911 年、1914 年来到敦煌，从王道士手里骗买走了不少的经卷和佛像等。其中，奥登堡劫买了 200 余份写本和大量古物，还剥去了一批壁画，劫走许多彩塑。之后，俄国各种考察队又陆续从敦煌拐走几批文献，后来都藏在了圣彼得堡的东方研究所。

同在 1914 年，尝到甜头的斯坦因在时隔 7 年之后再次来到敦煌，这次他花费了 500 两银子从王道士手里买走了 570 余经卷。

除此以外，美国人华尔纳等也参与了对敦煌文献的骗买与掠夺，但具体经过和数目不详。

二

1909 年 5 月，伯希和随身携带着从王道士手中骗买而来的一部分经卷二度来华，在北京六国饭店举办了一场敦煌遗书大型展览。当时在京的许多著名学者，如罗振玉、董康、蒋斧等人闻讯后都前往参观，聆听了伯希和关于敦煌藏经洞情况的介绍。中国学者第一次看到敦煌遗书，既赞叹有加，又扼腕不已。

当时的《顺天时报》《天津大公报》也都做了详细的报道，敦煌发现"藏经洞"的消息由此传遍京城内外。清政府直到此时才知道甘肃发现了敦煌遗书，而且已经被西方人劫掠得所剩无几。在伯希和举办敦煌遗书展览 3 个月后，亦即 1909 年 8 月 22 日，清政府学部亡羊补牢似的发出一份电令，并拨经费 6000 两白银，令搜买敦煌遗书，装车运往京城。

1910 年 3 月，敦煌县将第一批敦煌遗书装车启运。途中因监运官员里外勾结，监守自盗，散佚无数。尤为可悲的是，当运书大车抵达京城时，新疆巡抚何彦升之子何震彝竟疏通关系，直接让运书车辆开到自己家中，同其岳父李盛铎以及其他几个略懂点古书价值的达官贵人，先行挑选，取其精华藏匿下来，而后又将较长的经卷，一拆为二，甚或一拆为三，冒充不足之数。

何、李等人究竟挑走多少卷敦煌遗书，至今仍是一个未知数。不过，根据李盛铎及其家人后来出售的经卷目录看，李盛铎当时劫取了至少有四五百卷。而何震彝劫取得可能更多，但因他死得早，又将经卷作为礼物馈赠了亲友，所以具体数目不得而知。专家考证，现藏于日本杏雨书屋的一部分和"台湾中央图书馆"的150余卷敦煌遗书，就是何、李两人当年劫走而又转手倒卖过去的。

何震彝、李盛铎等人公然劫走敦煌遗书经卷的事情当时在京城内传得沸沸扬扬，学部侍郎宝熙在查明真相后上章参奏，但由于爆发了辛亥革命，清政府分崩离析，此事也就不了了之了。

可笑的是，这次敦煌遗书押运抵京入藏京师图书馆时，总经卷数比敦煌起运时还多，由6004卷一下变成了8697卷，整整多出了2693卷。19年以后，即1929年，等京师图书馆将这批敦煌遗书移交北平图书馆时，又不可思议地变成了9871卷。之后，敦煌遗书又发现了一些，其中也包括常书鸿先生于1940年代两次在敦煌藏经洞外发现的一些经卷和残片。

敦煌遗书现分布在世界各地，如果按单件计算的话，总计有5万多件，其中，中国国家图书馆藏有1.6万余件；大英博物馆藏有1.3万余件；俄罗斯科学院东方学研究所圣彼得堡分所藏有10800余件；法国国家图书馆藏有5700余件。另外，敦煌研究院、中国国家博物馆、故宫博物院、甘肃省博物馆、敦煌市博物馆、北京大学图书馆、上海

▲　华尔纳窃走的唐代塑像

图书馆等单位也都有多少不一的收藏。

　　中国国家图书馆一直以来非常重视对所藏敦煌遗书进行整理、修复和编目工作，1912 年，完成第一部敦煌遗书目录——《敦煌石室经卷总目》，著录 8679 号。1922 年，完成敦煌学界第一部分类目录——《敦煌劫余录》。1929 年，京师图书馆（中国国家图书馆前身）成立写经组，负责编撰馆藏敦煌文献目录，至 1935 年编纂成更为完备的分类目录《敦煌石室写经详目》及其《续编》。由于日本帝国主义全面侵华战争蓄势待发，为避免战火，1935 年至 1936 年，京师图书馆将馆藏敦煌遗书装箱南运。

　　1981 年 7 月，国家图书馆善本组将新收藏部分整理编目，编成《敦煌劫馀录续编》，著录 1065 号。1990 年，《国家图书馆藏敦煌遗书》的编纂工作正式启动，2005 年由北京图书馆出版社出版。[225]

三

敦煌遗书是目前世界上所见收藏量最大的古代文献之一，其意义和价值不亚于任何一次世界级的文化大发现。遗书内容包罗万象，其中以佛教典籍最多，约占 80% 以上，其余还有道教、景教、摩尼教等宗教典籍和世俗文书。宗教典籍内容包括经、律论、疏释、伪经、赞文、陀罗尼、发愿文、启请文、忏悔文、经藏目录等。宗教典籍以外的世俗文书涉及古代政治、经济、军事、地理、社会、民族、语言、文学、美术、音乐、舞蹈、天文、历法、数学、医学、体育等诸多方面。

从文字上看，除汉文、藏文之外，遗书还有于阗文、粟特文、回鹘文、佉卢文、吐火罗文、梵文等一些死文字的文献材料，甚至还发现了希伯来文的祈祷书，煌藏经洞因此被誉为"中古的图书馆"。[226]

敦煌遗书中有近千件带纪年的汉文写本，年代上起魏晋，下至北宋，包括两晋、梁、陈、北魏、西魏、北周、隋、唐、后梁、后唐、后晋、后周、北宋、沙州回鹘等 10 多个朝代，时间跨度达 600 多年。其中，有明确纪年年代最早的文献是后凉王相高于后凉麟嘉五年（393年）所写《维摩诘经》，最晚的是敦煌王曹宗寿于北宋咸平五年（1002年）编撰帙子的写经题记，其余绝大部分汉文写本出于中唐至宋初这段时间。

汉文写本中有不少是国人熟知的传统文化典籍，像儒家经典"十三经"中，就发现有包括《尚书》《论语》等在内的"九经"，除部分是极为罕见的古写本外，还有不少是佚失千年以上的孤本，如《隶古定尚书》《论语郑氏注》《论语皇侃疏》《说苑》第二十卷及属于小学

类的韵书、字书等。

汉文写本中还存有大量的官私档案文书，是研究中古历史、社会生活、风习民俗、寺院经济等的原始资料，如唐代的《律疏》《公式令》《神龙散颁刑部格》《水部式》等，都是极为难得的第一手资料。

古代官府的原始档案包括符、牒、状、帖、榜文、判词、过所、公验、度牒、告身等，其中大批的户籍、计账、手写文书，反映了北魏至唐中叶实行近 300 年之久的"均田制"以及相关的户籍、赋役制度的实际情况；种类繁多的租佃、借贷契约、放良文书（指遣散奴婢脱离奴籍成为平民的文书）等，让今人对中古时代的社会和阶级关系有了一个更为全面、更加深刻的认识；寺院文书全面展示了彼时寺庙的生产和生活状况；各种社约则是从不同侧面反映了中古社会的各种民间社团、教团组织及其活动情况。

尤其是从唐宣宗大中五年（851年）至宋仁宗景祐三年（1036年）沙州归义军政权时代的各种遗书，种类繁多，内容具体，基本上是当地人关于当时事情的如实记录，是最可凭信的原始资料，这对中原史官的故意或无意的误载、漏载内容都有校正和补充的功能，有助于我们还原归义军时期某些历史真相，让我们多侧面地了解敦煌地区在这一特殊时段中的政治、经济和文化的发展史，包括敦煌石窟的凿建与发展，敦煌与邻近各民族的关系，以及敦煌和河西诸郡在中西文化交流中的地位和作用，等等。

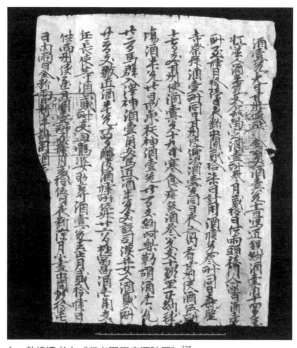

▲　敦煌遗书之《归义军衙府酒破历》[228]

现代史学重在分析并解读历史大事件或与历史大事件有关的重要历史人物，而对没有直接关系的庶民百姓一般不予关注。敦煌遗书保存的这些社会文献恰恰大都是普通百姓生活或生存状态的琐碎小事，如寺院的出纳账簿、施主收藏的抄本、地方官员的寄进状、学龄儿童的教材等，其中蕴含的信息量却非常大，具有非常重要的学术价值。

敦煌遗书中还有一批在传世文献中佚失的医药学、数学、天文学、文字学、文学、地理学等方面的著作，如宋代以后即失传的世界第一部国家药典《新修本草》、现知世界上最古老的《全天星图》、实用性数学著作《立成算经》、多种《切韵》系韵书、唐代唯一女诗人选集《瑶池新咏集》、最早的词集《云谣集》，以及失传千年之久的长篇叙事诗《秦妇吟》、讲经文、变文和数量可观的小说类作品等，这些文献失而复得，对于纠正学术界关于某些领域的一些片面认识或模糊看法，都具有廓清或校正的重大作用。

敦煌遗书中，宗教典籍，尤其是佛教典籍占了重头，这同敦煌历史上一直是佛教重地密切相关。可以说，佛教各宗的经、论、律三类各种经典译本几乎是应有尽有，特别是隋唐时期流行的主要经籍都在其中。有些宋代以后失传的经卷也发现不少。这些遗书经卷抄写年代较早，对传世流行本来说，具有校勘、正误的价值。

其他一些藏外佚经、疑经、伪经等，也对佛教典籍的辑佚和佛教史的研究工作具有较高的文献学价值。遗书中的摩尼教、景教经典及其他相关材料，更是可以让我们对此前知之甚少的这些宗教文化知识有一个比较深入和全面的了解。

敦煌遗书中还保存有道教典籍与古老的《道藏》样式，像《老子道德经》六种注疏中的《老子想尔注》《义疏》两种，都是未被道藏收录的佚书。

敦煌遗书主要是手写本，从外形上看，有卷轴装、经折装和册子

▲ 敦煌遗书之《树下说法图》

装三种，另外还有梵筐装、蝴蝶装、挂轴组装和单张零星页等形式。雕版印刷品虽数量不多，但均是中国、部分也是世界现存最早的印刷品实物，其中以上述唐咸通九年（868年）雕印的《金刚经》最为古老。除此之外，还有拓印本、木刻本、刺绣本、透墨本、出图本、插图本等多种版本。这些都是中国乃至世界书籍的发展史、版本史、印刷史、装帧史上十分难得的珍贵实物，具有十分重要的学术意义。

敦煌遗书以北朝、隋、唐、五代、北宋初期写经本为主，构成了一个书法发展史资料库，其中不但有各个朝代普通写家所写经卷，还有一些珍贵书法作品的拓片，如唐太宗所书《温泉铭》、欧阳询所书《化度寺故僧邕禅师舍利塔铭》、柳公权所书《金刚般若波罗蜜经》等。这些作品都是现存最早拓本。此外，还有王羲之《十七帖》中的《瞻近帖》《龙保帖》唐人临本等。这些资料对于中国书法艺术与书法史的研究价值可谓弥足珍贵。

四

敦煌，顾名思义是一个又大又繁盛的地方，《汉书·地理志》云："敦，大也，煌，盛也。"在古代，敦煌是中西文化交流、贸易往来的重要枢纽，是丝绸之路上的重镇。这是敦煌遗书形成的一个重要前提。

根据方荣先生的研究，敦煌遗书主要有以下几个方面的来源[229]。

首先，从敦煌遗书官私文书的性质看，大多是无意带进去的"副产品"。这些卷子都是两面书写，正面一般为典籍中的经、史、子、集写本，背面才是公私文书。也就是说，当时藏家主要收藏的目标是典籍，背面所写公私文书是不得不一同带进去的东西。为什么会出现这种情况呢？这里有个时代背景问题。

唐宣宗时期，土蕃占领陇右和河西后，唐政府与土蕃处于敌对状态，丝绸之路中断，中原纸张无法运抵敦煌。之后，又遭逢中原动乱，中央政府无力资助敦煌。这种状况一直持续到宋仁宗景祐三年（1036年），在这250多年中，宗教寺院所需纸张供应极为困难，人们不得不改用当地生产的粗劣纸张，但缺口仍然很大，不论是官府还是私人只能因陋就简，利用已经用过的纸张，在背面进行书写，公私文书就是在这样的情况下逐渐形成的。

其次，敦煌遗书中的经卷，部分来源于佛教寺院的讲经、说法活动。佛教寺院为弘扬佛法，传播并宣传教义，经常要举办一些讲经、说法活动，这样就产生并形成了很多讲经文稿、经变和僧徒听讲笔记，由此造成了大量重复、内容残缺和抄写上的粗鄙草率现象。

再次，还有部分经卷来源于信徒和施主信教的功德活动。敦煌地区在古代是佛教圣地，又是交通大都会，不仅当地官宦、地主、百姓教徒很多，而且过往官吏、商旅往往也要到寺院焚香叩头、顶礼膜拜。信徒广泛，远涉中外各地。敦煌遗书中有相当一部分是来自这些信徒们的功德活动。这些信徒有个共同的特点就是，并非为收集经卷而抄经，而是为赎罪、祈祷、还愿、祛灾攘病、保旅途平安、祈求升官发财等去抄经。另外，积功德得到所求之报应后，还要为还愿而抄写经书。这部分经书因此就形成了一些明显的特点，一是重复率高；二是抄写质量高低不一；三是甩章跳节现象严重。这种现象的形成主要是由于很多信徒不识字或没有时间，只能布施钱物粮食，请寺院写经生或其他人代抄。代抄者不是为做功德，而是为了挣钱，所以就有不少人用偷工减料的方法去敷衍、欺瞒施主；四是经卷大都有题记。施主抄经是为了求得菩萨保佑、功德圆满，所以必然会写上自己的名字和所求事项等这一类题记。所求事项五花八门，甚至还有为牲口祈福的，如有一卷《佛说阎罗王授记令四众送终生七斋功德往生净土经》题记就这样写道："奉为老耕牛一头，敬写《金刚》一卷，《授记》一卷，愿此牛领受功德往生净土，再莫受畜生身。"从爱惜耕牛到为耕牛做功德，令人哑然。

当地官宦因笃信佛教而请人抄写佛经的也很多，这其中一个典型的代表就是北魏时期曾任瓜州刺史的宗室大臣元荣。元荣任瓜州刺史近20年，出资请人抄写《大智度论》等佛经10余部，主持营造石窟，对敦煌佛教具有划时代影响。敦煌遗书中现存元荣写经就有12件。

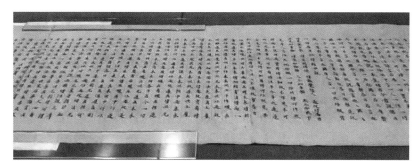

▲ 元荣写经《大智度论·卷一》

最后，敦煌遗书中还有另外一部分经卷来自佛教寺院的经义、教义辩论活动。一般较大的寺院都要经常举行一些教义辩论活动，以期达到"真理越辩越明"的目的。辩论内容既有经义、教义在不同见解者之间的说理论辩，也有教派之间为争夺正统和统治地位的唇枪舌剑，内容相当广泛。历史上，宗教学术和宗教政治，甚至包括社会政治的斗争都会将这种活动作为理论舞台和战场。如经卷《顿悟大乘正理决》，前面就附有"前河西观察判官朝散大夫殿中侍御史王锡"记述赴藏辩论的背景和辩论情况的序文，专家认为是 792～794 年由敦煌赴拉萨的"大禅师摩诃衍三人"与印度僧人辩论的记录，这是禅宗传入西藏最早的一次大辩论的原始记录。

除此以外，宗教仪式法事活动、寺院僧众的学习作业、敦煌地区各类学校的教学活动、出版印刷品的积存等，也都是敦煌遗书的主要来源。

敦煌遗书的来源渠道还有一条需要特别说明一下，那就是其中有为数不少的译稿，一是来自敦煌自己的译场，二是由其他地方流传到敦煌的译稿抄本。如《净名经关于释抄》，在其题记中就将其六次翻译的历史过程讲得清清楚楚。而《宝雨经》残卷则是达摩流支于武则天长寿二年（693 年）所译第三个译本，译后还加了一个"佛授记"，为武则天称帝制造舆论，这也开了通过翻译佛典为政治服务的先河。这些译稿有很多还写有翻译人、译定人和校写人的题衔。

至于敦煌遗书为什么要藏在石窟内，目前主要有避难说和废弃说两种。避难说认为，莫高窟的僧人因为避免战乱祸及经卷遗书而存之于洞窟中，存放者本来希望等战争结束后再回来取用，不料一去而不能复返，这些藏书就成了无人知晓的秘密。

废弃说认为，藏经洞中并没有整部的《大藏经》和其他珍贵物品，绝大多数经卷都是残卷断篇、疑经伪经、错抄的废卷、作废的文书和过时的契约等，所以洞窟中存放的应该是敦煌僧人废弃的物品。

还有一些其他说法，不过，大都无法自圆其说，不足为凭。

不管怎么说，敦煌遗书都是古人留给我们的一座精神遗产宝贵。由于敦煌遗书具有中古社会百科全书的性质，早在多年前就形成了一门新的学科——"敦煌学"。它不单是地域性研究，更是与中国学、藏学、印度学、伊斯兰学等各个学科都密切相关的一门综合性学科，对中国和世界文化学术事业的发展具有重要的意义。

"南海一号"沉船

一

俗话说"有心栽花花不开，无心插柳柳成荫"，"南海一号"沉船的发现就是这样一个意外的收获。[230]

1986年，英国海洋探测公司派人到中国救捞总公司，希望能牵手中方，一起打捞沉没在广东海域的"莱茵堡"号沉船。该船原属东印度公司，在1772年因为遭遇台风袭击而沉没于中国阳江的南海海域。当时船上装载有大量的货物，包括有6箱白银和300多吨锡锭。

打捞古代沉船在国外已经是一个很成熟的行业，许多公司因此一夜暴富，赚得盆丰钵满，但对于1980年代的中国来说，这个领域却几乎还是一片空白。何况，那时候的中国刚改革开放不久，也没有足够的资金投入。跟英国人合作，既可以利用他们的资金，还可以学习到他们先进的深海打捞技术，一举两得，何乐而不为？双方很快就签订了协议，中方提供船只和人员，英方提供资金和技术。

1987年7月，"莱茵堡"号沉船打捞工作正式启动。按照英方事先确定的沉船地点，打捞人员在阳江南海海域巡行探测了半个月之久，但毫无收获。就在双方都以为这次行动可能要无功而返时，却收获了一个意外的惊喜。原来，船上的声呐探测仪扫描水下时，发现船只下方的海底有部分凸起物存在。

这是一个积极的信号，凸起物在海底出现虽说十分平常，但对于一艘巨大的沉船来说，也是一个先决条件。潜水员立刻下海去侦察。广东阳江南海海域不同于其他海域，常年风大浪高，海水因此浑浊不堪，能见度很低。这样的作业环境，非常不利于潜水员工作，行业术语称之为浑水作业。好在潜水员久经沙场，经验丰富，他克服种种困难，沉潜到 20 米深的海底，一点一点地摸索到了那个凸起物，凭职业感觉和模糊的水中印象，判断该凸起物大约两米见方，上面还残留有类似渔网的绳索。潜水员不明就里，但海底作业常常是险象环生，他也不敢久留，就按常规在不明凸起物上取下一块样本后返回海面。

潜水员取回的这块样本也不是什么稀罕物，就是一块普通的木料而已。但打捞技术人员看了以后却狂喜不已，因为这意味着海底很可能存在一艘大型轮船，最不济也存有一大型木质结构的物体。英方技术人员见状，立即使用抓手，对这方海域底部进行探测抓取。这一抓，抓上来一大堆和着泥沙的瓶罐碎片和其他看不清面目的东西。清洗过后，在场人员发现这些东西原来是一些陶瓷、船体碎片，这似乎意味着，他们此行打捞的目标——"莱茵堡"号沉船找到了。

英方人员第二次将抓手探进海中，不出所料，又是一堆和着大量泥沙的古物。大家再次清洗，一些属于中国古代特有的瓷器、铜器、铁器等器物逐渐露出了其本来面目。"莱茵堡"号沉船是英国东印度公司的，船上怎么装载的全是中国古物？就在大家为此疑惑不解的时

史无记载：考古发现的中国史

候，一个令所有在场人员猝不及防的惊喜出现了：在这堆古物中，居然藏着一条极为罕见的长达 1.72 米的金链子，而且做工十分讲究。即便"南海一号"出水物品已经达到 18 万件的今天，这条金链子也还是首屈一指，价值无与伦比，它也顺理成章

▲ 抓手第二次探进海中抓上来的长达 1.72 米的金链子 [231]

地成为后来建立的广东海上丝绸之路博物馆的镇馆之宝。

就在英国人准备第三次将抓手探进海里时，中方人员及时制止了他们的行动。理由很简单，现在所发现的沉船装载的全是中国古代的文物，没有一件可以证明与"莱茵堡"号沉船有关系。根据中国文物保护法的规定，这艘沉船的打捞工作，英国人必须退出。英国人当然不服，但他们也找不出更好的理由反驳，更何况这是在中国领海范围以内。

这次打捞行动，共收获 247 件文物，后来经过专业机构鉴定，其中的瓷器竟然都是宋代景德镇、龙泉、德化等名窑所出精品。

陶瓷在中国有着悠久的历史，早在夏朝二里头时代人们就已经开始使用原始瓷器了。经过 1000 多年的发展，到唐宋时期，中国的瓷器达到了一个非常高的水平，在国际上享有盛誉，譬如著名的唐三彩、青花瓷等。宋代青花瓷流传下来的极少，大都保存在历代皇宫中。即便在中国考古事业如火如荼的今天，也仅仅是发现了两处存有宋代青花瓷碎片的遗址，一处是在 1957 年发掘的浙江省龙泉县的金沙塔塔基，

共出土 13 片青花碗残片。该塔的塔砖上纪年为北宋"太平兴国二年"（977年）；还有一处是在 1970 年发掘的建于南宋咸淳元年（1265年）的浙江省绍兴市环翠塔的塔基，仅出土了一片青花碗腹部残片。

▲ "南海一号"沉船出水的南宋龙泉窑青釉内出筋葵口碗 [232]

宋代青花瓷在古玩市场值多少钱？我们现在不好估价，因为市场上基本见不到。但一件元代青花瓷真品却可以卖到上亿乃至数亿元人民币确是不争的事实。现在发现的这艘沉船仅打捞出来的 247 件样品中，就有相当一部分是宋代青花瓷，那整艘沉船又该有多少？这艘沉船的价值之大，由此可见一斑。

这艘沉船发现的消息传出，轰动一时。打捞沉船，不止是考古界、古玩界的心愿，它几乎成为所有明白其价值的中国人的心愿。但遗憾的是，彼时的中国水下打捞技术水平有限，不要说拥有一支专门的水下考古队，连最起码的相关技术装备也没有。

正是在这种背景下，时任中国历史博物馆馆长的俞伟超先生经过积极努力，引入了日本水下考古研究所的资金和技术——双方组成联合考察队，由日方出资 30 万元人民币，用于这艘沉船下一步的调查、打捞行动，他们同时给这艘沉船起了一个响亮的名字——"南海一号"。

1989 年 11 月，中日联合考察队前往"南海一号"沉没海域进行考察和打捞，但由于海况太差且日方所提供的 30 万元很快耗光，打捞行动不得不再次搁浅。谁也没想到，这一搁就是整整 12 年。

史无记载：考古发现的中国史

2001 年，香港同胞陈来发先生捐助 120 万元，但杯水车薪，也仅仅是完成了一次沉船位置的精确定位而已。

2002 年，国家拨付专项资金 4000 万元，用于"南海一号"的打捞，并定下打捞发掘工作的基本方针是：整体开发，就地展示，原地保护。

从 2002 年到 2007 年，由于中国水下考古技术日益提高，又得到了专项资金的扶持，考古队多次下水进行打捞，5 年总计打捞各种文物 4000 余件。这个数字听起来很庞大、很漂亮，对于刚刚起步的中国水下考古工作来说，也是一个很了不起的成就，但是，业内人士明白，4000 余件文物可能只是"南海一号"整个沉船装载货物量的冰山一角。

由于没有了资金链断裂的后顾之忧，"南海一号"沉船打捞方案重新做了调整，就是将原来零敲碎打的打捞方式调整为一次到位的整体打捞。具体说来就是，预先设计一只 33 米长、14 米宽、分上下两层的巨大沉箱，然后将沉箱沉下去深入海底的淤泥中，将"南海一号"沉船全部套住，再把沉箱底部封死，最后将装着沉船的沉箱吊出海面。

这个方案极其大胆，因为在世界水下考古史上还从未出现过这样的壮举。从整体打捞工作开始起，直至 2007 年 12 月 22 日上午"南海一号"沉船破水而出，整个打捞过程前后共派出了 80 余位潜水员，累计作业 3016 人次、3250 小时。技术人员采用气囊拉移的方法将沉船平稳移入了专门为之建造的广东海上丝绸之路博物馆。

二

从 2011 年 3 月底至 2019 年 8 月，考古人员经过 8 年零 5 个月的辛苦努力，全面完成了对"南海一号"沉船第一阶段的发掘、清理工作。[233]

清理结果表明，"南海一号"船载文物主要是货物，以瓷器和铁器为主，已发掘出近 2 万套文物，其中有 1.9 万余件（套）是瓷器，除此以外，还有大量的金器、银器、铜钱等贵重物品以及总重量达 130 吨的铁锅、铁锭、铁条……总计有 18 万件各类船载器物。这是个什么概念？就是说，一个人一天在这里拿走一件文物，需要连续不间断拿 493 年外加 2 个月。

从南海 1 号沉船出水的铜钱纪年来看，最早的是东汉"货泉"，最晚为南宋孝宗时期的乾道元宝（1165~1173 年），这是确定沉船年代上限的重要依据。根据"南海 1 号"沉船及船货的特点，专家初步推断它是从福建泉州港始发，而后又绕道到广东南海一带收取了当地出产的一些瓷器后，才正式扬帆远航的。[234]

沉船残体长约 21.91 米，最宽处约 9.87 米。分布轮廓面积约179.15 平方米，设 14 道舱壁，分隔成 15 舱。这是迄今为止所见到的舱数最多的中国古代船只。意大利旅行家马可·波罗在元初来到中国时，所见到的最大船舶也无非只有 13 舱。沉船整个船体结构还相对比较完整，艏艉部分受损残缺，舵楼等上部建筑、日用生活物品和舵杆、桅杆等都已经断裂散落，右后部呈微倾斜下沉态势。

从其外观、材质和具体性能特点判断，"南海一号"沉船属于我国古代三大船型之一的"福船"类型。

中国进入南宋时期，由于受北方金国掠夺，需要缴纳大量岁币，政府在入不敷出的情况下，被迫想出了"江海求利，以资国用"的策略，大力鼓励各级官府和民间积极发展海上交通事业，经营海外贸易。在这种情况下，造船业开始蓬勃地发展起来。政府见到有好的船型，甚至都会颁给其他造船厂家仿造。《宋会要》就记载："温州言，制置司降下《船样》二本，仰差官买木，于本州有管官钱内各做海船二十五只。"

▲ "南海一号"沉船发掘现场一

　　海上贸易的需求必然催生大量的大型商船，而大型商船的出现又反过来促进了海上贸易业的繁荣和发达。宋人吴自牧在《梦粱录》一书中记录了当时大中小型商船的具体情况："海商之舰，大小不等。大者五千料，可载五六百人；中等二千料至一千料，亦可载二三百人。"所谓"料"，是宋代船舰载重的计量单位，一料等于一石，宋代一石相当于今天120斤。"五千料"即300吨。"南海一号"的总载重量据专家估测在300吨左右，这在宋代算得上是一艘大型商船了。

　　宋代的大型载货商船，《宣和奉使高丽图经》还有更具体的记载。早在北宋徽宗年间，因为要派遣使团到高丽访问，徽宗便下诏制造了两艘巨型舰只，一艘名为"鼎新利涉怀元康济神舟"，一艘名为"循流安逸通济神舟"。宋廷还同时诏命福建、两浙的监司"顾募客舟"六只随行。客舟要求"其长十余丈，深三丈，阔二丈五尺，可载二千斛粟"。在宋代，斛等同于料，"二千斛"也就是2000料，换算过来，就是120吨。那么，这两艘"神舟"载重量又是多少呢？《宣和奉使高丽图经》记载是，"神舟之长阔高大、什物器用、人数，皆三倍于客舟也"。换句话说，一艘神舟的装载量至少是6000料，也就是今天说的360吨。

但这还不是宋代最大的船只。南宋人周去非在《岭外代答》一书中记述了一种叫作"木兰舟"的巨型商船："浮南海而南，舟如巨室，帆若垂天之云，舵长数丈，一舟数百人，中积一年粮，豢豕酿酒其中。"这是从大宋开往"木兰皮国"的巨型商船。"木兰皮国"又称穆拉比特王国，是11世纪由来自撒哈拉的柏柏尔人在西非建立的王朝。

▲ "南海一号"沉船发掘现场二

这也还不是宋代最大的船只。《岭外代答》还记载了一种更大的，也叫木兰舟："其舟又加大矣。一舟容千人，舟上有机杼市井，或不遇

史无记载：考古发现的中国史

便风，则数年而后达，非甚巨舟，不可至也。今世所谓木兰舟，未必不以至大言也。"可容千人，船舱内不但可以养猪、酿酒，还装备了织布机，开设有"市井"，客人不是住几日、几十日，而是可以住上"数年"。由此可见宋代造船业是多么发达。

造船业的发达必然是与港口的繁荣联系在一起的。泉州早在北宋元祐二年，即1087年，就设立了市舶司，从政治上确立了泉州在对外贸易中的重要地位。到了南宋，由于政治中心南移至临安（今杭州），泉州港近水楼台先得月，其地位迅速上升，成为当时最大的港口。考古人员根据"南海一号"沉船上的货物、航向和沉没地点作出判断，"南海一号"极有可能就是从泉州扬帆出海的。不幸的是，尚未离境，便沉没海底。

三

"南海一号"所载货物中，占绝对比重的是瓷器，有30多个品种、1.9万多套（件），几乎囊括了宋代南方各地所有的名窑精品[235]，其中50%来自福建泉州的德化窑和磁灶窑。德化瓷器数量约占1/5，且大多数鉴定为国家一级和二级文物。德化位于福建省中部、泉州市的西北部，制瓷业历史悠久，是中国三大古瓷都之一。

这些瓷器大小不一，形态各异，大都是具有盛放、存贮功能的日常生活器具。其中以青白瓷和青瓷为多，并有一定数量的绿釉、黑釉和酱褐釉陶瓷产品。

"南海一号"所载德化瓷有一个特殊现象，就是其中很多器形、纹饰较为别致，与中国传统瓷器的器形、纹饰有明显的区别，有一种异域风情的味道。专家判断，应该是当时的船商为外来客户按照"来样

▲ "南海一号"出水的南宋磁灶窑绿釉印花卉纹折沿菱口碟，造型有粟特金银器的特点[236]

定做"的外销瓷品。据史料记载，早在北宋时期，德化窑就已经开始为满足国外不同客户需求而生产"定制款"外销瓷了，"南海一号"德化瓷在一定程度上反映了宋代德化瓷外销兴盛的情况。

在"南海一号"沉船中，金属器物是仅次于瓷器数量的大宗商品，主要有金、银、铜、铁、锡、铅、锌等，其中仅铁器总重量就达到了130吨。在古代海外贸易中，金属原材料及其产品是国际市场的重要商品，但在宋代是禁止私存、私造和私下交易的，尤其对出口这一块，管理更严。一般认为，这种情况的出现反映了海外有巨大需求，商船为了利润铤而走险；也有可能是官商勾结，共同所为，毕竟南宋朝廷割地求和、腐败无能是众所周知的史实，这种情况下的地方官员不可能都是洁身自好、守身如玉的正人君子。不过，这只是一种猜测，具体原因还需要进一步研究。

铜环是铜器货物中的大宗，数量虽多却不适合佩戴，很有可能也像大多数铁器一样，是作为原材料准备外销的。

南宋时期，南方人普遍喜欢使用锡器，《岭外代答》就说："自福建下四川与广东西路皆食槟榔者……富者以银为盘置之，贫者以锡为之。"船载中有大量的锡器，如锡珠、锡盘、锡碗等，反映了锡在南宋时期普遍使用和销售的情况，也可能因此，锡器成为销往海外的热宗商品。

"南海一号"沉船虽然发现的金器不多，但件件都是光彩夺目、风格独特、制作精巧的精品，主要是腰带、项链、戒指、手镯、耳环、缠钏一类饰品。风格涉及南宋本地、辽地和阿拉伯等。

贸易的目的是赚取利润，"南海一号"沉船上当然少不了古钱币。宋代的钱币由于具有国际货币的支付职能，很受外商喜欢。宋人张方平就在《乐全集》中记载："钱本中国宝货，近乃与四夷共用。"沉船上发现的钱币有银质货币、金质货币和铜质货币三大类，其中发现铜钱数量最多——截至2016年1月，"南海一号"共清理出铜钱约1.5万枚。前已述及，铜钱最早的是东汉"货泉"，最晚为南宋孝宗时期的乾道元宝（1165～1173年）。

▲ "南海一号"出水的部分南宋铜钱 [237]

"南海一号"沉船上还发现有漆器和朱砂。漆器目前出水66件，从外表看有一色漆器和雕饰漆器两类，器型有碟、盒、盘、勺、簪等。其中有一件漆盒，里面装的是金器，可能是乘坐沉船的客商所有。

朱砂在古代常被用来入药，也可以用于抄写经书、画符，或将朱砂撒入墓葬，用于辟邪。"南海一号"目前出有朱砂约20公斤。

船员远航要吃、要喝，还要有精神娱乐，"南海一号"也展现了宋代船员的海上生活情况。船上发现有多种粮食作物，如稻谷壳、冬瓜子、花椒籽、胡椒籽等，分别装在铜碗、锡杯、锡壶、茶盏等五花八门的容器中。还发现有多种水果残核，如梅核、槟榔核、橄榄核、枣核、刺枣核、酸枣核、荔枝核、葡萄籽等。还有不少坚果，如锥栗、银杏、香榧子、松子等。

另外，船上还发现有羊、鸡、鹅、猪等整只骨骸，其中羊86只、鸡46只、鹅40只、猪9头。发掘者解释说，"南海一号"还原后，全长30余米，宽10余米，这种体量的福船，通常可搭载乘客一两百人，行至东南亚或西亚，航程大约需要四五十天。为了确保航行中的生活供应，除了配备充足的生活物资外，还要配备一些可随时宰杀的禽畜，以保障饮食、营养的供应。

船上生活虽然单调、枯燥，但船员也在尽力营造一个精神娱乐的氛围。船上发现有端砚、铜镜、水晶坠饰、铜盘等生活器具，甚至还有南海观音菩萨等小饰件，说明船员们一方面在闲暇时间可能练笔写字、喝茶聊天或对镜自览、自娱自乐，另一方面也说明这些船员在航海中会面临狂风大浪一类不可预知的事件，所以他们往往佩戴观音菩萨像等祈求航船能平安、顺利地到达目的地。遗憾的是，菩萨也未能保佑他们平安，尚未远航，他们就成了这艘沉船的殉葬者——"南海一号"上发掘出不少人体遗骸，包括人的下颌骨、肋骨、锁骨等。

四

中国古代"丝绸之路"有海上和陆地两条，"南海一号"沉船位置就处在海上"丝绸之路"起点不远的地方。早在唐代时，海上"丝绸之路"就已经遍及 90 余个国家和地区，最远可到达阿曼湾、亚丁湾和东非海岸。

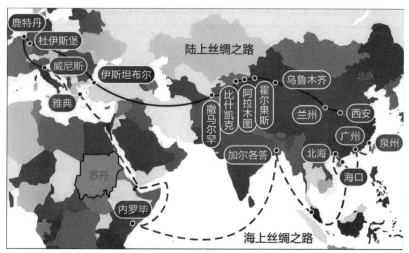

▲ 中国丝绸之路示意图[238]

在宋代，海上"丝绸之路"得到进一步发展，进入鼎盛时期。商船从泉州港、广州港出发，向南可达泰国、印度尼西亚，过马六甲海峡，向西可至孟加拉、斯里兰卡、印度、巴基斯坦，穿越霍尔木兹海峡直抵土耳其，或西行远至埃及、索马里、肯尼亚。

"南海一号"沉船所出 18 万件文物可以说是一个丰富多彩的南宋社会写实，展现了我国宋代繁盛的海外贸易体系，其中有很多弥补了宋史资料的缺憾，不只是对宋代社会的研究有着重要的价值，对研究我国乃至整个东亚、东南亚的古代造船史、陶瓷史、航运史、贸易史等都具有重要意义。

洪保墓志出土：郑和下西洋或为八次

　　洪保，字志道，是明代郑和率队出使西洋的副手和主要统领之一，历任内承运库副使、都知监右少监、都知监太监等职。洪保这个名字系明成祖朱棣所赐，原名不详。原籍为云南大理府太和县，与郑和、杨庆为同乡，年龄相仿。其终于何年，文献没有明确记载，从种种线索推断，他一直活到正统末年，是明代享年最久的航海家之一。

　　洪保墓位于南京南郊江宁区祖堂山南麓宁海寺原址，距离古幽栖寺约百米。墓葬东依天盘岭（今称阳山），俯临乌山凹水库，2010 年初，因南京市祖堂山社会福利院扩建而发现。2010 年 6 月 18 日～7 月 28 日，南京市博物馆联合江宁区博物馆对洪保墓进行发掘，出土文物 20 余件，包括铅锡明器、铁器、石器、玉器、陶器等，其中最重要的是发现了洪保寿藏铭。[239]

　　"寿藏"是生时所建墓圹，"寿藏铭"是指人活着的时候为死后预制的墓志铭。洪保寿藏铭原立于洪保墓封门前，石质，正方体，高、宽皆为 57 厘米。背面略有风化，但刻文保存较好。志盖刻有篆文："大明都知监太监洪公寿藏铭"，志文系竖刻阴文楷，共 25 行 741 字。

▲ 洪保墓志盖刻文：大明都知监太监洪公寿藏铭 [240]

　　洪保墓葬及寿藏铭预制于宣德九年（1434年），寿藏铭记载了墓主洪保的生平事迹及其下西洋的相关资料，其中有些记载不见于历史文献，对校正、补充、丰富和完善郑和下西洋历史事件，具有十分重要的作用。

　　第一，寿藏铭明确记述了洪保给自己预建墓圹以及镌琢寿藏铭的原因。寿藏铭云："寿藏铭者，太监洪公存日而作也。公名保，字志道，乃自叹曰：'人生在世，如驹过隙，与其身后之有为，孰若生前之早计也？'于是，置地一所于京南建业乡牛首山之原祖堂禅寺之左，鸠工砌圹，上下周完，命前进士殷君㫤述状请铭于余。余固辞弗获。"

　　"余"是受洪保所托撰写洪保寿藏铭的同进士出身、广西人周凤。根据寿藏铭后面标注的写作日期"宣德九年（1434年）岁次甲寅孟冬六日"，洪保时年65岁，身体"康强无恙"。考虑到洪保从购地、营建

洪保墓志出土：郑和下西洋或为八次

墓冢到延请相关人员刻勒铭石，都需要一定的时间，那么，洪保预为寿藏想法的产生应该是在宣德八年（1433 年）下西洋归国后不久。

郑和七下西洋前后历时 30 年之久，洪保大都作为副使或正使的身份随行，虽然建功立业，名声赫赫，但多次遭遇狂风巨浪和异域番国的袭击，不少同行人员或葬身大海，或丧命番人屠刀之下，再加上他是太监，身后无嗣，这应该是他产生"人生在世，如驹过隙，与其身后之有为，孰若生前之早计"的主要原因。在过去的正史中，我们看到的都是彰我国威一类的宏大叙事，对具体人物的真实想法很少关注，像洪保这样对人生发出唏嘘感叹的情况，所有文献均无记载。洪保寿藏铭的出土，事实上是给我们提供了一份"郑和下西洋"宏大叙事背后个体"幸福感"指数的真实样本，对于如何进行家国同构历史书写，具有一定的启示作用。

第二，寿藏铭记述了洪保的生平概况。寿藏铭说，洪保，字志道，乃云南大理府太和县人，生于庚戌年，即洪武三年（1370 年）十月二十五日戌时。祖父洪长莲，祖母杨氏。父洪"讳赐"，母何氏。有一个弟弟，名接；有两个侄子，长曰子荣，次曰子诚。从孙二人，金刚、福安。以上诸人事迹均无从考证。

洪氏虽为大理名门望族，但洪保并无显赫家世，其父、祖均无从官经历。寿藏铭称洪保"以龆年来京师"。"龆年"一般是指 8 岁左右男童。其时大理尚在段氏掌控之下。洪武十五年（1382 年）二月，明朝大军攻克大理，同年三月置太和县，云南全境随之成为明朝天下。大约就是在这个时候，洪保以"生俊伟"之貌而同郑和、杨庆一起被掳去阉割，成为宫中一名小太监。洪保时年 13 岁，郑和 12 岁，杨庆 15 岁。三人既为同乡，又年龄相仿，且同时入宫。后来，三人作为同

　　　史无记载：考古发现的中国史

僚，又共下西洋，一同做出了一番轰轰烈烈的惊天伟业。

洪保追随燕王朱棣之年，寿藏铭记载是在"洪武已卯"，即建文元年（1399 年），"（洪保）'从侍'飞龙于潜邸"。"飞龙"是指燕王朱棣，"潜邸"又称潜龙邸，为非太子身份继位皇帝登基之前的住所。

《明史·宦官传一》记载："及燕师逼江北，内臣多逃入其军，漏朝廷虚实。"洪保极有可能就是在此时倒戈逃入"燕师"的内臣之一，燕王因洪保内臣的特殊身份而"爱其聪敏慎密，俾常随左右"。随后，燕王正式高举"清君侧"大旗，开始长达四年的夺位之战，史称"靖难之役"。在这次战役中，洪保或许就是利用其内臣的特殊身份，为燕王取得最后的胜利建立了功勋，所以朱棣在永乐元年（1403 年）登极后，即授其"内承运库副使"，还获得了"蒙赐前名"的殊荣。"内承运库"是国库 10 个分库之一，贮藏缎匹、金银、宝玉、齿角、羽毛等。

第三，寿藏铭记述了洪保奉命出使西域的基本事迹。这是铭文的核心内容，也是洪保最引以为豪的事情。

寿藏铭称：朱棣于永乐元年（1403 年）登极后，即授命洪保，"充副使，统领军士，乘大福等号五千料巨舶，赍捧诏敕使西洋各番国，抚谕远人"。

"五千料巨舶"相当于 300 吨的排水量，宋代就已经投入使用了，这和诸多文献记载是一致的。过去有人怀疑明代造不出这么大船是因为没有相关的考古证据，洪保寿藏铭的出土事实上是给了怀疑论者有力的一击。

还有一个问题，这次出海，洪保既为副使，那么谁是正使？根据现有史料看，郑和和尹庆都有可能。尹庆也与郑和、洪保一样，是明朝永乐年间的太监，或称中官。

《明太宗实录》和《明史》都记载，永乐元年（1403 年）十月，中官尹庆曾经作为正使率船队出访西洋诸国。这次出使西洋不仅规模大，出访国家数量多，而且时间跨度也较长，直到永乐三年（1406 年）九月，使团方返回京师，前后历时两年之久。出访国家包括苏门答刺（在今印度尼西亚苏门答腊岛）、满刺加（在今马来西亚马六甲市一带）、古里（在今印度西南部喀拉拉邦的科泽科德一带）、柯枝（在今印度西南部的科钦一带）、爪哇（在今印度尼西亚爪哇岛一带）五国，前面三国还派了使者随尹庆船队到明廷朝贡。

从出洋时间、船队规模观察，洪保和尹庆这两次出海似有重合之处。但当我们将目光转向郑和时，郑和作为这次出洋的正使可能性更大。尽管目前学界公认的郑和七次下西洋，最早一次是在永乐三年（1406 年），但也有史料显示，早在永乐元年（1403 年）郑和就曾出使过暹罗（今泰国）等国。如《敕封天后志》卷下就记载："永乐元年，差太监郑和等往暹罗国，至广州大星洋，遭风将覆，舟人请祷于神。和祝曰：'和奉使出使外邦，忽风涛危险。身固不足惜，恐无以报天子。且数百人之命，悬于呼吸，望神妃救之。'俄闻喧然鼓吹声，一阵香风飘飘来，宛见神立于桅端，风恬浪静。归朝复命，奏上，奉旨遣官整理祠庙。"

永乐元年（1403 年）郑和率船队出访西洋，还有两条资料可以作为旁证。一是《陈竹山先生文集》中收录有一篇《历官事迹》记载，时任广东承宣布政使司左参议的陈诚，因朱棣登位改元由广东赴京朝贺，在永乐元年（1403 年）正月，留在京城，"先为内官下番回至广东"，不承想，"遭风破船，三司官不曾封堵获罪。正月廿五日谪居北京兴州种田"。

同为永乐元年（1403年）内官出使西洋诸番，又同在一片海域遭遇风浪之险，世界上恐怕没有如此巧合之事发生，只能说明，在大概率上，两件事情就是同一件事情。因为郑和下西洋，洪保多作为副使同行，所以寿藏铭所载永乐元年（1403年）洪保这次作为副使出洋，正使应该就是郑和。

二是《明代宦官史料长编·太宗永乐朝》所记一则材料也可以证明这一判断能够成立。过去一般认为，南京城北狮子山下的天妃宫是在永乐十四年（1416年）建成，但《明代宦官史料长编·太宗永乐朝》永乐五年（1408年）丁亥卷明确记载，永乐五年（1408年）九月，"壬子，太监郑和使西洋诸国还"，明成祖派太常寺少卿朱焯祭告，"时太监郑和使古里、满剌加诸番国还，言神多感应，故有是命"。

根据常理，天妃庙的起建到建成需要一定的时间，假如它在永乐三年（1406年）前后开建，那么它有可能就是上述郑和永乐元年（1403年）那次下西洋归朝复命后"奉旨遣官整理"的天妃祠庙之一。

过去根据郑和碑等资料，学界认定郑和下西洋是七次[241]，如果再加上永乐元年（1403年）这次，那么郑和下西洋就至少是8次。

寿藏铭记载洪保下西洋总共七次，但具体只记述了两次。除了上述永乐元年（1403年）那次外，还有宣德庚戌年（1430年）最后一次。

宣德庚戌年，即宣德五年（1430年），寿藏铭对洪保这次奉使出洋的记载着墨颇多："至宣德庚戌，充正使使海外。及闻海外有国曰天方，在数万余里，中国之人古未尝到，公返旆中途，乃遣军校谕之。至则远人骇其猝至，以亲属随公奉□□（□代表缺字，下同）效贡。公所至诸国，莫不鼓舞感动。公为人外柔内刚，恬静寡欲，尤能宣布恩命，以德威肃清海道，镇伏诸番。虽国王酋长、雕题，服之人，闻

▲ 洪保墓寿藏铭

公之来，莫不归拜麾下，以麒麟、狮、象与夫藏山隐海之灵物、沉沙栖陆之奇宝同贡天朝，稽颡称臣焉。"其具体航线是"由占城（在今越南中南部）至爪哇，过满剌加、苏门答剌、锡兰山（今斯里兰卡）及柯枝、古里，直抵西域之忽鲁谟斯（在今伊朗东南米纳布附近，临霍尔木兹海峡）、阿丹（今译作亚丁，在今亚丁湾西北岸一带）等国"。

从文中可以看出，出使"天方"是这次出洋的亮点，也是洪保的得意之作，所以寿藏铭对此有意加以渲染。天方就是今天沙特阿拉伯的伊斯兰教圣地麦加。明人马欢所著《瀛涯胜览》和巩珍所著《西洋

　　　　　　　　　　　史无记载：考古发现的中国史

番国志》对洪保这次出洋也有大同小异的记载。

根据《明代宦官史料长编·英宗正统朝》记载看，洪保这次奉使西洋历经重重险阻才完成出使任务，平安返回。首先是宣德六年（1431年），陈千户等下西洋官军21人乘船遭遇狂风巨浪，船只随波逐流，最后漂流到占城国，被占城人拘留。明王朝虽然曾于正统元年（1436年）五月和正统十一年（1446年）七月两次要求放人，但直到正统十三年（1448年）八月，占城国还以"……根寻，并无踪迹"为借口敷衍了事。

其次是正统十三年（1448年）八月，又有一支船队在卜国（今缅甸）附近海域遇险，船只随风漂至卜国，这些船员为谋生，只能随其国俗变身为僧人。后来，他们打听得知，卜国距离云南八百大甸很近，遂使计谋逃回国内。这支船队当初出洋时有300人，漂泊到卜国时剩下100人左右，到正统十八年（1449年）返回国内时，只剩下赵旺等3人。明英宗感慨于他们的忠诚，"赐之衣、钞，令为僧于南京报恩寺"。（《明代宦官史料长编·英宗正统朝·正统十三年戊辰》）

由正统十三年（1448年）上溯18年是宣德六年（1431年）。根据相关史料，此年出使西洋的主帅是郑和。赵旺等脱险多年回国后声言随洪保下西洋，说明他们属于洪保分队成员，在随洪保分船出洋途中不幸失事。

寿藏铭记录洪保七度下西洋，除了上述两次有日期外，其余五次均未提及具体时间。但翻阅文献，还能找到两次。一次是《明代宦官史料长编·太宗永乐朝》所载：永乐十年（1412年）十二月，"暹罗国王昭禄群膺哆罗谛剌遣使坤文琨等奉表贡方物。赐坤文琨等钞币有差，仍命礼部遣中官洪保等往赐其王文绮、罗帛"。

另一次是《西洋番国志》记载的永乐十九年（1421 年）十月十六日一封敕书："敕：内官郑和、孔和卜花、唐观保。今遣内官洪保等送各番国使臣回还，合用赏赐，并带去银两段匹铜钱等件……"

还有三次目前尚无具体线索。

有学者综合各种史料认为，正统六年（1441 年），洪保还受命出使过占城国一次，但他们的推定没有严密的逻辑可言，再加上这一年洪保如果健在的话，应该是 72 岁的高龄了，在明朝那年月，这样的耄耋老人基本上是没有可能再奉使出海的。即便洪保有此愿望，皇帝也不可能冒这样的风险。

除此以外，洪保在永乐四年（1406 年）还有一次陆地出使西域的经历，寿藏铭云："永乐丙戌，（洪保）复统领官军铁骑陆行使西域临藏（今四川甘孜藏族自治州邓柯一带，一说在道孚一带）、管觉（今西藏昌都地区贡觉县）、必力工瓦（在今拉萨之东墨竹工卡县境）、拉撒（今西藏拉萨）、乌斯藏（今西藏中部地区）等国。"

综上，洪保一生共有七次下西洋、一次出使西域的壮举。其中永乐十九年（1421 年）、宣德五年（1430 年）两次明确是与郑和同行。从这个意义上讲，洪保个人所创造的辉煌业绩并不亚于同僚郑和，只是被久远的岁月湮没而不被世人所知而已。

附：

大明都知监太监洪公寿藏铭

赐同进士出身、修职郎、行人司行人、广右周凤撰

征仕郎、中书舍人、姑苏姜孟圭篆额

史无记载：考古发现的中国史

赐进士出身、前翰林院庶吉士、吴门殷序书丹

寿藏铭者，太监洪公存日而作也。公名保，字志道，乃自叹曰："人生在世，如驹过隙，与其身后之有为，孰若生前之早计也？"于是，置地一所于京南建业乡牛首山之原祖堂禅寺之左，鸠工砌圹，上下周完，命前进士殷君序述状请铭于余，余固辞弗获。

按状，公世居云南大理之太和。祖讳长莲，娶杨氏。考讳赐，姚何氏。公生俊伟，以龆年来京师。洪武己卯，从侍飞龙于潜邸。爱其聪敏慎密，俾常随左右。永乐纪元，授内承运库副使，蒙赐前名。充副使，统领军士，乘大福等号五千料巨舶，赍捧诏敕使西洋各番国，抚谕远人。永乐丙戌，复统领官军铁骑，陆行使西域临藏、管觉、必力工瓦、拉撒、乌斯藏等国。至宣德庚戌，升本监太监，充正使使海外。航海七度西洋，由占城至爪哇，过满剌加、苏门答剌、锡兰山及柯枝、古里，直抵西域之忽鲁谟斯、阿丹等国。及闻海外有国曰天方，在数万余里，中国之人古未尝到，公返旆中途，乃遣军校谕之。至则远人骇其猝至，以亲属随公奉□□效贡。公所至诸国，莫不鼓舞感动。公为人外柔内刚，恬静寡欲，尤能宣布恩命，以德威肃清海道，镇伏诸番。虽国王酋长、雕题枑服之人，闻公之来，莫不归拜麾下，以麒麟、狮、象，与夫藏山隐海之灵物、沉沙栖陆之奇宝同贡天朝，稽颡称臣焉。

公生于庚戌十月二十五日戌时，弟一人，曰接。侄二人，长曰子荣，次曰子诚。从孙二人，金刚、福安。吁！公春秋六十有五，康强无恙，尚能乘槎泛海，竭忠报效，所得恩赐内帑财物，不专己用，捐舍宝钞五百千贯，修造祖堂寺轮藏一座，又建东峰庵一所，度剃十二

僧。好善不倦，奉使公勤，知其有国，而不知其有身。预为此圹者，使住世弟男知所奉祀焉，遂铭曰：

猗欤皇明，统御万国。服之以威，怀之以德。极地穷天，罔不臣妾。寔维奉宣，殚厥心力。我公桓桓，合为首功。风飐海舶，远迩必通。所至披靡，孰有不从。群星共北，众流趋东。维公之力，博望寔同。牛首之下，祖堂其友。水秀山明，鬼神呵守。万古千秋，藏斯不朽！

注　释

1. 李琳之：《前中国时代——公元前 4000～前 2300 年华夏大地场景》，商务印书馆 2021 年版。

2. 陈星灿：《庙底沟时代：早期中国文明的第一缕曙光》，中国文物信息网 2013 年 6 月 25 日。

3. 韩建业：《涿鹿之战探索》，《中原文物》2002 年第 4 期。

4. 王杰：《史前考古学与传说时代——雕龙碑考古发现与炎帝文化》，《江汉考古》1998 年第 2 期。

5. 陈明辉：《距今 6000 年前后环太湖流域的文化格局——兼论后冈时代》，浙江省文物考古研究所编：《崧泽文化学术研讨会论文集》（2014 年），文物出版社 2016 年版。

6. 李琳之：《元中国时代——公元前 2300～前 1800 年华夏大地场景》，商务印书馆 2020 年版。

7. 杨阳：《严文明：中原是"重瓣花朵"的核心——《中国社会科学报》"专家谈中华文明探源"之严文明谈》，《中国考古网》2009 年 10 月 19 日。

8. 本图改自濮阳市文物管理委员会等：《河南濮阳西水坡遗址发掘简报》，《文物》1988 年第 3 期。

9. 张光直：《中国相互作用圈与文明的形成》，《中国考古学论文集》，生活·读书·新知三联书店 2013 年版；陈星灿：《庙底沟时代：早期中国文明的第一缕曙光》，中国文物信息网 2013 年 6 月 25 日。

10. 李琳之：《前中国时代——公元前 4000～前 2300 年华夏大地场景》，商务印书馆 2021 年版，第 257～284 页。

11. 朱雪菲、许永杰：《西阴文化的解体与仰韶晚期遗存的生成》，《考古与文物》2012 年第 6 期。

12. 魏东等：《郑州西山遗址出土人类遗骸研究》，《中原文物》2015 年第 2 期；赵永生等：《从人骨材料谈大汶口文化居民西迁》，《东南文化》2019 年第 5 期。

13. 湖北省博物馆。

14、16. 许永杰：《距今五千年前后文化迁徙现象初探》，《考古学报》2010 年第 2 期。

15. 段小强：《马家窑文化的渊源与属性》，山东大学东方考古研究中心编：《东方考古》（第 9 集），科学出版社 2012 年版；苏海洋：《论马家窑文化形成的动因及传播路线》，《青海民族大学学报》2019 年第 1 期。

17. 王青：《试论史前黄河下游的改道与古文化的发展》，《中原文物》1993 年第 4 期；耿秀山：《黄渤海地貌特征及形成因素探讨》，《地理学报》1981 年第 4 期。

18. 山东博物馆。

19. 孙波：《再论大汶口文化向龙山文化的过渡》，北京大学中国考古学研究中心、北京大学震旦古代文明研究中心编：《古代文明》（六），文物出版社 2007 年版。

20. 张弛：《龙山—二里头——中国史前文化格局的改变与青铜时代全球化的形成》，《文物》2017 年第 6 期。

21. 改自郭伟民《新石器时代澧阳平原与汉东地区的文化和社会》同名图，文物出版社 2010 年版。

22. 湖北省文物考古研究所：《大洪山南麓史前遗址调查——以石家河为中心》，《江汉考古》2009 年第 1 期。

23. 国家文物局：《中国文物地图集·山东分册》，中国地图出版社 2007 年版；《中国文物地图集·河南分册》，中国地图出版社 1991 年版；《中国文物地图集·陕西分册》，文物出版社 1999 年版；《中国文物地图集·山西分册》，中国地图出版社

2006 年版。

24. 孙周勇、邵晶：《石峁是座什么城》，《光明日报》2015 年 10 月 12 日。

25. 曹建恩：《游牧业起源的证据——以内蒙古中南部为中心》，吉林大学边疆考古研究中心编：《庆祝张忠培先生八十岁论文集》，科学出版社 2014 年版。

26. 山西省考古研究所等：《滹沱河上游先秦遗存调查报告》（一），科学出版社 2012 年版，下册第 923 页。

27. 梁星彭、严志斌：《山西襄汾陶寺文化城址》，《2001 年中国重要考古发现》，文物出版社 2002 年版；何驽：《怎探古人何所思》，科学出版社 2015 年版。

28. 何驽：《从陶寺遗址考古收获看中国早期国家特征》，《中国古代文明与国家起源学术研讨会论文集》，科学出版社 2011 年 8 月版。

29. 何驽等：《陶寺遗址："中国"与"中原"的肇端》，中国社会科学网 2017 年 12 月 20 日。

30. 张莉：《文献之外的夏代历史——考古学的视角》，《中国文化研究》2018 年第 3 期。

31. 史宝琳：《中原地区公元前三千纪下半叶和公元前两千纪的聚落分布研究》，吉林大学 2014 年博士学位论文。

32. 中美日照地区联合考古队：《鲁东南沿海地区系统考古调查报告》（上），文物出版社 2012 年版，第 297～310 页。

33. 山东省文物考古研究所：《章丘城子崖周边区域考古调查报告（第一阶段）》，《海岱考古》（第六辑），科学出版社 2013 年版；山东省文物考古研究所等：《临淄桐林遗址聚落形态研究考古报告》，《海岱考古》（第五辑），科学出版社 2012 年版。

34. 方辉、钱益汇：《济南小清河流域区域系统考古调查》，山东大学东方考古研究中心编：《东方考古》（二），科学出版社 2005 年版。

35. 李旻：《重返夏墟：社会记忆与经典的发生》，《考古学报》2017 年 3 期。

36. 何驽：《2010 年陶寺遗址群聚落形态考古实践与收获》，《中国社会科学院古代文明中心研究通讯》2011 年第 21 期；中国国家博物馆田野考古研究中心：《运城盆地东部聚落考古调查与研究》，文物出版社 2011 年版，第 426～441 页。

37. 中美洹河流域考古队等：《洹河流域区域考古研究初步报告》，《考古》1998 年第 10 期。

38. 张弛、樊力:《汉水中游地区新石器时代聚落的调查与收获》,中国社会科学院考古研究所、郑州市文物考古研究院编:《中国聚落考古的理论与实践:纪念新砦遗址发掘 30 周年学术研讨会论文集》,科学出版社 2010 版。

39. 张海:《公元前 4000 至前 1500 年中原腹地的文化演进与社会复杂化》,北京大学 2007 年博士学位论文。

40. 陈国科:《西城驿——齐家冶金共同体——河西走廊地区早期冶金人群及相关问题初探》,《考古与文物》2017 年第 5 期。

41. 走走:《太平遗址:出现以礼制为核心的早期文明》,西安市文物局公号 2022 年 10 月 10 日。

42. 改自 QingLong Wu et.al. Outburst flood at 1920 BCE supports historicity of Chinas Great Flood and the Xia dynasty.Science 2016:Vol.35, Issue 6299。

43. 罗振常:《洹洛访古游记》,河南人民出版社 1987 年版;李鹤年:《孟广慧、王襄、王懿荣与甲骨》(油印件),南开大学 1984 年制;刘鹗辑:《铁云藏龟·自序》,光绪二十九年抱残守缺斋石印本。

44. 王襄:《簠室题跋·卷二》,《河北第一博物院半月刊》1935 年第 85 期;王臣儒:《王襄年谱》(上),《天津文史丛刊》1987 年第 7 期。

45. 胡厚宣、胡振宇:《殷商史》,上海人民出版社 2019 年版,第 407~421 页。

46.《合集》即《甲骨文合集》,是中国现代甲骨学方面的集成性资料汇编。郭沫若主编,胡厚宣总编辑,中国社会科学院历史研究所《甲骨文合集》编辑工作组集体编辑。1978~1982 年由中华书局出版,珂版影印 13 册,选录 80 年来已著录和未著录的殷墟出土的甲骨拓本、照片和摹本,共 41956 片。本书注释,按学界通例以《合集》n"的形式标注,"n"为甲骨文编号。后面不再一一说明。

47. 董作宾:《甲骨文断代研究例》,中央研究院历史语言研究所集刊专刊之五十附册,1965 年。

48. 胡厚宣:《中央研究院殷墟出土展品参观记》,《中央日报》1937 年 4 月 28~30 日。

49. 王宇信等:《试论殷墟五号墓的"妇好"》,《考古学报》1977 年第 2 期。

50. 中国社会科学院考古研究所:《殷墟妇好墓》,文物出版社 1980 年版。

51. 宋镇豪:《夏商社会生活史》,中国社会科学出版社 1994 年版,第 237 页。

52. 《英藏》即《英国所藏甲骨集》，中国社会科学院历史研究所、伦敦大学亚非学院编辑，中华书局 1985 年出版，共集录英国 11 家收藏甲骨 2674 片。

53. 蔡哲茂：《武丁王位继承之谜》，宋镇豪主编：《甲骨文与殷商史》（新四辑），上海古籍出版社 2014 年版。

54. 翟跃群：《试析妇好带兵征战的原因》，《南方文物》2016 年第 1 期。

55、56、58、61. 许伟、卜工：《万邦林立"有娀"乃大》，《中国文物报》2021 年 12 月 3 日。

57. 王震中：《商族起源与先商社会变迁》，中国社会科学出版社 2010 年版。

59. 李琳之：《前中国时代——公元前 4000～前 2300 年华夏大地场景》，商务印书馆 2021 年版，第 500～516 页。

60. 于省吾：《略论图腾与宗教起源和夏商图腾》，《历史研究》1959 年第 11 期。

62. 北京大学考古学系、山西省考古研究所：《天马—曲村遗址 北赵晋侯墓地第四次发掘》，《文物》1994 年第 8 期。

63、64、65. 李林：《永凝堡西周墓地与古杨国》，《文物鉴定与鉴赏》2018 年第 14 期。

66. 田伟：《商代晚期的东西对峙》，《中国国家博物馆馆刊》2021 年第 2 期。

67. 王国维：《鬼方昆夷猃狁考》，《观堂集林》（附别集），中华书局 1959 年版。

68. 陈昌远、王琳：《从"杨姞壶"谈古杨国问题》，《河南大学学报》2001 年第 1 期。

69. 马承源：《晋侯苏编钟》，《上海博物馆集刊》第 7 期，上海书画出版社 1996 年版；田建文：《晋侯苏钟》，《山西档案》2012 年第 2 期。

70、71、74. 田建文《晋侯苏钟》，《山西档案》2012 年第 2 期。

72. 王世民、李学勤等：《晋侯苏钟笔谈》，《文物》1997 年第 3 期。

73. 牛清波等：《晋侯苏钟铭文集释》，《中国文字学报》第五辑，商务印书馆 2014 年版。

75. 山西省考古研究所、北京大学考古文博学院：《山西北赵晋侯墓地一号车马坑发掘简报》，《文物》2010 年第 2 期。

76. 山西省考古研究所等：《山西绛县横水西周墓地》，《考古》2006 年第 7 期；山西省考古研究所等：《山西绛县横水西周墓发掘简报》，《文物》2006 年第 8 期；

宋建忠等:《山西绛县横北墓地二期考古发掘新收获》,《中国文物报》2007年9月14日。

77.赵悦光:《从"莱伯作旅鼎"说起——周代铭文"旅"字探识》,中国甲午战争博物馆(院)官网。

78、79.山西省考古研究所等:《山西绛县横水西周墓发掘简报》,《文物》2006年第8期。

80.韩炳华:《先族考》,《中国历史文物》2005年第4期。

81.中国国家博物馆等:《涑水上游周代遗址调查简报》,《中国国家博物馆馆刊》2014年第11期。

82、83.田伟:《由新见材料再论绛县横水、翼城大河口墓地的性质》,《故宫博物院院刊》2022年第8期。

84、85.贾海生、袁茵:《倗国君臣作器祭祀祖考而使夫人摄祭的原因》,《中原文化研究》2021年第4期。

86.李琳之:《文献记载有错:两处遗址改写芮国史》,《返璞归真:考古纠错的中国史》,研究出版社2024年版。

87.黄明磊:《册命礼与西周官制研究》,陕西师范大学2018年博士学位论文。

88、89、91、92、98.谢尧亭:《晋国兴衰六百年》,三晋出版社2019年版。

90.乔文杰:《封邦建霸——山西翼城出土西周霸国文物珍品》,《艺术品》2016年第1期。

93、100.唐封叶:《简说西周史》,华文出版社2019年版,第314~315页。

94、95、97、99、103.田伟:《由新见材料再论绛县横水、翼城大河口墓地的性质》,《故宫博物院院刊》2022年第8期。

96.韩涛:《山西翼城大河口墓地出土人骨研究》,吉林大学2019年博士学位论文。

101.山西省考古研究院等:《霸金集萃:山西翼城大河口西周墓地出土青铜器》霸国072,上海古籍出版社2021年版。

102.张海:《倗伯、霸伯诸器与西周政权结构问题》,北京大学出土文献研究所编:《青铜器与金文》(第二辑),上海古籍出版社2019年版。

104.冯时:《古文字所见之商周盐政》,《南方文物》2009年第1期;田伟:《由新见材料再论绛县横水、翼城大河口墓地的性质》,《故宫博物院院刊》2022 年第 8 期。

105. 张敏:《宜侯夨簋轶事》,《东南文化》2000 年第 4 期。

106、107. 山西省考古研究所等联合考古队、山西大学北方考古研究中心:《山西翼城大河口西周墓地 1017 号墓发掘》,《考古学报》2018 年第 1 期。

108. 冯时:《丧、疆考——兼论丧礼的形式及其意义》,中国社科院考古所中国考古网 2019 年 4 月 22 日。

109. 徐良高:《考古学文化、文献文本与吴越早期历史的构建》,《考古》2020 年第 9 期。

110. 湖北省博物馆:《湖北京山发现曾国铜器》,《文物》1972 年第 2 期。

111. 湖北省博物馆:《曾侯乙墓》,文物出版社 1989 年版。

112. 李琳之:《圣王治理下的西周也施行人祭人殉》,《返璞归真:考古纠错的中国史》,研究出版社 2024 年版。

113. 石泉:《古代曾国—随国地望初探》,《武汉大学学报》(社科版),1979 年第 1 期。

114、115、122、123、126、127、129. 北省文物考古研究所等:《湖北随州枣树林墓地 2019 年发掘收获》,《江汉考古》2019 年第 3 期。

116. 方勤:《曾国世系及相关问题研究》,《江汉考古》2021 年第 6 期。

117. 黄凤春、王龙明:《鄂国由姞姓向姬姓转变及其迁徙的背景分析——兼论鄂国灭国后应属汉阳诸姬之一》,《中原文化研究》2020 年第 6 期。

118. 郭长江等:《曾公㻅编钟铭文初步释读》,《江汉考古》2020 年第 1 期。

119、121.《新时代百项考古新发现丨湖北随州枣树林春秋曾国贵族墓地》,《文博中国》公号 2022 年 5 月 11 日。

120. 张懋镕:《再谈随州叶家山西周曾国墓地》,《江汉考古》2016 年第 3 期;郭长江等:《湖北随州市枣树林春秋曾国贵族墓地》,《考古》2020 年第 7 期。

124. 王晖:《加嬭编钟铭文研究——兼论曾国从周之方伯到楚之附庸的转变》,《中国史研究》2022 年第 1 期。

125. 湖北省文物考古研究所、随州市博物馆:《随州文峰塔 M1(曾侯舆墓)、M2 发掘简报》,《江汉考古》2014 年第 4 期。

128. 王晖：《加嬭编钟铭文研究——兼论曾国从周之方伯到楚之附庸的转变》，《中国史研究》2022 年第 1 期；蒋伟男：《嬭加编钟器主身份补说》，《出土文献》2022 年第 1 期。

130. 夏雨：《曾侯宝夫人执政曾国，曾侯犾编钟比曾侯乙的早 500 余年，走近隐藏在历史文献背后的"曾世家"》，楚天都市报极目新闻《极目文娱》官方账号 2023 年 6 月 12 日。本文后面两幅图也引自此文。

131、134、135.CCTV 探索发现栏目：《秦公大墓发掘记》，《科学之友》2014 年第 8 期。

132. 丁云、王言：《秦公一号大墓的发掘与秦史研究的新认识》，《渤海学刊》1988 年第 3 期；CCTV 探索发现栏目：《秦公大墓发掘记》，《科学之友》2014 年第 8 期。

133. 本图片以及本文未注明来源图片，均摄自凤陕西翔秦公一号遗址博物馆。

136. 龚若栋：《雍城考古》，《历史教学问题》1986 年第 6 期；丁云、王言：《秦公一号大墓的发掘与秦史研究的新认识》，《渤海学刊》1988 年第 3 期。

137. 汉唐三三：《秦雍城曾是水上之都》，《文物陕西》公号 2022 年 10 月 13 日。

138、139. 李洁、张哲浩：《秦雍城发掘出春秋时期秦国大型建筑遗址》，《光明日报》2023 年 6 月 20 日。

140. 改自陕西省考古研究院等：《雍城一、六号秦公陵园第三次勘探简报》，《考古与文物》2015 年第 4 期。

141、143、145、148.周渝：《除了兵马俑，秦朝还留下了什么？秦简中的帝国兴亡史》，《国家人文历史》2021 年第 15 期。

142. 杨文黔等：《震惊全国的湘西里耶秦简》，《湖南文史》2002 年第 5 期。

144. 周渝：《除了兵马俑，秦朝还留下了什么？秦简中的帝国兴亡史》，《国家人文历史》2021 年第 15 期；佚名：《语数外学习（初中版）》2018 年第 9 期；郭艾生、赵松涛：《2007 年度里耶秦简研究综述》，《云梦学刊》2008 年第 S1 期。

146. 王云泽：《简牍：深藏地下的史记》，《百科知识》2021 年第 11A 期。

147.《湖北省博物馆藏的"云梦睡虎地秦简"是怎样发掘出来的》，《2021 奥秘（12）》央视 2021 年 1 月 20 日。

149. 陈振裕、罗恰：《云梦睡虎地秦简：让秦国历史"活起来"》，武汉大学出版社 2021 年版。

150. 陈振裕、罗恰:《云梦睡虎地秦简:让秦国历史"活起来"》,武汉大学出版社 2021 年版;王玉波:《湖北云梦睡虎地 4 号墓出土秦国士兵两封家书,蕴含丰富的历史信息》,齐鲁晚报网 2019 年 1 月 22 日。

151. 王谦:《秦始皇陵兵马俑发掘始末》,《文史春秋》2003 年第 8 期;辛武:《秦始皇陵兵马俑发现记》,《西部时报》2013 年 6 月 14 日。

152. 张涛:《气势磅礴始皇陵,无与伦比兵马俑》,《科学世界》2000 年第 10～12 期;《秦始皇兵马俑简介》,新华网 2015 年 8 月 3 日。

153. 徐卫民:《不断改写历史的秦始皇陵考古》,《群言》2022 年第 6 期;佚名:《秦始皇陵——世界最大的陵园》,《中国地名》2008 年第 3 期。

154. 李宇:《秦始皇陵》,《世界遗产》2015 年 1 期。

155. 湖南省博物馆等:《长沙马王堆一号汉墓》,文物出版社 1973 年版;高至喜:《千载难逢的考古发现——记长沙马王堆西汉墓》,《文物世界》2000 年第 1 期。

156. 佚名:《马王堆汉墓:千年不朽的女尸》,人民网 2013 年 8 月 22 日。

157. 熊传薪:《她从两千年前走来——马王堆汉墓女尸探秘》,《大自然探索》2005 年第 4 期。

158、162. 湖南省博物馆、中国科学院考古研究所:《长沙马王堆二、三号汉墓发掘简报》,《文物》1974 年第 7 期。

159. 中央电视台 10 套《探索·发现》栏目组:《马王堆传奇》,《中华民居》2010 年第 11 期。

160、161. 张玉洁、孙毅:《马王堆汉墓,有新发现!》,新华社 2022 年 10 月 29 日电。

163. 中国科学院考古研究所、湖南省博物馆写作小组:《马王堆二、三号汉墓发掘的主要收获》,《考古》1975 年第 1 期;高至喜:《千载难逢的考古发现——记长沙马王堆西汉墓》,《文物世界》2000 年第 1 期。

164. 湖湘文库编辑出版委员会:《马王堆汉墓帛书》,岳麓书社 2013 年版。

165、172、173. 中国科学院考古研究所、湖南省博物馆写作小组:《马王堆二、三号汉墓发掘的主要收获》,《考古》1975 年第 1 期。另,本文未注明图片均来自该文。

166. 高至喜：《千载难逢的考古发现——记长沙马王堆西汉墓》，《文物世界》2000 年第 1 期。

167. 唐兰：《司马迁所没有见过的珍贵史料——长沙马王堆帛书〈战国纵横家书〉》，《战国纵横家书》"附录"，文物出版社 1976 年版。

168. 马雍：《帛书〈战国纵横家书〉各篇的年代和历史背景》，马王堆汉墓帛书整理小组：《战国纵横家书》，文物出版社 1976 年版。

169. 杨宽：《战国史料编年辑证》，上海人民出版社 2016 年版。

170. 中国科学院考古研究所、湖南省博物馆写作小组：《马王堆二、三号汉墓发掘的主要收获》，《考古》1975 年第 1 期；曾英等：《中国档案文献遗产名录视阈下长沙马王堆汉墓帛绘地图研究》，《山西档案》网络论文 2022 年 10 月 10 日。

171. 朱玲玲：《放马滩战国地图与先秦时期的地图学》，《郑州大学学报》1992 年第 1 期。

174、175、177. 吴小燕：《听·见湖湘 | 音律相和》，湖南博物院 2022 年 10 月 24 日。

176. 王子初：《中国音乐考古的十大发现》，《星海音乐学院学报》2012 年第 2 期。

178. 于兵：《试论马王堆三号汉墓墓主的知识构成》，《社会科学辑刊》2013 年第 5 期。

179. 周永军、朱君：《一段尘封已久的历史 一个震惊世界的发现 临沂银雀山汉墓竹简出土追访记》，《山东档案》2001 年第 4 期。

180、182. 张向阳：《银雀山汉墓：兵学圣典惊世，千古谜题破解》，齐鲁晚报齐鲁壹点官方账号 2021 年 10 月 25 日。

181. 高友谦：《银雀山汉墓的年代与墓主人考略》，《滨州学院学报》2019 年第 3 期。

183. 曾宪通：《试谈银雀山汉墓竹书〈孙子兵法〉》，《中山大学学报》1978 年第 5 期。

184. 佚名 / 文、摄影 / 杨晓君：《看见文物 | 兵者，存亡之道——银雀山〈孙子兵法〉〈孙膑兵法〉汉简》，文旅中国 2021 年 2 月 12 日。

185. 江西省文物考古研究所等：《南昌市西汉海昏侯墓》，《考古》2016 年第 7

期。另，本文及下文《一代废帝刘贺的无声自白》未注明图片均引自该文。

186. 渝南子等：《南昌海昏侯墓 揭开沉睡两千年的"地下金库"之谜》，《环球人文地理》2016 年第 3 期。

187. 江西省文物考古研究所等：《南昌市西汉海昏侯墓》，《考古》2016 年第 7 期；信立祥：《西汉废帝、海昏侯刘贺墓考古发掘的价值及意义略论》，《南方文物》2016 年第 3 期。

188. 刘婷：《从汉代继承法角度解读海昏侯墓葬的财富之谜》，《东方藏品》2017 年第 4 期。

189、190. 信立祥：《西汉废帝、海昏侯刘贺墓考古发掘的价值及意义略论》，《南方文物》2016 年第 3 期。

191.《海昏探秘｜迄今为止发现最早的孔子像长什么样？》，光明网 2021 年 5 月 27 日。

192. 改自《江西南昌西汉海昏侯刘贺墓》，国家文物局官网。

193、194. 黎隆武：《海昏侯刘贺墓幸存之谜》，《中华读书报》2022 年 11 月 4 日。

195. 罗见今等：《北方沙漠商路上的居延汉简》，《内蒙古师范大学学报》2017 年第 3 期。

196. 刘进宝：《居延汉简的发现及其学术价值》，《文史知识》1994 年第 4 期；何双全：《简牍》，敦煌文艺出版社 2004 年版。

197.（瑞典）沃尔克·贝格曼著，张鸣译：《考古探险手记》，新疆人民出版社 2000 年版，第 37～38 页。

198. 陈永志等主编：《阿拉善文化遗产》，文物出版社 2014 年版。

199. 甘肃简牍保护研究中心等编：《肩水金关汉简（壹）》，中西书局 2011 年版。

200. 阳飏：《居延汉简 辉煌时代的记录》，《甘肃日报》2015 年 12 月 8 日；魏坚主编：《额济纳汉简》，广西师范大学出版社 2005 年版。

201、208. 陶襄：《尼雅古城——沙漠中的精绝往事》，《中华遗产》2018 年第 3 期。另，本文图片除有注明之外，其余皆引自该文。

202.（英）马克·奥里尔·斯坦因：《沙埋和阗废墟记》，新疆美术摄影出版社 1994 版。

203. 王瑟：《尼雅：风沙下消失的精绝古国》，《光明日报》2018 年 9 月 28 日。

204. 刘文锁：《尼雅考古一百年》，《考古》2005 年第 11 期。

205、206、207. 王博、祁小山：《丝绸之路上的庞贝——尼雅遗址考古》，《新疆人文地理》2012 年第 4 期。

209. 陶襄：《尼雅古城——沙漠中的精绝往事》，《中华遗产》2018 年第 3 期；王瑟：《尼雅：风沙下消失的精绝古国》，《光明日报》2018 年 9 月 28 日。

210. 佚名：《"王后合昏千秋万岁宜子孙"锦被》，中国农业展览馆官网 2019 年 6 月 3 日。

211. 王瑟：《"五星出东方利中国"的解说》，《光明日报》2012 年 1 月 6 日；于志勇：《多元一体的生动见证——"五星出东方利中国"织锦护臂小记》，《中国民族》2023 年第 5 期。

212. 于志勇：《多元一体的生动见证——"五星出东方利中国"织锦护臂小记》，《中国民族》2023 年第 5 期。

213. 王瑟：《尼雅：风沙下消失的精绝古国》，《光明日报》2018 年 9 月 28 日；项木咄：《精绝古城》，《围观考古现场》，中国致公出版社 2021 年版。

214、215. 山西省考古研究所等：《太原隋代虞弘墓清理简报》，《文物》2001 年第 1 期。本文未注明图片均来自该文，不再另行说明。

216. 王雅婕：《丝绸之路上的粟特音乐研究——以隋代虞弘墓出土音乐图像考释为例》，《广播电视大学学报》2019 年第 1 期。

217. 张庆捷：《解读虞弘墓——北朝定居中国的粟特人》，三晋出版社 2020 年版。

218、221. 李明：《来自大唐的秘密：上官婉儿墓考古解读》，《大众考古》2014 年第 4 期。本文未注明图片均来自该文，不再另行说明。

219. 李明：《来自大唐的秘密：上官婉儿墓考古解读》，《大众考古》2014 年第 4 期；仇鹿鸣：《碑传与史传：上官婉儿的生平与形象》，《学术月刊》2014 年第 5 期。

220. 李明、耿庆刚：《〈唐昭容上官氏墓志〉笺释——兼谈唐昭容上官氏墓相关问题》，《考古与文物》2013 年第 6 期。

222. 李正宇：《莫高窟藏经洞是怎样发现的》，《档案》2007 年第 5 期；倪怡中：《敦煌遗书是怎样流失海外的》，《炎黄春秋》1998 年第 11 期。

223.（英）斯坦因著，向达译：《西域考古记》，商务印书馆 2013 年版。

224.（法）伯希和著，耿昇、唐健宾译：《伯希和敦煌石窟笔记》，甘肃人民出版社 1993 年版。

225. 陈雁南：《敦煌遗书的价值、流散、保护、回归与编目情况初探》，《中共郑州市委党校学报》2013 年第 4 期。

226. 封立：《世界文化瑰宝敦煌遗书》，《甘肃教育》2013 年第 15 期；姚依民：《敦煌遗书的发现及其价值》，《兰台世界》2012 年第 1 期。

227、228.《"敦煌遗书数据库"上线，全球敦煌文献资源将共享》，澎湃新闻官方账号 2022 年 8 月 20 日。

229. 方荣：《敦煌遗书形成的缘由》，《档案学通讯》1995 年第 2 期。

230.《南海一号发现记》，CCTV-10 科教频道《探索·发现》2022 年 2 月 14～16 日。

231、232、236、237. 刘冬媚：《南海一号沉船——解读南宋海洋贸易的重要宝库》，《收藏家》2019 第 5 期。

233. 刘冬媚：《南海一号沉船——解读南宋海洋贸易的重要宝库》，《收藏家》2019 第 5 期；何国卫：《"南海一号"与"海上丝绸之路"》，《中国船检》2019 年第 10 期。

234. 肖达顺：《佛山市南海区窑址考古工作取得重大成果——明确"南海一号"沉船部分陶瓷器的广东产地》，《中国文物报》2022 年 7 月 1 日。

235. 刘冬媚：《南海一号沉船——解读南宋海洋贸易的重要宝库》，《收藏家》2019 第 5 期；黄茜：《南宋沉船"南海一号"揭开了哪些历史谜团？》，《南方都市报》2019 年 8 月 18 日。

238. 何国卫：《"南海一号"与"海上丝绸之路"》，《中国船检》2019 年第 10 期。

239. 南京市博物馆、江宁区博物馆：《南京市祖堂山明代洪保墓》，《考古》2012 年第 5 期；王志高：《洪保寿藏铭综考》，《郑和研究》2010 年第 3 期。

240. 王志高：《洪保生平事迹及坟寺初考》，《考古》2012 年第 5 期。另，本文下幅图片也来自该文。

241. 具体参见拙文《郑和碑纠正〈明史〉多处错误》，李琳之：《返璞归真：考古纠错的中国史》，研究出版社 2024 年版。

史无记载：考古发现的中国史

主要参考文献

（汉）班固撰，（唐）颜师古注：《汉书》，中华书局1962年版。

（汉）司马迁撰，（南朝宋）裴骃集解，（唐）司马贞索隐，（唐）张守节正义：《史记》，中华书局1959年版。

（汉）毛亨传，（汉）郑玄笺，（唐）陆德明音义，孔祥军点校：《毛诗传笺》，中华书局2018年版。

（汉）应劭撰，王利器校注：《风俗通义校注》，中华书局1981年版。

（南朝宋）范晔撰，（唐）李贤等注：《后汉书》，中华书局1965年版。

（唐）魏徵：《隋书》，中华书局2020年修订版。

（唐）玄奘著，（唐）辨机编次：《大唐西域记》，中华书局1985年版。

（唐）李隆基注，（宋）邢昺疏，金良年校点：《孝经》，上海古籍出版社2014年版。

（后晋）刘昫：《旧唐书》，中华书局1975年版。

（宋）司马光：《资治通鉴》，中华书局 1956 年版。

（宋）欧阳修：《新唐书》，中华书局 1975 年版。

（宋）陈彭年等：《钜宋广韵》，上海古籍出版社 1983 年版。

（宋）王溥：《唐会要》，中华书局 1960 年版。

（宋）吴自牧：《梦粱录》，大象出版社 2019 年版。

（宋）徐兢：《宣和奉使高丽图经》，大象出版社 2019 年版。

（宋）周去非著，杨武泉校注：《岭外代答校注》，中华书局 1999 年版。

（宋）王益之：《西汉年纪》，中华书局 2018 年版。

（明）巩珍著，向达校注：《西洋番国志》，中华书局 1961 年版。

（明）王夫之著，杨坚总修订：《说文广义》，岳麓书社 2011 年版。

（明）陈诚：《陈竹山先生文集》，见《四库全书存目丛书》集部第 26 册，齐鲁书社 1997 年版。

（清）张廷玉等撰，中华书局编辑部点校：《明史》，中华书局 1974 年版。

（清）徐松辑：《宋会要辑稿》，中华书局 2009 年版。

（清）阮元校刻：《十三经注疏·周礼》（清嘉庆刊本），中华书局 2009 年版。

（清）阮元校刻：《十三经注疏·周易》（清嘉庆刊本），中华书局 2009 年版。

（清）孙诒让著，孙启治校：《墨子间诂》，中华书局 2001 年版。

（清）钱大昭撰，黄建中、李发舜点校：《广雅疏义》，中华书局 2016 年版。

（清）王轩、杨笃著，《山西文华》编纂委员会编：《山西通志》（清

史无记载：考古发现的中国史

光绪版），三晋出版社 2015 年版。

（清）严可均辑：《全上古三代秦汉三国六朝文·禹贡地域图序》，中华书局 1958 年版。

郭化若编译：《今译新编孙子兵法》，中华书局 1962 年版。

王国维撰，黄永年校点：《古本竹书纪年辑校　今本竹书纪年疏证》，辽宁教育出版社 1997 年版。

顾颉刚、刘起釪：《尚书校释译论》，中华书局 2005 年版。

陈桐生译注：《国语》，中华书局 2013 年版。

吴闿生著，白兆麟校点：《左传微》，黄山书社 2014 年版。

郭丹等译注：《左传》，中华书局 2018 年版。

方向东著：《大戴礼记汇校集解》，中华书局 2008 年版。

程俊英、蒋见元：《诗经注析》，中华书局 1991 年版。

何建章注释：《战国策注释》，中华书局 1990 年版

陈桐生译注：《盐铁论》，中华书局 2015 年版。

陶敏辑校：《景龙文馆记·集贤注记》，中华书局 2015 年版。

方勇译注：《庄子》，中华书局 2015 年版。

郑鹤声、郑一钧编：《郑和下西洋资料汇编·敕封天后志》（增编本），海洋出版社 2005 年版。

胡丹辑考：《明代宦官史料长编》，凤凰出版社 2014 年版。

后记

　　读懂历史不容易，这是我写完本书后发出的由衷感叹。

　　历史和文本历史不是一个概念。历史本身是客体，是已经发生过的事件总和的代称，是自然界和人类社会过去发展的一个过程。而我们现在看到的历史是不同文本对过去事件的不同陈述和呈现，这是文本历史，属于主观范畴，并非历史本身。

　　由于所处时代、所站立场、所受教育程度、所持文化观念、所搜集到的资料等等的不同，每个文本的撰写者都不可能百分之百地、完全客观地在他的文本中反映出历史的真实面貌，多多少少总会有些缺漏或讹误现象，也就是说，这些文本反映的历史只可能是原来真实世界的一部分、一个侧面，甚或就是无中生有的向壁虚造。譬如被誉为"史圣"的司马迁，鲁迅称其《史记》为"史家之绝唱"，尽管如此，《史记》中出现的缺漏和讹误现象也比比皆是。2000多年以来，有不少学者都对《史记》的某些记载和表述提出过一些质疑，不过由于都是从文本对文本的推演，还不足以证明就一定是错讹，但中国这100多年来不断翻陈出新的考古成果，却以毋庸置疑的证据推翻了《史记》

某些言之凿凿的所谓"史实"。本书对此也有部分呈现,读者读后应该会有一个清醒的判断。

当然,这不是否认司马迁的伟大功绩,更不是否定《史记》在中国乃至世界史学界的崇高地位,因为在2000多年前那个"独尊儒术"的封闭年代,能创作出"究天人之际、通古今之变、成一家之言"的皇皇50万言巨著,已经是非常了不起的事情,可以说是达到了个人和历史所能承载的极限。但我们由此要明白的是,司马迁也是个有血有肉的具体个体,不可能超越他个人认知的范围,更不可能超越时代的局限,更何况在他的头顶还有汉武帝高高举起的那柄滴血的屠刀在左右晃动。

文本历史不能百分之百地呈现历史本身,并不意味着历史不能书写,更不意味着这些文本历史本身没有价值,而是说,当我们阅读这些文本历史的时候,要有质疑的精神,不要为作者的陈述和见解所带跑,带偏。对于书写历史文本的作者而言,更要时时牢记书写历史的基本底线,那就是要坚持真实的原则,多看、多听、多调查、多研究,杜绝一切不负责任的照搬照抄、道听途说和任意发挥。

20世纪前叶,王国维针对当时中国上古史被虚无化和片面神化的两个极端倾向,在历史研究的方法问题上,提出了"二重证据法":

> 吾辈生于今日,幸于纸上之材料外,更得地下之新材料。由此种材料,我辈固得据以补正纸上之材料,亦得证明古书之某部分全为实录,即百家不雅驯之言亦不无表示一面之事实。此二重证据法惟在今日始得为之。(王国维《古史新证》)

其意是运用"地下之新材料"与古文献记载互相印证。这种方法后来成了一种公认的学术正流。然而，从今天的学术角度看来，此种方法仍不免失之偏颇：一是它排除了各地千百年来口耳相传的民俗和民间传说；二是它忽视了各地与研究对象相关的鸿爪雪泥般的遗址和遗迹的考察。而这二者，恰恰是在以一种夸大或歪曲的形式在反映着历史迷离背后的真相，其中不乏真理的颗粒。

汲取王国维"二重证据法"的合理成分，再把民俗、民间传说的考订和相关遗址遗迹的考察补充进来，这就是我在写作本书和其他历史著作中采用的"四重证据法"。

"四重证据法"实质上是建立在对其中任何一种证据都可能是假的这个大前提之下的。它的科学性在于，可以纠正其中某一方面的不足或偏差，用相关联证的方式确保其研究成果的客观性和公正性。只要这四重证据在所有相关联系的点或面上能够达到高度契合和一致，我们就可能从逻辑上推导出其大致正确的结论。

即便如此，本书同样也不可能百分之百地完全反映出历史的真貌，因为我本人也挣脱不开时代的羁縻，也无法超越自己的学识水平，我只能是努力跳出个人和派别的立场，千方百计站在一个制高点上俯瞰全局，尽可能使我的叙述能够贴近历史的真相。但效果如何，只能交给读者评判了。

就在本书付梓前夕，恰逢《何以华夏》问世。连同之前三年由商务印书馆出版的《前中国时代》《元中国时代》和研究出版社出版的《晚夏殷商八百年》，我至此完成了史前中国"四部曲"，构建了一个属于我自己的中国上古史体系。更欣慰的是，前三部书不但先后入选了多种好书榜单，还都有了修订后的重印本，尤其是《晚夏殷商八百年》，短短一年半的时间，先后开机四次。何其幸哉！

我是山西大学哲学社会学院、三晋文化与旅游产业协同创新中心特聘教授，史前中国前三部书的出版都曾得到他们的资助。本书也是哲学社会学院"双一流"学科——哲学学科的课题之一，相关领导同样也给予了大量的支持和帮助。在此表示感谢。

另外，研究出版社的总编辑丁波，编辑韩棣尧、林娜，山西大学副校长孙岩、哲学社会学院院长尤洋以及高建录、王海龙诸先生，还有注释中涉及的同仁，均为此书的写作提供了诸多的资料和方便，在此也一并致谢！

李琳之

2023 年 12 月 18 日于京